科学出版社"十四五"普通高等教育本科规划教材
普通高等教育体育学类系列教材

运动技能学习与控制
Motor Learning and Control

李翰君　主编

科学出版社

北　京

内 容 简 介

本教材首先介绍了运动技能的相关基本概念；接着深入探讨了运动控制理论，不仅包括了神经机制和感知认知调节，还着重探讨了姿势和步态控制；最后提供了运动技能学习的方法和策略，以及其在教学中的应用。通过学习，读者将建立起对运动技能学习与控制的全面理解，为未来的运动教学、运动训练及运动康复工作提供坚实基础。

本教材为体育教育训练、运动人体科学、运动康复等相关专业的本科生的教学用书，也可以作为体育学研究生教育及研究人员的参考书。

图书在版编目(CIP)数据

运动技能学习与控制 / 李翰君主编. --北京：科学出版社，2024.6. --(科学出版社"十四五"普通高等教育本科规划教材)(普通高等教育体育学类系列教材).
ISBN 978-7-03-078666-1

Ⅰ. G819

中国国家版本馆 CIP 数据核字第 2024SF1739 号

责任编辑：张佳仪／责任校对：谭宏宇
责任印制：黄晓鸣／封面设计：殷 靓

科 学 出 版 社 出版
北京东黄城根北街 16 号
邮政编码：100717
http://www.sciencep.com

南京文脉图文设计制作有限公司排版
广东虎彩云印刷有限公司印刷
科学出版社发行 各地新华书店经销
*
2024 年 6 月第 一 版 开本：787×1092 1/16
2025 年 9 月第二次印刷 印张：14 3/4
字数：340 000
定价：**70.00 元**
(如有印装质量问题，我社负责调换)

《运动技能学习与控制》
编委会

前言

运动技能学习与控制作为体育科学领域的重要分支,对于理解和促进人类运动行为的发展和提高具有重要意义。运动技能学习与控制的研究不仅涉及运动技能的形成和提高,还涉及运动行为的调节、协调,以及对运动过程中的感知、认知和执行的理解。在整个体育科学的发展历程中,运动技能学习与控制一直是一个备受关注的领域,其研究成果不仅可以为运动训练提供科学依据,还可以为运动教学、运动康复和运动技能表现水平的评估提供参考。

国外在运动技能学习与控制领域的研究历史悠久,涌现出许多经典教材和重要研究成果。施密特(Schmidt)和马吉尔(Magill)等学者的著作对于该领域的发展和推动起到了重要作用。然而,尽管国外已经形成了一定的研究体系和学术积累,但在国内,运动技能学习与控制的研究仍然相对滞后,尚未形成完善的学科体系和理论框架。希望本教材能够填补这个空白是我们的初衷之一。

党的二十大报告强调了全面建设社会主义现代化国家,培养德智体美劳全面发展的社会主义建设者和接班人的重要性。在编写本教材时,我们有责任将这一精神转化为具体的教学实践和人才培养目标。

本教材的主要内容涵盖了运动技能学习与控制的各个方面,旨在为读者提供一个系统而全面的学习框架。第一章运动技能概述主要介绍运动技能与运动能力相关的基础知识。第二章至第九章主要介绍运动控制领域的基础知识和研究成果,包括人体运动的神经生理学基础、运动认知与决策、运动控制理论、感觉与运动控制、姿势控制、步态的运动控制、注意与唤醒、记忆。第十章至第十四章主要介绍运动技能学习领域的基础理论和评价方法，包括运动技能的迁移，示范、指导与追加反馈，练习的条件，以及运动表现的测量与评价。这些章节将帮助读者将理论知识转化为实践能力，提高运动技能学习与控制的效果和效率。通过系统的学习，读者将深入了解运动技能学习与控制的理论和实践，并掌握相关的研究方法和技能，为未来的学习和研究工作奠定坚实基础。

本教材的特色主要有以下三点。首先，本教材突出了案例教学的重要性，选取了具有代表性的实践案例，并通过详细的分析和讨论，使抽象的理论知识更加贴近实际。其次，本教材采用了更加通俗易懂的文字表达和逻辑结构，使学生更容易理解和接受。最后，本教材还是新形态教材，结合"枫林学生会"学习平台为学生提供更加便捷和多样化的学习途径，使他们能够在课堂学习和在线学习中得到双重支持与指导。

本教材的编委团队由体育科学领域的专家组成，他们在运动技能学习与控制领域拥有丰富的研究和教学经验，他们的专业知识和学术造诣将为本教材的编写提供强有力的支持和指导，确保教材内容的权威性和可靠性。

通过本教材的学习，学生将深入了解运动技能学习与控制的基本原理和方法，提高自身的学术水平和实践能力。同时，我们也希望本教材能够成为国内外运动技能学习与控制领域的重要参考，能够推动该领域教学和研究工作的发展，为培养更多的运动科学专业人才做出积极贡献。

李翰君

2024 年 5 月

目 录

第一章

运动技能概述

【导　读】

　　生命在于运动。人是宇宙中生命的一种，生命和运动是息息相关的，生命不息，运动不止。人类的一生要学习很多运动的技能，基本的如走、跑、跳、投等，复杂的如弹钢琴、跳舞、打篮球、踢足球、驾驶汽车等。这些技能对于人类的发展而言非常重要，尤其是对于专业从业者，需要经过长期艰苦的练习，才能达到熟练而精准的最佳水平。

　　然而，当我们开始科学地研究技能时，就会发现这一术语存在较多的分歧和不确定性。这是由于我们对技能这个词的日常使用较为模糊，缺乏准确的定义。所有被定义为技能的活动共同点是什么？要成为一项技能，一项活动需要达到某种最低的熟练程度吗？所有技能都是后天学习得来的，还是可以通过先天遗传获得？运动技能与其他技能有何异同？学习技能的最佳方式是什么？解释上述问题需要我们学习有关运动技能和运动控制相关的知识和理论，通过本章的学习，你将能对这一学科的知识体系有一个基本认识，并对其研究背景和发展有一个全面了解。

【学习目标】

　　1. 掌握技能、运动技能的基本概念。

　　2. 理解运动技能一维分类系统中的三种类别及每种类别技能的特征，并能分别举例。

　　3. 了解金泰尔运动技能分类法中区分技能类别的各种维度及其特征。

　　4. 理解运动能力的概念，以及能力与技能的区别。

　　5. 理解影响运动能力个体差异的因素。

　　6. 了解运动能力的不同分类方法及每种能力的特征，并能分别举例。

　　7. 了解运动能力预测在实践应用中的现实意义。

【思维导图】

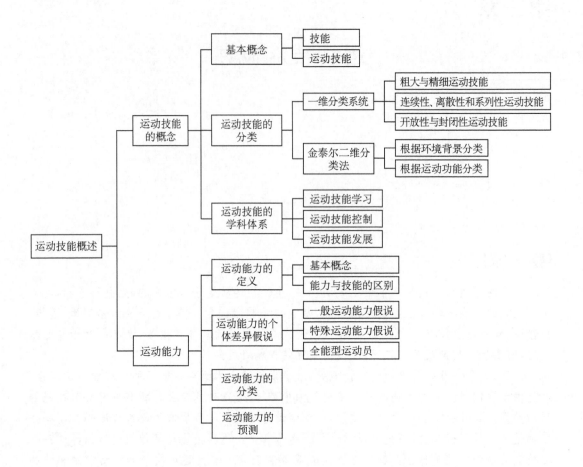

第一节　运动技能的概念

一、基本概念

(一) 技能

在日常生活中,人们经常使用"技能"(skill)这一术语,如运动技能(motor skill)、阅读技能(reading skill)等。那么究竟什么是技能呢?"技能"就是通过训练而获得的完成某种任务的动作方式(包括心智活动方式)和动作系统,可以通过练习或经验而获得。技能数目较多,是完成特定行为的特定才能,是人们后天习得的进行动作操作和学习的"软件"。例如,我们可以将某人称为技能高超的高尔夫球手、神经外科医生或钢琴演奏家。当以这种方式使用技能这一术语时,我们已经对某人的特定才能进行了价值判断,用于评估对某一方面才能掌握的熟练程度。

此外,技能一词也可用于表示具有特定目的或目标的活动或任务。例如,我们通常所说的"乘法运算是数学的一项基本技能",或者"弹钢琴是一项需要花时间练习的技能"。在这两个例子中,弹钢琴属于运动技能,因为它需要头、躯干和肢体进行随意运动来实现弹奏的目标。弹钢琴的目标是按照恰当的次序、在恰当的时机正确敲击琴键,目标实现过程包含了手指和手腕的随意运动。而乘法运算则属于认知技能(cognitive skill),这是因为乘法计算的过程主要是认知(心理)活动,包括决策、解决问题、记忆等,与运动技能的不同之处在于它不需要通过肢体运动来实现其目标。与乘法运算类似的是,弹钢琴这项技能也需要有一定的认知活动参与,但不同之处在于弹钢琴必须通过肢体的活动才能实现。

（二）运动技能

运动技能也称为动作技能,其种类很多,因此很难给予一个准确且适合所有种类的定义。运动技能通常具有以下几个特征。

首先,运动技能具有指向性,即具有特定任务目标。其次,运动技能的操作是自主控制完成的,即不能将反射(reflex)视为运动技能。举例来说,眨眼可能有一定目的且包含运动,但它往往不受自主控制,因此不能称其为一项运动技能。再次,运动技能需要肢体和关节的运动来实现目标任务。这一特征尤为重要,因为它是运动技能区别于人类其他技能的基础。例如,背跃式跳高就属于运动技能,它要求头、躯干和肢体进行随意运动来实现运动的目标,它要求运动员按照一定的运动次序、在恰当的时机起跳过杆,目标实现过程包含了助跑、转体和挂膝过杆的随意运动。

此外,运动技能还有一个区别于其他技能的重要特征:为了掌握某项运动技能,需要通过不断地学习或再学习的过程才能获得。例如,钢琴演奏是一个典型的需要学习的运动技能。再如,行走这一运动技能,虽然看似是人类自然而然形成的,但实际上也是婴儿通过学习才逐渐掌握的。而行走对于一些人而言也是一项需要重新学习的运动技能:如卒中导致瘫痪的患者、进行髋关节或膝关节置换的患者、安装假肢的残疾人等都需要通过重新学习才能再次掌握行走这一运动技能。

因此,我们可以把运动技能定义为通过学习或再学习获得,有特定任务目标,自主完成的、需要身体运动的技能。这一描述方式,也被称为运动技能的经典定义(classic definition)。根据这种定义范畴,任何符合上述描述的活动或行为,无论其质量好坏,都可视为一项运动技能。

然而,技能所蕴含的一项重要特征是可通过不断地学习或练习来提高其表现的质量水平。因此,技能掌握的质量好坏也是如何定义运动技能的一个重要方面。例如,我们通常会用动作得分、失误比例、动作正确率等来评价某一项运动的表现水平。因此,格思里(Guthrie)认为运动技能也可定义为通过练习获得,以最高准确性、最少时间、最经济能量消耗实现预定目标的行为。通过这种定义方式,对于执行相同的技能而言,不同个体之间可表现出不同的水平。例如,职业篮球运动员和业余篮球爱好者,他们的各项篮球运动技能水平存在很大的不同。

二、 运动技能的分类

（一）一维分类系统

运动技能的种类很多,通常可根据技能间的相似特征来对运动技能进行分类。最常用的方法是根据技能的共同特征来进行分类,这种分类方法基于相似的共同特征将其分成两类范畴(注意并非二分类范畴),用一个连续区间的两端来表示。这种分类方法根据运动技能特征在连续区间上与某一端点代表的特征更相似来判断其类别,并非要求该技能特征必须与某一端点的特征完全符合。从一维分类系统(one-dimension classification systems)视角来看,最常用的有以下三种类别:粗大与精细运动技能,连续性、离散性与系列性运动技能,开放性与封闭性运动技能。下面分别进行论述。

1. 粗大与精细运动技能

技能操作时参与工作的肌群大小可以作为运动技能分类的特征。例如,行走和单脚跳与弹钢琴和用筷子相比,参与工作的肌群大小是不同的。根据运动技能执行所需的主要肌群大小,运动技能可分为粗大运动技能(gross motor skill)和精细运动技能(fine motor skill)(图1-1)。

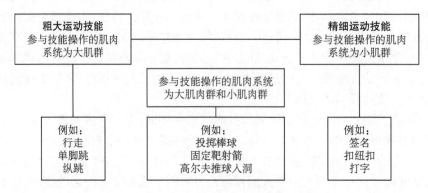

图 1-1 粗大运动技能与精细运动技能

在完成粗大运动技能任务时,需要动用较大的肌群才能完成动作。这类运动技能与精细运动技能相比,其动作准确性要求较低,行走、跑步、跳跃、投掷等都属于典型的粗大运动技能。

精细运动技能是以较小的肌群作为主动肌完成的动作,这类技能要求小肌群的高度控制,尤其是指那些需要手眼配合和涉及高精确度的手指、手腕动作技能。例如,写毛笔字、打字、绘画、缝衣服和扣纽扣等就是典型的精细运动技能。尽管有些精细运动技能中可能包含部分大肌群的参与,但只要在实现技能目标过程中,小肌群的工作起主导作用,就可以将其称为精细运动技能。

除此之外,还有一些运动技能介于粗大运动技能和精细运动技能之间,其需要大肌群和小肌群共同参与才能完成动作的目标,对于这类运动技能就不能简单地将其划分为粗大运动技能或精细运动技能,而是应该根据该技能与粗大运动技能和精细运动技能连续区间两个端点的距离来判断其技能的类别。例如,射箭时既需要手腕和手指的小肌群的精确控制,也需要手臂和肩部等大肌群参与工作。虽然许多小肌群运动技能都需要手臂和肩部肌肉的参与,但这些肌群并不是完成任务时起决定性作用的肌肉系统,如射手在手臂受限制的情况下,用手腕和手指同样可以实现动作目标。

婴幼儿在成长和动作发展过程中,大肌肉动作(粗大运动技能)首先发展起来并发挥重要作用,如头部、双臂和腿部的协调活动,具体如抬头、坐、翻身、爬、站立、走等大肌群所参与的动作;手部的小肌群动作则较晚才发展起来,手部动作和感知觉间的协调配合活动则更晚,如吃饭、画画、玩积木、穿衣服等。婴幼儿动作发展的这种规律也称为"大小规律"。因此,在对婴幼儿动作学习和动作发展的教育中应考虑其动作发展的顺序规律,应按照从粗大到精细的顺序来进行。

粗大运动技能和精细运动技能的分类在很多方面具有重要的作用,已广泛应用于技能教学、特殊技能教育、体育教学及康复等领域。目前在儿童动作发展的评估中,已经开始分别以粗大运动技能的发展和精细运动技能的发展进行评估。而老年人随着身体的衰弱,会先失去精细运动技能的能力,之后失去粗大运动技能的能力。在康复和适应性体育方面,物理治疗师通常更关注需要恢复粗大运动技能的患者,而作业治疗师更常见的是处理需要恢复精细运动技能的患者。

2. 连续性、离散性与系列性运动技能

根据运动技能的动作起止点是否明确,运动技能可以分为连续性运动技能(continuous motor skill)、离散性运动技能(discrete motor skill)和系列性运动技能(serial motor skill)(图 1-2)。

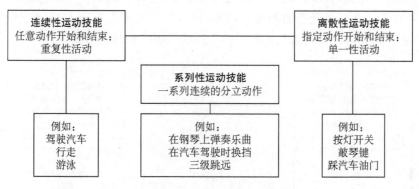

图 1-2 连续性、离散性与系列性运动技能

离散性运动技能具有明确的动作起止点,这种运动技能是单一动作。例如,按灯开关、敲琴键、投篮、踢球、跳跃、举重、投标枪等动作都是典型的离散性运动技能。离散性运动技能都具有特定的动作开始和结束特征,完成动作的时间通常较短。

连续性运动技能则没有明确的动作起止点,每一个动作的开始和结束可以随意设定,这种运动技能是一再重复相同动作、具有周期性的运动技能,行走、跑步、游泳、骑自行车等都属于连续性运动技能。虽然行走和游泳有明确的动作开始位置,但结束位置却是任意的,且动作是不断重复,因此其属于连续性运动技能。

有时一项运动技能需要几个或一系列的分立动作组合完成。例如,在汽车行进过程中二挡换三挡的动作,驾驶员需要完成多个非连续动作:抬起油门、踩下离合、换至空挡、移至三挡、松开离合、踩下油门等,将这些非连续性动作串联起来的运动技能称为系列性运动技能。这种运动技能的每一部分都有明确的开始与结束点,但是每一部分串联起来又像连续性运动技能,所以称为系列性运动技能。系列性运动技能持续时间较长且不会随意停止,系列性动作的任务可被看作若干个离散性动作任务按一定的顺序和要求串联在一起,且每一个动作的行为特征都可能影响整个系列性动作的表现质量。系列性运动技能不仅包含连续性运动技能的重复性特征,而且也具有离散性运动技能动作开始和结束位置比较明确的特点。例如,三级跳远、舞蹈等项目的完整技术动作都是系列性运动技能。

上述根据动作开始和结束位置的分类方法在运动技能研究中非常流行。例如,研究人员发现离散性运动技能的控制规律并不适用于连续性运动技能,反之亦然。此外,这种运动技能分类系统对于运动技能的实践教学也有指导意义。例如,对于连续性运动技能的教学通常采用整体性训练,而系列性运动技能的教学可采用对单一分立动作分别进行训练再串联训练的方式。

3. 开放性与封闭性运动技能

根据完成运动技能时的环境稳定性情况,运动技能可以分为开放性运动技能(open motor skill)和封闭性运动技能(closed motor skill)(图 1-3)。由于环境的含义很丰富,本教材对其作了一些限定。环境指的是运动技能完成时所在的特定物理位置,主要由三个特征组成。一是人在完成运动技能时的支撑面(supporting surface);二是与运动技能有关的对象(objects involved);三是与运动技能有关的其他人(other people)。例如,对行走这一项运动技能而言,相关的环境特征是人行走的表面、与运动技能有关的物体是否存在,以及其他人是否存在。在一条光滑的柏油马路上行走,与在跑步机上行走、行走的时候拎着行李,以及行走时路上有很多行人相比是一种不同的且更困难的环境背景。

图 1-3 开放性运动技能与封闭性运动技能

封闭性运动技能指的是在完成运动技能时,支撑面、与运动技能有关的物体或其他人处于静止状态。也就是说环境是固定的,在运动技能完成过程中不会改变位置。例如,当你坐在椅子上,站起来从桌子上拿起水杯喝水的动作就是一种封闭性运动技能。其中,椅子是支撑面,杯子是与运动技能有关的物体,它们在整个动作过程中都不会移动。封闭性运动技能的其他例子还包括向静止的目标射箭、扣纽扣及定点投篮等。

封闭性运动技能的一个重要特征是自我启动(self-paced),即一个人可以在准备好的情况下自己决定启动和执行该运动技能的相关动作。从椅子上站起拿杯子喝水的例子中,我们可以自己决定何时站起喝水。在定点投篮的动作中,运动员可以在自己调整好节奏的情况下启动并完成整个动作。

开放性运动技能指的是在完成运动技能时,支撑面、与运动技能有关的物体或其他人处于运动状态。例如,在跑步机上跑步时,支撑面是运动的;在球类运动中,接队友传过来的球的动作中,球是运动的;在拥挤的人行道上行走时,其他人是运动状态。为了成功完成此类运动技能,一个人必须根据支撑面、物体或其他人的运动来确定动作开始的时间。因此,开放性运动技能的一个重要特征是我们必须根据环境的特征来确定动作的启动时间(externally paced)。在接球的例子中,我们必须根据球过来的方向和速度等信息决定何时开始做出接球的动作,而在人行道行走的例子中,我们也必须根据周围人行走的方向、速度等信息调整自己的动作。

对于同一项运动技能而言,也可以根据环境特征将其归类为封闭性运动技能或开放性运动技能。例如,当在没有物体和其他人的走廊里行走时,步行是一种封闭性运动技能。但是当走廊里有其他人在行走时,步行就成为一种开放性运动技能。而在爬楼梯时,如果一个人可以随意开始第一步,此时是一种封闭性运动技能,而如果要踏上正在移动的自动扶梯时,爬楼梯就成为一种开放性运动技能。当我们明确了一项运动技能是封闭性还是开放性,便可以了解该项技能对注意、信息处理和动作规划等方面的要求。开放性运动技能需要持续监控环境特征并调整动作,因此对技能完成者提出了更高的要求。

开放性运动技能和封闭性运动技能的分类系统较为简便易行,因此在体育技能教学及康复等领域的应用较为广泛。

(二) 金泰尔二维分类法

对运动技能进行一维分类存在局限性,该方法可能忽略许多运动技能的复杂性,影响教练或治疗师决定训练和治疗方案。为了克服这一局限性,哥伦比亚大学的金泰尔(Gentile)根据所有运动技能的环境背景和运动功能两个特征,并对这两个特征进行细分,提出了一种二维分类法。

1. 根据环境背景分类

金泰尔二维分类法的第一个维度是执行运动技能时的环境背景。该维度涉及环境的两个特征:一个特征是环境是动态的还是静态的;另一个特征是重复进行动作时,动作与动作之间环境是一致的还是变化的。

根据运动技能执行过程中环境稳定性情况可以将环境特征分为静态和动态。例如,坐在教室里是静态的环境,而坐在前进中的公交车上是动态的环境。这里与一维分类法中根据环境稳定性分类的方法类似,环境特征处于静止状态的运动技能为封闭性运动技能,而环境特征处于运动状态的运动技能为开放性运动技能。根据运动技能执行过程中,动作与动作之间环境是否发生变化可以将环境特征分为动作间环境一致和动作间环境变化。例如,当一个人在空旷无人的房间走了数次时,动作与动作之间环境就是一致的,因为环境不会在他每次走的时候发生改变;而当一个人在拥挤的人行道中走路的时候,动作与动作之间环境就是变化的,因为周围人的位置、速度等都随时发生变化。一般而言,当环境特征是动态的时候,动作与动作之间环境通常是变化的,只有环境特征是由机器(跑步机、发球机等)产生的时候,动作间环境才可能完全一致。

将以上两种环境特征,即单次执行运动技能时,环境的稳定与否,以及多次执行运动技能时,动作间环境是否变化,组合之后便产生四类运动技能:静态一致、静态变化、动态一致和动态变化。在环境特征中加入动作间环境是否变化为理解封闭性运动技能和开放性运动技能提供了更清晰的思路。例如,网球接发球动作属于开放性运动技能,因为此时环境是动态的。更进一步来考虑,如果网球是从发球机以相同的速度和方向发出,那每一次接发球动作之间环境是一致的,而如果网球是教练员以不同的速度或方向发出的,动作与动作之间环境就是变化的。相对而言,后面一种运动技能要更加复杂一些(表 1-1)。

表 1-1 依环境背景特征进行分类

环境是否稳定	动作与动作之间环境是否发生变化	
	一致	变化
静态	环境是稳定的,动作与动作之间环境不发生变化	环境是稳定的,动作与动作之间环境发生变化
动态	环境是不稳定的,动作与动作之间环境不发生变化	环境是不稳定的,动作与动作之间环境发生变化

2. 根据运动功能分类

金泰尔二维分类法的第二个维度与运动功能有关(表 1-2)。该维度涉及的第一个特征是一项运动技能是否将身体从一个位置移动到另一个位置,根据此特征将运动技能分为身体稳定和身体移动。另一个特征是运动技能是否有操作性的任务,即是否持有或使用物体,根据此特征将运动技能分为无操作和有操作。

表 1-2 依运动功能特征进行分类

身体是否从一个位置移动到另一个位置	运动技能是否有操作性的任务	
	无操作	有操作
身体稳定	身体不移动,运动技能不涉及操作性任务	身体不移动,运动技能涉及操作性任务
身体移动	身体移动位置,运动技能不涉及操作性任务	身体移动位置,运动技能涉及操作性任务

身体是否移动对运动技能分类很重要。身体稳定指的是运动技能执行过程中身体位置不发生变化的技能,而身体移动则指运动技能执行过程中身体从一个地方移动到另一个地方。例如,安静坐着属于身体稳定,而走路、跑步等技能都涉及身体移动。需要注意的是,身体移动包括位置的主动变化和被动变化,即步行和站在电梯上都属于身体移动的运动技能,步行属于位置的主动变化,而站在电梯上属于位置的被动变化。

对于运动功能的操作性特征,当一名篮球运动员进行不带球的步法练习时属于无操作的运动技能,进行带球的步法练习时是有操作的。完成有操作的运动技能比无操作的运动技能更难。

将以上两种运动功能特征,即运动技能执行过程中身体是否移动及是否有操作,组合产生四类运动技能:身体稳定无操作、身体稳定有操作、身体移动无操作和身体移动有操作。例如,抱着篮球站在原地属于身体稳定无操作的运动技能,站在原地拍球属于身体稳定有操作的运动技能,不带球的步法练习是身体移动无操作的运动技能,而边走边拍球是身体移动有操作的运动技能。

总结来说,金泰尔二维分类法包括环境背景特征和运动功能特征两个维度。按环境特征分成的四类运动技能与按运动功能分成的四类运动技能相互交叉,可将所有运动技能分为十六类。其中,环境的两个特征分别为环境是否稳定(静态或动态)及动作间环境是否变化(一致或变化),运动功能的两个特征分别为身体是否移动(身体稳定或身体移动)及是否有操作(无操作或有操作)。在金泰尔二维分类法(表1-3)表格中,从左上角到右下角,运动技能逐渐从最简单到最复杂。对运动员或患者来说,完成每一类运动技能的需求是不同的。

表1-3 金泰尔二维分类法

环境背景		身体稳定		身体移动	
		无操作	有操作	无操作	有操作
静态	动作间环境一致	身体稳定无操作环境静态动作间环境一致	身体稳定有操作环境静态动作间环境一致	身体移动无操作环境静态动作间环境一致	身体移动有操作环境静态动作间环境一致
	动作间环境变化	身体稳定无操作环境静态动作间环境变化	身体稳定有操作环境静态动作间环境变化	身体移动无操作环境静态动作间环境变化	身体移动有操作环境静态动作间环境变化
动态	动作间环境一致	身体稳定无操作环境动态动作间环境一致	身体稳定有操作环境动态动作间环境一致	身体移动无操作环境动态动作间环境一致	身体移动有操作环境动态动作间环境一致
	动作间环境变化	身体稳定无操作环境动态动作间环境变化	身体稳定有操作环境动态动作间环境变化	身体移动无操作环境动态动作间环境变化	身体移动有操作环境动态动作间环境变化

金泰尔二维分类法展示了从最简单到最复杂的运动技能,表明运动技能某些特征的微小变化会显著增加一个人执行该技能时的难度,为我们理解各种运动技能提供了一个良好的基础。该方法在实践过程中有广泛的应用。第一,教练、体育教师、康复师等可以使用该方法评估运动员、学生及患者的运动技能水平,确定他们的运动技能在哪些方面存在困难或障碍。第二,根据运动员、学生及患者的运动技能水平,金泰尔二维分类法可以帮助教练、体育教师、康复师等制订合适、系统的练习方案,以帮助学习者克服障碍,提高其运动技能水平。第三,在运动员、学生及患者为实现目标而努力练习时,金泰尔二维分类法可以作为评价他们运动技能进展的一种方法,为练习方案的制订和更改提供客观依据。

三、运动技能的学科体系

人体运动学(kinesiology)是对动作进行研究的科学,或者更确切地说它是一门致力于研究身体活动和动作的产生及影响动作完成的各种因素的学科。人体运动学关注人类运动、身体活动、运动和锻炼。人体运动学研究主要包括运动生理学（exercise physiology）、人体运动生物力学（human exercise and sport biomechanics）、运动医学（sport medicine）、运动心理学（psychology of sport and exercise）和动作行为学（motor behavior）等众多学科领域。动作行为科学主要探讨人在一生中运动技能是如何获得和控制的，研究不同情境下动作行为变化及其规律的科学。动作行为科学包含了三个不同的研究领域：运动技能学习（motor skill learning）、运动技能控制（motor skill control）和运动技能发展（motor skill development）。下面分别进行介绍。

（一）运动技能学习

运动技能学习是研究人类如何获得运动技能的过程，以及促进或抑制运动技能获得的影响因素。在对运动技能进行定义时，我们说它是通过学习获得的，而不是通过正常的成长和发育获得的。因此，那些影响运动技能的因素，无论是日常生活经验或外在环境因素等都是运动技能学习涉及的研究领域。例如，人类如何学会各种运动技能，为什么有些运动技能学习的难度很大，为什么不同个体在运动技能学习存在差异，学习一项新的运动技能的最佳方法是什么，在受伤或疾病康复阶段运动技能再学习的最佳方法是什么等。

运动技能学习的影响因素很多，但通常可分为三个不同的类别：个体因素（the learner）、技能因素（the skill to be learned）和环境因素（the conditions under which the skill is learned）。这三个因素在运动技能学习中均起着重要的影响，因此，对运动技能学习的研究分析都需考虑在内。影响运动技能学习的个体因素包括年龄、性别、身体状况、智力、心理特征，以及既往技能水平和经验等。这些个体因素会影响运动技能的学习进展和对技能的掌握速度，因此，在运动技能的教学过程中必须考虑个体差异。所学运动技能的性质在技能学习中也起着重要作用。不同的运动技能其教学方法也可能有所差异，一项运动技能学习的有效方法可能在另一项运动技能中效果不佳，而这可能不是由于个体（学习者）差异，而是因为技能本身不同造成的。运动技能学习的环境因素也会影响学习的效果。在技能学习时是否单独练习还是与他人一起练习，与教师的关系及学习环境的情感体验等都会产生影响。此外，设备的使用、天气因素、光照条件等外在干扰因素也会影响运动技能的学习。总之，运动技能学习的研究需要对许多特征进行分析，运动技能学习也是一个复杂且费时的过程，且获取运动技能的学习过程受到个体、技能和环境等多方面因素的影响。

（二）运动技能控制

运动技能控制探讨的是在运动过程中，神经系统、身体及行为表现对协调动作操作的作用。所有的运动技能，无论其执行的技能水平如何，都是运动控制系统的结果表现。简单地说，运动控制是使动作执行顺利完成的一种控制与保障系统，包括神经系统的调节作用，肌肉与骨骼、行为方式的协调变化等。运动控制理论根植于对人类动作（通常指自主动作）控制与协调内在机制的理解。

将身体从一个位置移动到另一个位置，或移动四肢产生所需的运动技能，运动控制系统负责协调全身 600 多块肌肉的活动。执行这些动作的肌肉指令是如何发起、组织和执行的？这个问题涉及全身各个系统的整合过程，包括大脑和中枢神经系统、神经系统和感知觉系统、骨骼肌肉系统等。虽然产生动作的机制，如骨骼肌、关节、力、位移等都是运动技能控制研究的重要对象，但与环境和运动技能相关的躯干及肢体的运动模式也吸引了大批的研究者,如足球运动中踢球动作的脚踝-膝-髋关节间的协调模式等。同时,直接影响人类运动行为的各感知觉如视觉、听觉、触觉等,也是运动技能控制研究中极其重要的研究方向,所以在运动技能控制领域常以知觉与行为来说明两者间的相互关系。

运动技能控制的研究内容主要包括:①姿势的控制,包括正常的姿势控制、姿势控制的发展、衰老对姿势控制的影响、异常的姿势控制及姿势控制障碍患者的临床处理等。②移动能力的控制,包括正常移动的控制、移动能力的发展、异常步态及步行障碍患者的临床处理等。③伸够、抓握和操作能力的控制,包括正常的伸够、抓握和操作的控制,伸够、抓握和操作的控制及发展,异常的伸够、抓握和操作及功能障碍患者的临床处理等。对于物理治疗师和作业治疗师而言,学习和理解运动技能的控制,特别是动作的本质和控制机制,对临床实践而言至关重要。

运动技能控制的研究领域还包括知觉与行动系统的研究,而知觉与行动系统必须具有良好的组织方式方以完成特定目标或行动意图。所以,个体的行动、知觉、认知等系统如何在不同的环境下完成特定的任务目标,也是运动技能控制研究的内容。

(三)运动技能发展

运动技能发展是研究人类一生中动作行为的变化、构成这些变化的过程及影响它们的因素。这种行为变化包括个体一生中发生的所有运动行为变化,是由成长、成熟和经验等导致的。研究主题包括胚胎期的孕育及对以后动作发展的影响、婴儿期的成长与功能性动作的发展、儿童期粗大和精细动作技能的发展、青少年的运动能力如何随时间而变化,以及老年期的生理变化对动作行为的影响等。例如,给予儿童(青春期前)和青少年(青春期)的运动经验应该有什么不同、与给予成人和专业运动员的运动经验又有什么不同、老年期的身体功能变化对步态和姿势控制方面如何产生影响等。当然,运动技能发展研究中的关键核心是不断变化的,因此考察老年人和他们走路姿势时,主要关注的是这些姿态模式是怎样从早期发展而来的,从而为探讨老年人的姿势平衡和延缓动作功能衰退提供理论基础。

运动技能发展是所有人都要经历的一个过程,人们都是逐渐地学会爬行、行走、书写、奔跑及其他复杂的人类动作技能。有些动作的发展迅速而明显,如婴儿的爬行、行走等动作的发展;但也有些动作的发展变化十分微小甚至多年看来都是稳定不变,如成年人的书写习惯、走路姿态等,尽管这些运动技能每天都有细微的变化。作为一个学科领域,运动技能发展已经从以往的多为描述性研究向现今重视过程研究过渡,以信息加工理论和动力学系统理论为基础,强调个体、环境和任务间的共同作用。

理解人一生中动作的变化很重要,也就是说研究运动技能发展很重要。首先,人类发展的四个领域为认知(cognitive)、社会情绪(socioemotional)或情感(affective)、动作(motor)和身体(physical),发展这四个领域在人类一生中都是不断相互作用的,在某一领域的一个变化,无论多么微小,都可能造成其他领域的变化。例如,学习一项新的运动技能可能对情绪产生积极的影响,反之,当情绪不佳时也会对运动表现或认知功能产生负面的影响。其次,动作诊断(movement diagnosis),即在特定年龄或发育水平下,人们需要确定某人运动能力或运动技能的水平。理解正常的运动技能发展能够让人们了解人一生中每个时期的运动能力应该处在什么水平,从而通过动作技能发展知识对个体的成长和发展水平进行诊断和评价,还可对显著偏离正常值的个体给予指导和干预。举例来说,一位小学班主任注意到班级上一名女同学跑步时动作姿态不同寻常,通过与从事特殊教育的老师联系并对她进行评价,进一步送往医院进行医学检查,最终发现这名学生存在较轻类型的脑瘫问题。此外,理解人类动作发展的特征,还有助于运动技能的教学。经过多年动作发展的研究,人们知道某些运动技能的发展顺序具有相当高的可预见性。例如,儿童在跑之前先学会走,或在跨步跳之前先学会跑。再如,多数儿童在学习单手投掷时最初不会向前迈步,当他们学会迈步时通常迈出的腿和投掷的手在同侧。而经过教学和练习,他们将获得较为成熟的投掷动作模式,即向前迈步,并且迈出的腿和投掷的手是异侧的。可见,了解动作发展顺序将帮助教师更好地推动学生高效地、系统地按可预见的发展顺序学习。

第二节　运动能力

在生活中,有时我们会发现有些人可能擅长很多不同的体育运动,他们在接触一个新的运动项目时学习和掌握得也会更快和更好。然而,也有些人似乎并不擅长任何体育项目,对于他们来说,要学会一项新的运动技能所需花费的时间也会更长。这究竟是什么原因导致的? 为什么有的人具有更高的运动潜力,而有的人则表现平平? 那么,造成不同个体运动技能表现差异的原因有哪些? 运动技能表现是否可以合理、科学地预测? 下面将对这些问题进行讨论,在这一节里你将了解到的是影响运动技能表现和技能学习的个体特征——运动能力。

一、运动能力的定义

(一) 基本概念

运动能力(motor ability)是指决定个体完成运动技能所具备的相对稳定的潜在能力或特征。运动能力作为个体一般的特征或能力,是一个相对持久的属性,是一种专门与运动技能表现相关、参加运动和训练所具备的能力,是人在身体形态、素质、机能、技能和心理能力等方面的综合表现。它们的潜在作用是使肢体以各种具体方式运动,如个体反应时、移动速度、手的灵敏度等。这些能力往往由于与身体形态相关而不易测量或单独研究,但它们对于解释为什么某些人比其他人技能更高还是很重要的。

近年来,分子遗传学的研究正在不断揭示人类的很多运动能力与遗传因素相关。例如,肌肉力量、耐力、肌肉动作能力、平衡能力、神经肌肉动作技巧和协调性、柔韧性、有氧运动能力、无氧运动能力、训练应答以及疲劳恢复等,这些能力都有重要的生物学背景。

(二) 能力与技能的区别

能力与技能是两个完全不同的概念,但在日常生活中很容易混淆。当人们看到一名中学生篮球打得很好,会说"这名学生的运动能力很强",其实这是技能水平。所以区分能力与技能很有必要。能力是个性心理特征之一,是人顺利地完成某种心理活动所必需的个性心理条件和心理特征,在大多数情况下,能力是由遗传决定的。例如,在学习单手肩上投篮动作时,有些学生学得快些,有些学生学得慢些,这里动作学得"快"和"慢",实际上是每个学生学习掌握动作技能的能力不同。

能力作为个体的成功潜能,是技能发展的基础或支撑,制约着人们掌握技能的快慢和巩固程度,影响人们掌握技能的水平。无论投入了多少时间和精力,不是任何人都能够成为职业篮球运动员,很多人并不具备其所必需的能力种类,如身材矮小者是很难在篮球这一项目上取得成功的。两个人在特定的时间内可能有同样的技能水平,但其中一个人可能有更大的潜力,因为他在这项技能上的各种能力较强,而另一个人要试图超越其潜在的能力限制来提高技能水平,则可能体验更多的是失败。一般来讲,能力高的人,技能习得更快、掌握得更好。同时,一项技能可能是由许多不同的能力共同完成的,如篮球技能就需要速度、力量、反应和预判等能力。此外,一些运动能力可能在不同的技能中均起着重要的作用,如下肢肌肉爆发力是短跑、跳远或跳高等项目取得好成绩的重要基础。

二、 运动能力的个体差异假说

随着研究技术和方法的不断进步,对运动能力的认识也在不断变化。一般运动能力假说(general motor ability hypothesis)和全能型运动员(the all-around athlete)认为运动能力之间存在相关性,而特殊运动能力假说(specificity of motor abilities hypothesis)则认为不同运动能力之间是相对独立的。

(一)一般运动能力假说

在日常生活中,有些人在很多运动项目上都能做得很好,如篮球打得好,羽毛球也打得很好,最典型的是田径中的全能运动员。相反,有不少人似乎天生缺少运动细胞。这些现象似乎表明,有一种潜在的因素与所有的运动项目都有关系,即一般运动能力。一般运动能力假说认为,尽管个体的运动能力有不同类型,但这些能力却高度相关,所有的运动技能表现都以单一的整体运动能力为基础。如果一个人在一项运动技能上水平较高,那么其应该在很多运动项目上都能够达到较高的水平。

一般运动能力的观点在20世纪初期就已存在(Brace,1927;McCloy,1934),受到当时流行的认知能力研究的影响,即使用智力测验作为预测在社会中取得成功所依据的理论为一般智力能力(general intelligence,IQ)。该假说预言,如果一个人在某一项运动技能上表现优异,就有可能在所有运动技能方面都表现出色。这种预言背后的依据是人具有一般运动能力。在此基础上,该观点的支持者发展了一种成套测验方法,并指出通过这种测验方法,可以把学生按照相似的运动能力水平分成五个等级,以方便教学和组织体育活动(Barrow,1957)。但是,在20世纪五六十年代,一般智力能力和一般运动能力都受到了人们的广泛质疑。研究人员发现,不同技能之间的相关性较低,甚至看起来相近的技能之间的相关性也很低,这些研究没有支持一般运动能力假说。

虽然只有极少数的研究证据支持这一观点,但这一假说依靠它的直观吸引力继续存在着。一般运动能力测试简便易行,吸引了那些寻求对某些人在运动技能表现上的成功或失败原因进行简单解释的人。事实上,这些预测者对特定运动技能表现的预测并不佳,但这并没有减弱一般运动能力假说的吸引力。

（二）特殊运动能力假说

在20世纪50年代末期，富兰克林·亨利(Franklin Henry)提出了与一般运动能力假说相对立的特殊运动能力假说，该观点认为个体具有多种运动能力，且这些能力都是相对独立的。举例来说，如果一个人表现出高水平的平衡能力，但并不能据此预测其在反应时测试中的水平高低。

支持特殊运动能力假说的实验报道最早出现在19世纪60年代，这些实验的一般假设是如果运动能力是特殊的和独立的，那么任意两种能力之间的相关性都会很低。因此，即便是最简单的两种运动能力之间，其相关性也会很低，如平衡能力和反应时、反应时和动作速度、动态平衡能力和静态平衡能力等。

特殊运动能力假说最重要的观点是，即使两个任务看起来非常相似（如掷棒球和投标枪），任务间的相关性仍趋于零。根据这一观点，两个任务所需要的能力组合是不同的，很少或可能没有能力是相同的。因为这些能力之间彼此独立，所以技能之间的相关性很低，甚至为零。优秀的跨栏运动员具有较强的与跨栏运动相关的能力，但是，如果让他去参与跳高项目，他可能就不会那么成功了，因为他并不具备跳高项目要求的能力。

（三）全能型运动员

特殊运动能力假说认为技能之间没有任何相关性，但是现有的许多证据显示运动技能之间的相关系数并非都是为零。例如，田径运动中有全能项目，这一项目的运动员在跑、跳、投多个项目上都有着较高水平。此外，有些运动员擅长多种体育运动项目，如羽毛球、乒乓球和网球等，在这些项目的技能水平和成绩都很好。这就是人们通常所说的全能型运动员。如果运动能力是多样且独立的，那么该如何解释那些对各种体育活动都很擅长的全能型运动员呢？

根据特殊运动能力假说，个体运动能力有低、中和高之分。个体能力差异服从正态分布，所以可以预测：一些人的大部分能力处于平均水平，其他人的大部分能力处于高或低范围内。特殊运动能力假说也认为，擅长多种体育活动的人有大部分能力处于高水平，这些人在那些需要这些基本能力才能取得成功绩效的运动项目上同样表现出高水平。

事实上，真正的全能型运动员是很少见的。通常，当一个人在多种体育活动上都呈现出高水平，那么仔细检查这些运动可以看出：这些活动都涉及一些共同的基本能力。如果一个人具备运动所需的多种基本运动能力，那么这个人在所有需要这些基本能力的运动项目上表现出高水平。然而，如果一个人所具备的运动能力对于其参加的运动不太重要，且此人与该活动有关的运动能力水平一般，那么他在该运动上的表现就处于平均水平。有关全能型运动员的出现由以下几个因素引起：①父母对体育活动的不同支持会导致不同的经历，参加体育活动的经历和练习提高了他们的运动技能，并进一步促使他们参加俱乐部或运动队，使他们得到更多的练习，这种早期的多种运动经历会对后期运动表现产生积极的影响；②很多项目的运动成绩与运动员本身的身体形态有关，一般身体形态因素使得部分身材高大、粗壮的，参加早期训练的个体在运动中领先，这促使他们参加更多的体育活动，显示出具备较高一般运动能力的印象；③基本人格特质也是影响个体体育活动参与和表现的重要因素。

三、运动能力的分类

根据不同的分类标准,运动能力的分类会有不同的分类结果。当学者和研究人员提及界定运动能力时,总会想到埃德温·弗莱施曼(Edwin Fleishman)在该领域的杰出工作。弗莱施曼等(1972)首先运用因素分析分类法对运动能力进行了分类,并将运动能力分为11种知觉运动能力(perceptual motor abilities)和9种身体素质能力(physical proficiency abilities)(表1-4),并给出了每种运动能力的测验方法及相关案例。

表 1-4 弗莱施曼运动能力类别表

运动能力	定义	案例
知觉运动能力(11种)		
多肢体协调性(multilimb coordination)	协调多个肢体同时运动的能力	排球扣球
控制精确性(control precision)	单侧手臂或腿在控制器械时做出快速准确动作调整的能力;动作根据视觉刺激做出调整	足球颠球
定向反应(response orientation)	根据自身或操作对象的移动情况快速选择控制方式的能力	足球运动员根据防守队员的动作选择带球突破、传球或射门的反应方式
反应时(reaction time)	当信号出现时迅速做出反应的能力	短跑的起跑
手臂动作速度(speed of arm movement)	在不考虑动作准确性的前提下,大幅度、快速完成手臂运动的能力	要求速度而不求准确性的曲棍球大力挥击
速度控制(rate control)	根据持续移动的目标、对象的速度、方向变化调整动作速度的能力	在山地骑行自行车
手灵敏性(manual dexterity)	在快速操作的条件下,个体运用技巧性的手臂动作来有效操控较大物体的能力	跑动中的篮球运球
手指灵敏性(finger dexterity)	基本依靠手指活动用技巧性、控制性的手指动作操作细小对象的能力	扣衬衣纽扣
手臂的稳定性(arm-hand steadiness)	最低限度速度和力量的条件下准确控制手臂方位的能力,包括在手臂动作运动过程中或在一个静止的手臂位置时,保持手和手臂相对稳定性的能力	外科医生做手术
手腕、手指速度(wrist、finger speed)	忽略准确性的条件下,快速完成重复性手腕、手指动作和(或)转腕动作的能力	派发扑克牌
瞄准能力(aiming)	快速准确地将手移向一个小目标的能力	双向飞碟射击

（续表）

运动能力	定义	案例
身体素质能力（9种）		
静态性力量（static strength）	人能够对外界物体施加的最大力量	举重杠铃举过头顶后维持静止
动态性力量（dynamic strength）	反复用力时肌肉的耐力	爬山
爆发力量（explosive strength）	肌肉爆发有效动员能量的能力	投掷标枪
躯干力量（trunk strength）	躯干肌肉的力量	撑杆跳
伸展柔韧性（extent flexibility）	弯曲或伸展躯干和背部肌肉的能力	体操下腰动作
动态柔韧性（dynamic flexibility）	重复快速躯干弯曲动作的能力	跳水空中团身翻滚动作
全身协调性（gross body coordination）	运动中身体各部分的协调能力	障碍滑雪、花样游泳
全身平衡能力（gross body equilibrium）	在没有视觉线索的条件下保持身体平衡的能力	蒙眼走钢丝
耐力（stamina）	需要心血管系统参与维持最大限度工作的能力	长跑

注：关于运动能力的分类、定义和测试，在弗莱施曼的两个研究报告中有详细描述（Fleishman, 1972; Fleishman et al., 1984）。

然而，尽管弗莱施曼使用了数百个测试任务来界定运动能力，但仍可能会遗漏一些其他的运动能力。例如，弗莱施曼在两大能力类别中没有包含以下能力：

静态平衡能力（static balance）——在稳定的表面上或非运动状态下保持姿势稳定性的能力（如站在地面上读书）。

动态平衡能力（dynamic balance）——在移动的表面上或在运动状态下保持姿势稳定性的能力（如在人行道上行走）。

视力（visual acuity）——清楚准确地看物体的能力（如阅读街道标示牌）。

视觉追踪能力（visual tracking）——视觉追踪移动物体的能力（如注视正在飞行的传球）。

眼-手或眼-脚协调性（eye-hand or eye-foot coordination）——需要视力和准确的手（如在键盘上准确地打一句话）或脚（如足球比赛中踢点球）动作相互配合的技能操作能力。

无论是哪种分类方法，其重要的理论依据是假设所有人都能拥有各种运动能力，这些运动能力也可被测量及量化，且不同个体的各项运动能力水平存在不同程度的差异。而人们在运动技能中之所以会表现出不同的水平，很大程度上取决于个体自身所掌握的与该项运动技能相关的运动能力水平的高低。

例如，对于打网球而言，掌握更多的与网球运动相关运动能力的人，具有更大的潜能在网球项目中取得更好的成就。这个例子表明，各种运动能力是复杂运动技能（如网球）表现的基础，而人们对于不同运动能力会表现出不同的水平。图1-4说明了运动能力是运动技能表现的基本组成部分。此外，图1-4还说明了利用任务分析法（task analysis）对复杂运动技能进行解析,从而确定运动技能表现中所涉及运动能力种类的过程。例如,网球成功发球的技术要求运动员正确地掌握每一个技术构成部分。图 1-4 中间部分确定了网球发球技术的构成要素,这属于对网球发球技术的第一级分析。分析网球发球技术的构成要素,有助于更好地识别和确定网球发球所需的潜在运动能力。图 1-4 的底层呈现的是与网球发球技术相关的运动能力。根据弗莱施曼对运动能力的分类,网球发球技术涉及的运动能力有多肢体协调性、控制准确性、手臂动作速度、速度控制、瞄准能力和静态性力量等。当然还可以加入其他与这项技术有关的运动能力,然而,这些运动能力应该足以说明知觉运动能力和身体素质能力在这项运动技能中所起的基本作用。

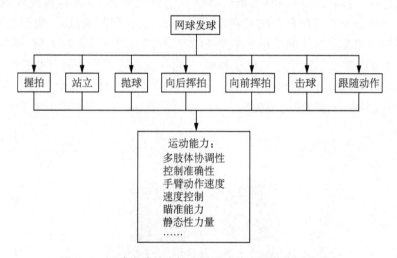

图 1-4　网球发球技术构成及网球技术所需的运动能力

四、 运动能力的预测

运动能力在运动技能表现中起基本作用,因此运动能力预测被用于各种用途。

1. 运动员选材

预测未来在运动技能或体育活动上的表现,教练员一方面需要了解优秀运动员必须具备哪些能力,另一方面需要掌握如何测定这些能力,并且依据正确的选材模型从候选者中选出最佳人选。对于专业运动队和国家及国际体育机构,一系列测验中的运动能力测验是用来为他们的运动队选拔运动员的。例如,国内学者(王荣辉等,2007)对 182 名一线跳水运动员的各项运动能力测试分析后认为,标准化的原地纵跳能力、20 次仰卧举腿计时、30 秒变向跳等运动能力的测试结果可作为跳水优秀运动员选拔的评价标准。

2. 运动技能评估

运动技能评估包括评估运动技能表现绩效不佳的原因或评估干预方案的有效性(如身体康复)。例如,治疗师和康复师用运动能力测试来评估患者的康复进度并确定患者可以进行的功能活动类型。另一种常见的是用运动能力测验对婴幼儿的动作发展进行评估。例如,美国明尼苏达大学罗伯特·布鲁因克斯教授与美国康科迪亚学院布雷特·布鲁因克斯教授在 1978 年联合研发的布尼氏动作熟练度测试(Bruininks-Oseretsky test of motor proficiency，BOTMP)，并在 2005 年进行了修订，形成了第二版(BOT-2)并已广泛应用于评估儿童动作发展领域。BOT-2 由 4 个测试领域的 8 个子项目组成，分别从手部精细动作控制、手部协调、身体协调、力量与敏捷性等方面来对儿童的动作发展进行评估，并可用于评估智障儿童的动作发展水平及检验干预的效果。

  然而，运动能力预测的最大问题是对人类运动能力的理解还不够。到目前为止发现的这些能力都是试验性的生理或心理过程，而且这些能力多局限于以手操作的情境。然而，人类能力的数量是十分庞大的，如果许多能力被忽视掉，预测的效果也会大打折扣。此外，随着练习的进行，运动技能所需的能力类型也会发生变化，这使得预测变得更加困难。在技能的初学阶段和熟练阶段所需要的能力类型不同，在预测测试时，也要调整相应的测试项目。对一个相关问题的测验是一个漫长的发展过程，对被试者的指导、评分系统，以及仪器设备的配置都需要不断地进行优化和调整，每一次改进都旨在提高测验结果与标准分数之间的相关性，以期获得更准确的评估。但对这种能力类型的变化还没有系统、准确的结论，使得预测工作的有效性有所欠缺。

第一章习题   第一章参考文献

第二章

人体运动的神经生理学基础

【导　　读】

　　当你坐在桌前阅读并想要对所读的内容做一些笔记时,你必须进行一系列协调一致的动作来达到目的。你必须先拿起你的笔,然后摆好你的头、躯干、手臂、手和手指的位置,这样你才能使用笔,然后才能实施写单词所需的动作。虽然这个例子似乎描述了一个相对简单的任务,你可以非常容易和快速地完成,但与计划和执行任务相关的一系列神经活动却相当复杂。运动涉及整个人体的器官,从深层的大脑到感受外部环境的各类感受器,再到做出动作的肌肉。因此,运动控制理论不仅是运动基本特征或其原因的概念集合,还必须包含神经系统结构与功能的最新研究结果。神经系统负责运动准备、执行和控制的过程,可以分成中枢神经系统(central nervous system,CNS)和外周神经系统(peripheral nervous system,PNS)两个部分。中枢神经系统包括大脑和脊椎内的所有神经细胞,而其他所有神经细胞组成了外周神经系统。本章主要介绍中枢神经系统的组成、作为中枢神经系统基本单元的神经元,以及负责产生运动和控制功能的生理解剖基础。

【学习目标】

1. 了解神经元的基本结构与功能。
2. 了解突触传递与神经冲动。
3. 了解脑的结构与分区,理解大脑皮质、基底神经节和小脑在运动控制中的作用。
4. 讨论突触与大脑的可塑性。

【思维导图】

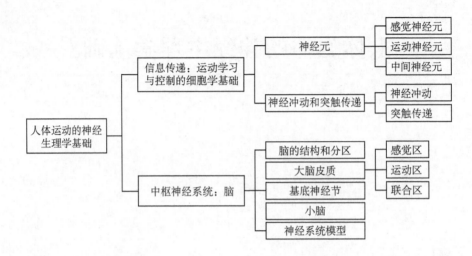

第一节 信息传递:运动学习与控制的细胞学基础

运动行为研究的基础是神经系统连接与信息传递。信息传递过程需要由庞大且复杂的神经细胞完成,神经细胞形成了人体的神经系统。

一、神经元

神经系统最基本的组成部分是神经细胞,即神经元(neuron)。神经系统中神经元的数量达到数千亿,大小为 4~100 μm。神经元的主要功能是在整个神经系统中接收和传递信息。神经元有多种类型,但基本结构相似,都包含三个部分:胞体、树突和轴突(图 2-1)。

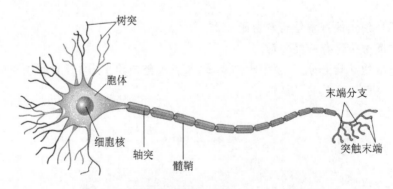

图 2-1 神经元示意图(Solomon et al., 2008)

胞体(cell body 或 soma):包含了重要的细胞核,以及其他产生能量、引导细胞活动的细胞器,用于调控神经元的内稳态平衡。

树突(dendrite):是胞体的延伸,从胞体中像触须一样分支开来。主要用于从其他神经元接收信息。一个神经元可以没有或有上千个树突。

轴突(axon):是从胞体延伸出去的细长管状神经纤维,负责将信息从神经元传递出去。每一个神经元只有一个轴突。轴突末端类似于神经递质的信号传递中继站,神经递质作为化学信号传到其他神经元或肌肉。轴突被称为髓鞘的细胞膜包裹,可以加速神经信号在轴突中的传导。

神经元在大小、形状、功能上各不相同,划分神经元类型最简单的方法是根据其接收或传递信息的功能。因此可将神经元按照功能分成三类:感觉神经元(sensory neuron)、运动神经元(motor neuron)和中间神经元(interneuron)(Kandel,2006)(图2-2)。

第二章
拓展阅读1

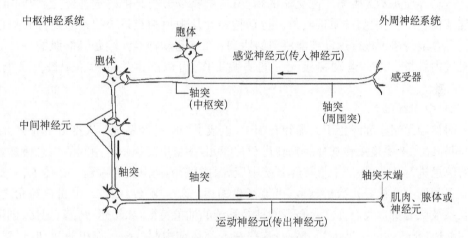

图 2-2　三类神经元(箭头代表神经活动传导方向)(Widmaier et al.,2006)

(一)感觉神经元

感觉神经元又称为传入神经元(afferent neuron),主要扮演从感受器接收信息的角色,并且像电器中的转换器一样将神经信号转换为电信号,从而可以使电信号在神经通路中传递至中枢神经系统。感觉神经元的独特结构特征是它属于单级神经元,只有一个轴突且没有树突。感觉神经元的胞体及大部分轴突往往存在于外周神经系统,只有轴突的中枢突进入中枢神经系统。因此,感觉神经元的形状与运动神经元和中间神经元有些不同。从胞体而不是树突中突出的是一种被称为传入纤维的纤维,通常位于脊髓外,其末端与感受器相连,通常与胞体有一定距离。人体有感知视觉、触觉、听觉、嗅觉、热、冷、压、痛的感受器,还能感知运动的变化。传入纤维的信号一旦到达感觉神经元的胞体,就会通过轴突进一步传递到脊柱,在那里可以继续向大脑传递,也可以连接到脊柱或脑干的运动神经元,形成反射弧。相对于从感受器发出的信号一路传输到大脑并做出行动决定,反射能让人们对某些刺激做出更快的反应。

中枢神经系统接收的本体感受信息来源于本体感受器,本体感受器是位于肌肉、肌腱、韧带、关节等部位的感觉神经元。这些神经元获取关于身体和四肢位置及位置改变的信息。本体感受器包括几种不同类型,负责觉察身体和四肢运动的不同特征,如肌梭(muscle spindle)、腱梭(tendon spindle)、关节感受器(joint receptor)等。

其中肌梭位于骨骼肌纤维中,可以监测肌肉收缩并识别肌肉长度和运动速度的变化,还允许调整肌肉对外部负荷和扰动的反应。腱梭位于肌肉-肌腱交界处,监测肌肉收缩引起的肌腱张力,可以觉察肌肉张力的变化。关节感受器是位于关节囊和韧带的一系列不同类型的本体感受器,作为一种机械性感受器,可以检测和识别关节处用力和旋转的变化,尤其是角运动和关节位置的极限值。

(二) 运动神经元

运动神经元又称为传出神经元(efferent neuron),可将信息从中枢神经系统传递至效应器(肌肉或腺体),负责肌肉收缩。运动神经元可分为两种:①α运动神经元主要存在于脊髓中,从脊髓的角中散发出来,有很多分支的树突和长分支的轴突,直接与骨骼肌纤维相连接。运动神经元不产生与肌肉交流的指令;这些指令最初是由感觉神经元、中间神经元或大脑结构,特别是大脑皮质接收的。运动神经元从中枢神经系统的许多地方收集信息,并将其有效地传递到进行运动技能所需的肌肉。②γ运动神经元则是骨骼肌的一部分,被称作肌梭内纤维。许多运动神经元一同协调工作,可以产生从最简单到最复杂的运动技能。

(三) 中间神经元

中间神经元起始和终止于大脑和脊髓中,组成了中枢神经系统中大部分的神经元。第一,中间神经元主要连接感觉神经元和运动神经元,参与更高级脑区中间的信息传递,还将传递的信息进行整合,保证中枢神经系统中庞大且复杂的信息交流过程。在传入信息和传出反应之间的中间神经元数量越多,可能产生的运动就越复杂。第二,中间神经元之间的相互联系被认为负责我们称之为心智的神经系统的抽象特征,如思想、情感、记忆、创造力、智力和动机(Sherwood,2006)。然而,这些在人类运动中起着核心作用的活动,仍然是神经系统中最不为人所知的方面。

二、 神经冲动和突触传递

第二章
拓展阅读2

(一) 神经冲动(nerve impulse)

神经元的主要功能是传递信号,向另一个神经元传递一个称为神经冲动的信号。大约2 000亿个神经元中的任何一个都可以通过神经元之间巨大连接网络与其他神经元进行交流。我们每完成一个动作,数以百万计的联结形成,随着动作的每一次重复,这些联结得到加强。所以每次我们用键盘打一个字母或打高尔夫球,实际上是在重新连接我们的中枢神经系统,并促进这项技能的学习。

尽管人类的运动非常复杂,但神经元之间的信息总是简单的"开"和"关"信号,就像打开或关闭电灯的开关一样。人类活动的复杂性不是因为神经元之间信号的复杂性,而是因为无数的开关连接的复杂性,这些连接创造了不断变化的模式。

神经元之间连接的开与关主要由神经元内外离子的分布决定。细胞膜内外充满了钠离子(Na^+)、钾离子(Ka^+)和氯离子(Cl^-)。当细胞膜两侧的离子产生或多或少相等的电荷时,我们就说神经元处于静息状态或极化状态(polarization)。这时就处于"关闭"的状态,神经元之间的信号传递将不会发生。然而,当负电荷离子更多集中于细胞内时,正电荷离子更多集中于细胞外时,电荷的不平衡便产生了。这将导致细胞膜形成电压,当电压足够大时正电荷将进入细胞内,形成去极化(depolarization)或兴奋状态。进入细胞的正电荷离子随后会被一种称为钠泵的机制迅速泵出细胞,这样,在细胞壁两侧又一次建立起或多或少等电荷离子的静息电位。钠泵会使进入胞内的正电荷离子泵出,静息状态再次建立。

去极化的过程将持续足够长的时间,以传递一种称为动作电位的电荷,沿轴突向下,并向其他可能与之相连的神经元传递。

(二) 突触传递

在轴突的末端,动作电位在传播过程中到达一个看似死胡同的地方,叫作突触(synapse)。突触是神经元轴突和另一个神经元连接的地方。动作电位最初传递的神经元称为突触前神经元,而突触间隙另一侧具有接收动作电位的神经元称为突触后神经元。两个神经元彼此不会直接接触(Kluka,1999)。在神经元之间有一个空间,叫作突触间隙(synaptic cleft)。如果信息要在神经元之间传播,就必须完成穿越这个间隙的运动,信息在突触间隙的传递被称为突触传递(synaptic transmission)。

当动作电位传导至突触前神经元的轴突时,即到达突触小体(synaptic knob),然后使突触小体中的突触小泡释放化学信号——神经递质(neurotransmitters)(图 2-3)。这些神经递质影响神经冲动的传递,增加或减少跨突触间隙去极化的可能性。当受到适当的刺激时,神经递质促进突触前神经元的信号通过突触间隙传递到突触后神经元的树突,刺激神经元内的去极化,随着这一系列事件的重复,包含更多的神经元来组装一个最终的指令结构,能够激活复杂的肌肉活动安排。

已有多种神经递质被识别,其中最常见且与肌肉活动控制有关的是乙酰胆碱(acetylcholine,Ach)。当 Ach 被释放至骨骼肌受体,它将促进骨骼肌的收缩。参与肌肉活动的其他重要神经递质包括非肾上腺素、肾上腺素、多巴胺、血清素、谷胱甘肽和 γ-氨基丁酸(GABA)。

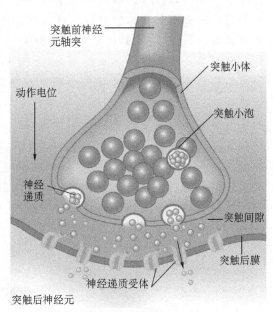

图 2-3　突触传递示意图(Solomon et al.,2008)

对各种神经递质作用的研究为揭示许多与运动有关的问题和疾病的原因与开发治疗方法提供了相当大的希望。例如,帕金森病会导致患者逐渐丧失协调身体运动的能力,已被确认是由于大脑某一区域分泌多巴胺的神经元被破坏。左旋多巴是多巴胺的一种氨基酸前体,可以帮助促进受影响的大脑区域有效的突触传递,在许多情况下,使用左

第二章
拓展阅读3

旋多巴治疗这种疾病提供了一种有效的方法来减缓这种疾病的进展（Keltner，1996；Stelmach et al.，1991）。研究也发现，有规律的体育活动对调节和维持神经递质功能有很大好处，随着人们年龄的增长，这一点尤其正确和重要（Meeusen，2006；Piacentini et al.，2004）。

突触可塑性（synaptic plasticity）是突触连接强度可调节的特性。突触的形态和功能可发生较为持久改变的特性或现象。突触会随着自身活动的加强与减弱相应得到加强与减弱。在人工神经网络中，突触可塑性是指利用神经科学中突触可塑性有关理论结合数学模型来构造神经元之间的联系。

【案例 2-1】

突触可塑性和神经网络模拟

人的大脑是由大量神经元和突触构成的高度互连、大规模并行、结构可变的复杂网络。在神经网络中，神经元被认为是大脑的计算引擎，它并行地接受来自与树突相连的、数以千计的突触输入信号。突触可塑性是通过特定模式的突触活动产生突触权重变化的生物过程，这个过程被认为是大脑学习和记忆的源头。模拟突触可塑性和学习功能，构建人工神经网络，是未来实现神经形态类脑计算机的关键。近年来，随着新型电子器件的出现和人工智能技术的兴起，利用单一电子器件实现突触可塑性和学习功能的模拟，形成了一个新的前沿研究方向——突触电子学（synaptic electronics）。目前，突触电子学主要采用两端阻变器件（忆阻器）和三端阻变器件（场效应晶体管）来进行神经突触功能的模拟。这些器件的电阻变化与神经突触权重（突触连接强度）的变化极为相似，已被成功用于模拟突触可塑性和学习功能。日前，中国科学院物理研究所/北京凝聚态物理国家研究中心磁学国家重点实验室孙阳研究组在国际上首先提出了一种基于磁电耦合效应的非易失性电路元件——忆耦器（memtranstor）。通过调节脉冲触发电压和脉冲次数，实现了电耦值的连续可逆变化，模拟了神经突触权重增强和减弱行为。该研究在国际上首次利用忆耦器模拟了突触可塑性和学习功能，证明了基于忆耦器构建低功耗神经网络的可行性，为突触电子学和类脑计算技术的开发提供了一种全新的途径。

第二节　中枢神经系统:脑

人类的大脑，重量不超过 1 500 g，但却由超过 1 000 亿个神经元组成，这使得数万亿个神经连接成为可能，它将来自躯体感觉和视觉系统的感觉输入与大脑中控制肌肉系统动作的过程整合在一起。为了充分掌握发展和获得运动技能所涉及的机制和复杂性，本节将重点学习一些关于大脑结构和运动控制与学习的最基本功能。

一、 脑的结构和分区

脑的结构和区域可以根据解剖、功能或发展的区别等进行划分。本书中我们根据解剖结构将脑主要分为四个部分（图 2-4）：脑干（brain stem）、间脑（diencephalon）、大脑（cerebrum）和小脑（cerebellum）。

所有来自躯体感觉系统的感觉信息都通过脑干进入大脑，脑干是一个连接脊髓和大脑上部的基座状结构。脑干控制着基本的自主功能，如心率、血压、呼吸、消化、出汗、腺体分泌物，以及保持觉醒和注意水平。这些都是对生命至关重要的功能，并通过脑干的无意识过程控制。脑干包括延髓、脑桥和网状结构。脑干和间脑都与生命维持功能有紧密联系，它们和运动有关的主要功能是作为反射中枢及感觉和运动信息在脑的各部位或者脑与脊髓间的中继站。大脑和小脑涉及更广泛的运动功能。在下面的部分将重点介绍。

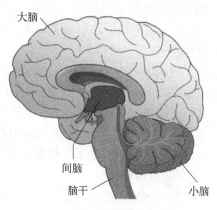

图 2-4　脑的解剖结构

二、 大脑皮质

大脑是脑中最大的部分，重量大约占全脑的 80%。可以被分为左右两侧大脑半球。大脑的最外层被称为大脑皮质，负责高级的大脑功能。大脑皮质可以分为三个功能区：感觉区（sensory area）、运动区（motor area）、联合区（association area）。

（一）感觉区

感觉区主要功能是加工和解释从不同感受器接收的信息。初级体感皮质从皮肤感受器（触觉、压力、温度、痛觉）和身体外周本体感受器接收感觉信息。在这一皮质区域，信息得到加工，个体不仅能意识到感觉还能觉知感觉的具体定位。例如，卒中造成的初级体感皮质损伤，会使人丧失感知和定位皮肤触觉与压力的意识能力。这反过来会影响抓握和物体操纵能力（Leonard，1998）。此外，个体将经历关节位置意识的丧失，他将不再能感知与运动相关的准确感官反馈，因此运动将变得不协调。

次级体感皮质负责整合和解释感觉信号。如果这一皮质区域受损，原本能正常与客体操作联系的感觉信息就会受到影响。例如，你识别手是在摸高尔夫球还是壁球的能力会受到损害。此外，传递到次级体感皮质区域的信号在传递之前部分在初级体感区域进行处理，因此将表现出与上述初级体感皮质区域类似的损伤。

视觉在运动中起到重要作用，视皮质可以进一步划分为初级视皮质和次级视皮质。初级视皮质主要接收来自视网膜的图像信息，觉察明暗并对视觉区域进行方向定位。次级视皮质则主要负责解释人们看到的图像。

（二）运动区

运动区负责发起和协调骨骼肌的随意运动。初级运动皮质负责发起熟练的随意运动，包括精细动作。前运动皮质位于初级运动皮质的前侧，负责决定如何发起运动，组织与协调复杂的肌肉序列运动。例如，如果表演者决定迈出一步，前运动皮质会决定收缩哪些肌肉，以什么顺序收缩，收缩到什么程度（Seeley et al.，1997）。然后，脉冲被发送到初级运动皮质，启动每一个计划的运动。

运动区也有一些与大脑皮质感觉区相似的特点：①对躯体运动的调节是交叉性的，但对头面部的支配主要是双侧性的；②有精细的功能定位，其安排大体呈身体的倒影，而头面代表区内部的安排是正立的；③运动愈精细复杂的躯体的代表区也愈大，如手和五指的代表区很大，几乎与整个下肢所占的区域同等大小；④大脑皮质运动区对躯体运动的调节，是通过锥体系和锥体外系下传而实现的。

（三）联合区

联合区涉及感觉信息的分析与解释。对于这个功能，新的感觉输入似乎与过去的经验有关。其中前额叶皮质涉及情绪反应和认知功能，包括准确判断、对未来事件的规划与练习动机等功能。一般解释区域（general interpretive area）主要负责复杂思维的加工，情境被解释为该区域感觉信息整合的结果。然后，解释被发送到前额叶皮质，在那里，它与情绪联系起来，并做出如何回应的决定。

三、基底神经节

第二章
拓展阅读4

基底神经节是一组功能相关的核团，位于大脑深处，由尾状核、壳核、黑质和苍白球组成。"基底"的字面意思是"在底部"，或者换句话说是"在皮质下面"。与小脑病变患者一样，基底神经节受损的患者并没有瘫痪，但在运动协调方面存在问题。我们对基底节区功能的理解首先来自临床医师，尤其是詹姆斯·帕金森（James Parkinson），他在1817年首次将帕金森病描述为"震颤性麻痹"（Cote et al.，1991）。基底神经节与大脑皮质和脑干之间产生了广泛的交流，形成了信息流的循环，并通过丘脑进行传递。对于运动控制非常重要的信息流环路包含基底神经节的核团、丘脑及运动皮质。

基底神经节在运动技能的规划和执行中有重要的作用：①基底神经节为运动活动作准备时调节背景肌张力。例如，当你写作时，基底神经节通过绷紧上臂的肌肉为手部运动做准备，以稳定你的手（Shea et al.，1993）。②基底神经节启动重心的转移以准备动作的执行。这些预备动作要么发生在计划的运动动作开始之前，要么同时发生（并且是无意识完成的）。③基底神经节参与控制运动系统，即为运动系统做好准备，以便根据情况的变化和需要以特定的方式控制动作。很明显，基底神经节在运动系统的计划和准备中起着至关重要的作用。

由于基底神经节在运动准备和计划中的重要性，疾病或损伤对个人控制身体运动的能力有深远的影响。最广为人知的基底节区疾病包括帕金森病和亨廷顿病，这两种疾病都以肌肉僵硬和静息性震颤的表现开始，逐渐导致几乎完全无法控制身体运动。帕金森病的特征是肢体缓慢的、无法控制地颤抖和难以自主活动，这是基底神经节刺激不足的结果。亨廷顿病则是基底神经节过度刺激的结果。患有这种疾病的人会表现出四肢或面部肌肉无法控制的抽搐动作。目前正在研究一些针对基底神经节的新疗法，以确定它们在减缓或停止这些疾病影响方面的可能益处。

四、小脑

小脑由大脑后部的两个布满皱纹的半球组成，位于大脑半球的后侧，并和脑干相连。脑干和小脑有时一起被称为后脑。尽管小脑只占整个脑的 10% 左右，但它包含了超过一半的脑神经元，这种资源的投入表明了其具有重要的基本功能。小脑可以被认为是繁忙十字路口的一种交通控制官员，在这种情况下，它是高级指挥中心和低级控制功能之间的神经交叉。从大脑的其他部分定向到效应器和控制运动肌肉的神经传输，大部分都要经过小脑。小脑的作用是确保神经信息被正确传递，并重新传递被错误传递的信息。小脑并不是这种神经传输的被动观察者，它在运动活动的规划和评估中发挥着重要作用。

小脑充当了大脑输出信号和来自感觉的输入信号之间的比较器，可评估肌肉系统执行高级大脑中枢指令的有效性。当传出和传入的信号不一致时，小脑会根据需要进行纠正。小脑的基本任务是协调和定时地运动，以及不断纠正运动错误。

总结而言，小脑的主要作用涉及运动协调、调节肌张力与维持平衡、运动技能的学习。

（1）运动协调：小脑通过比较由运动皮质编码的意图运动和实际发生的运动来监控运动。因此，小脑能觉察和纠正动作的误差，通过和运动皮质的连接来产生平滑协调的运动。从看似普通的活动，如调节肌肉活动以保持直立姿势，到在高度复杂的运动技能中保持肢体同步，小脑在协调、评估和纠正动作方面发挥着关键作用。例如，当你在筋疲力尽地锻炼后伸手去拿一瓶水时，协调手和手臂的动作，使瓶子平稳地、准确而轻柔地到达你的嘴唇，这就是小脑活动的结果。

（2）调节肌张力与维持平衡：没有小脑的活动，协调的、高技能的动作是不可能完成的。事实上，小脑损伤会导致许多运动障碍。这些症状包括低张力（对肢体被动移位的抵抗力降低）、弛缓（缺乏协调能力或自主运动能力受损）和震颤（在运动活动中可能发生的肢体振荡）。

（3）运动技能的学习：由于小脑在评估持续运动错误中的作用，它对学习的贡献最近受到了相当多的关注。现在似乎有强有力的证据表明，它在运动技能的学习中发挥着重要作用（Thach，1998）。与它在运动系统中的作用类似，小脑也被证明在协调认知功能的时机方面发挥作用，在情境要求变得必要时可引导一个人的认知注意（Ratey，2002）。

【案例 2-2】

基底神经节和小脑在协调自主运动中的重要作用

来自运动皮质的运动指令经过小脑和基底神经节传递到受影响的肌肉。小脑监控来自肌肉的感官输入，以检测这些传出命令的符合性，当传出的信息和传入的信息发生冲突时，启动纠正行动。基底神经节也有同样的功能，它将动作的感觉反应与最初发出的指令进行比较,并根据需要进行实时修正。小脑和基底神经节功能的区别在于它们所控制的矫正动作的性质。小脑向肌肉发出兴奋性指令,刺激更大的肌肉活动,而基底神经节发出抑制性指令,减少或抑制肌肉活动。我们可以把这两个结构看作开和关,根据需要增加或减少肌肉活动量。当上升的感觉信号表明运动皮质需要减少或纠正其下降的肌肉指令时,基底神经节专门向运动皮质发出信号以抑制肌肉指令。从基底神经节到运动皮质的信号经过丘脑,在那里它们可以与来自小脑的信息结合,并整合为皮质的适当信息束。图 2-5 展示了基底神经节和小脑在控制自主运动技能时的联合活动("-"符号表示抑制活动,"+"符号表示肌肉系统的兴奋活动)。

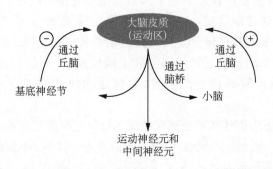

图 2-5 来自基底神经节的抑制信号和来自小脑的兴奋信号实现肌肉运动协调

五、神经系统模型

我们可以将上述神经系统抽象为下图中的模型(图 2-6)。抽象模型显示了来自脊髓和更高级中枢(小脑和运动皮质)的输入连接,以及返回脊髓的运动路径。小脑接受来自脊髓(给它关于运动的反馈)和大脑皮质(给它关于运动计划的信息)的输入,并向脑干输出。前运动皮质主要向运动皮质发送输出,运动皮质通过皮质脊髓束和皮质球系统将指令发送到脑干和脊髓。根据这些涉及运动控制的不同子系统,很明显,神经系统是分层和并行组织的。因此,最高水平的控制不仅影响下一级,而且它们还可以独立作用于脊髓运动神经元。这种并行控制和分层控制的结合允许一定程度的功能重叠,因此当环境或任务条件需要时,一个系统能够接管另一个系统。通过使用替代途径,这也允许一定程度的神经损伤恢复。

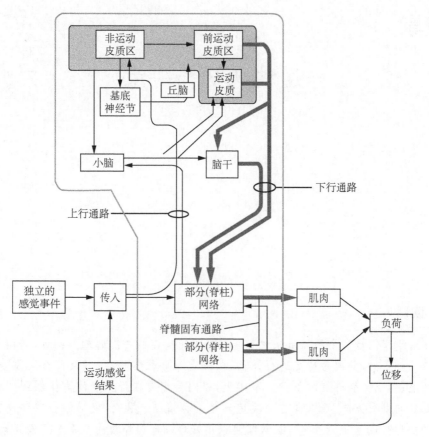

图 2-6 神经系统抽象模型（Kandel et al. , 1991）

第二章习题

第二章参考文献

第三章

运动认知与决策

【导　读】

　　点球对于守门员和主罚球员来说都是一个做出决定的关键时刻。例如,守门员在面对阻挡点球的任务时,必须对情况进行评估,以确定球会往哪里去,以及什么动作会拦截它。由于时间限制,任务变得更加复杂。事实上,守门员需要在踢球者的脚接触到球之前就决定自己要扑向哪个方向,可以说这个决定只是一种猜测。那么,成功的救球和失败的救球有什么区别呢?或者守门员有什么策略可以用来增加他们扑救的概率?了解运动准备,以及运动的认知与决策将有助于回答这些问题。本章我们首先将介绍信息加工模型的概念及各阶段的功能。然后结合认知心理学中反应时与决策的概念,讨论反应时的类型与影响反应时的因素,以及可以通过哪些方式减小反应时,优化决策,更好地控制运动准备过程。

【学习目标】

　　1. 掌握信息加工模型与各个阶段的主要作用。
　　2. 理解反应时的概念与基本分类,讨论反应时作为测量指标的意义。
　　3. 了解影响反应时的因素,并讨论在实际场景中如何控制这些因素。
　　4. 讨论预测的利弊及其他缩短反应时的战术。

【思维导图】

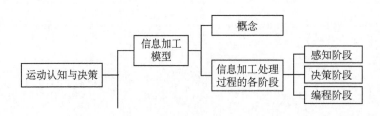

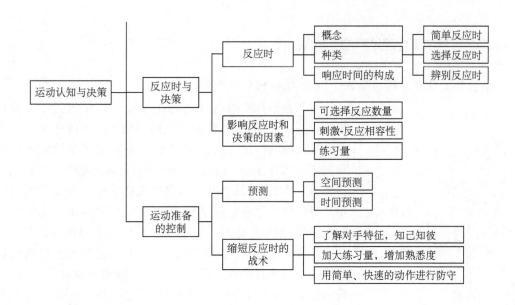

第一节　信息加工模型

一、概念

运动程序的概念至少可以追溯到 2 500 年以前的古希腊哲学家柏拉图的时代。柏拉图认为,在完成一个动作之前,必须先对这个动作形成概念,并对动作进行心理想象,然后动作会在现实中执行。柏拉图相信每种动作技能都有一个完美的表象形式。然而人类是不完美的,任何一个人对一项动作技能的想象也是不完美的,总是完美或理想的动作技能的影子。柏拉图认为练习能使对技能的想象逐渐接近理想状态。柏拉图对于运动技能控制心理想象的观点已经逐步接近运动程序的概念。后来美国心理学家威廉·詹姆斯(William James)、德国心理学家威廉·冯特(Wilhelm Wundt)开始进一步对人类动作的认知结构进行理论建构。随着运动技能研究的发展,运动程序的概念成为主要的理论框架,而运动程序这个术语最早出现在 1917 年的心理学文献中(Lashley,1917)。

现代运动程序概念的一个重要进展发生在 1948 年,当时英国心理学家 Craik(1948)首次提出将大脑视为一种计算机,在这种计算机中信息被接收、处理并产生输出。这个想法很快导致了信息加工模型的发展,从那时起,它持续影响着所有基于认知的运动控制和学习理论。信息加工模型提供了一个描述与运动程序工作相关的各种认知过程的框架。

信息加工模型是指运动技能产生过程中中枢神经系统里的认知加工模型。按照该模型,信息的整个传输包含信息的输入、加工处理和输出。下面将会重点介绍信息加工处理过程的三个重要阶段。

二、 信息加工处理过程的各阶段

信息加工处理过程如图 3-1 所示，主要包含三个阶段。

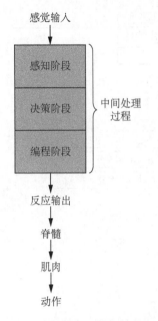

图 3-1　信息加工模型示意图
（Edwards et al. , 2010）

首先是感知阶段（perceptual stage），感觉信息被觉察和识别，这一阶段的主要功能是在信息输入的来源中挑选最重要和最关键的信息。为了实现这一功能，这一阶段包含感觉和知觉两部分任务。感觉（sensation）是从环境中觉察和识别将要进一步加工的相关信息，高级大脑中枢不断接收来自遍布全身的数千个感觉感受器（包括视觉、听觉、本体感觉和皮肤感受器）的神经传输。知觉（perception）是对感觉信息进行整合并赋予这些信息一定的意义。因此，感知阶段的功能就是从众多的信息输入来源中选择最关键和最重要的信息，并将其带到个人的意识中，以便对其采取行动。例如，在这一阶段，运动员要形成球向他移动的感觉，就需要不断获取并集合变化的视觉特征和颜色信息。这些感觉与以前的记忆结合起来，形成了对棒球在特定地点和特定时间穿过本垒的感知。这一感知信息随后会被传送到信息处理的下一阶段，是决定接球还是挥棒的基础。

其次是决策阶段（decision-making stage），其又称为动作选择阶段，是个体利用感知阶段传递的信息来决定行动的过程。这一阶段中将感知阶段传出的信息和记忆中存储的信息进行对比，从而确定合适的动作。继续使用在感知阶段所描述的例子，击球手必须决定是否向接近的球挥棒，如果挥棒就进一步决定何时及如何挥棒。根据记忆中储存的可能的动作反应的数量，选择正确的动作可能是容易的，也可能是困难的（这种困难，至少就选择正确反应所需的时间而言，实际上可以用运动科学的基本原理希克定律（Hick's law）来量化，在有关反应时的下一节内容中我们将学习这个定律）。

最后是编程阶段（programming stage）。编程阶段的主要功能是准备在决策阶段被确定的合适的运动程序。这一阶段至少包含五个不同的加工过程。第一，从记忆中提取合适的运动程序；第二，对于必要的姿势改变提前做好准备（如必须发出稳定肩关节和腿部的指令，为挥棒时的动态运动模式做准备）；第三，对接下来的动作（如击球）的肌肉指令的顺序和时机进行准备；第四，调整不同的感觉系统以适应即将发起的动作（如稳定自己的视觉焦点以进行击球）；第五，当一切准备就绪时，发起动作。这些加工阶段都在动作编程阶段被执行并且传递至合适的效应器。

第二节　反应时与决策

测量运动技能表现的方法有很多种。对应于分析的不同层次——动作、运动和神经运动过程，我们可以将测量技能表现的方法分为两类。我们称第一类为表现结果测量，即测量运动技能表现的结果。另一类是通过脑电、肌电等技术手段测量运动技能表现时神经、骨骼、肌肉系统等的功能。下面要介绍的反应时属于常见的用于表现结果的测量方法。

一、反应时

（一）概念

反应时（reaction time，RT）测量的是个体从对刺激的知觉、加工到启动动作所耗费的时间，是从刺激呈现开始到对刺激反应开始的时间间隔。反应时不包含运动成分所耗费的时间，是动作开始之前的时间。

反应时作为衡量人类运动技能表现的常用指标由来已久。虽然反应时可以作为一种指标来评估一个人启动所需动作的速度，但研究人员和从业人员也将其作为推断与执行一项运动技能相关的其他特征的基础。最常见的是确定一个人在准备产生所需行动时可能使用的环境信息。如果一种情况导致反应时比另一种情况更长，研究人员可以确定可能导致反应时长度不同的原因，然后告诉我们一些对准备行动所需时间的影响因素。

反应时的另一个用途是评估一个人预测所需的动作和决定何时开始的能力。例如，在体育运动中，篮球教练可能想知道控球后卫需要多长时间才能意识到防守球员的动作是传球而不是投篮。当以这种方式使用时，反应时提供了有关决策的信息。因此，除了表明个体对信号的响应速度之外，反应时还提供了一个窗口，用于检验个体在准备产生动作时如何与表现环境进行交互（Meyer et al.，1988）。

（二）种类

反应时可以分成三种类型：简单反应时、选择反应时、辨别反应时（图 3-2）。为了说明，图 3-2 中显示了将一束光作为刺激信号，并将手指在电脑键盘上抬起作为所需的动作。然而，这里讨论的三种反应时情况不需要局限于这些特征。

简单反应时（simple RT）：情境中仅涉及一种刺激，并且只需要一种动作回应。例如，图 3-2 中表明当灯亮起时必须把食指从键盘的某个键上移开。

选择反应时（choice RT）：情境中涉及多种刺激，对于每一种刺激都有一种特定的动作回应。例如，图 3-2 中表明当红灯亮时必须将食指从键盘的某个键（第一个键）上抬起；当蓝灯亮时必须将中指从第二个键上抬起；当绿灯亮时必须将无名指从第三个键上抬起。

辨别反应时（discrimination RT）：情境中涉及多种刺激，但是只需要对其中一种刺激做出一种动作进行回应。图中表明只有当红灯亮起时，个体才被要求从键盘的某个键上抬起食指。如果是蓝灯或绿灯亮，个体不做出反应。

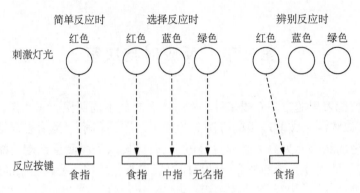

图3-2　三种不同的反应时

　　虽然以上所举的简单反应时、选择反应时和辨别反应时的例子是实验室条件下的,但这些不同类型的反应时在生活和运动情境中也广泛存在。例如,田径短跑运动员在开始比赛时就会遇到简单反应时情况。运动员听到发令员发出的口头警告信号,然后听到枪响,这是开始跑的信号。选择反应时的情况在日常活动中更常见。例如,当你开车来到一个十字路口,交通信号有三种可能的信号灯,每个信号对应不同的动作。如果是红灯,你必须踩下刹车踏板,完全停下来。如果是黄灯,你需要准备停车。如果是绿灯,你可以继续踩油门通过十字路口。慢跑者会遇到辨别反应时的情况,当他们发现路上有什么东西需要越过时,如树根或路沿。在慢跑者的环境中有许多不同的刺激物,但只有具有独特特征的刺激物才会指示慢跑者越过该物体。因此,慢跑者只有在环境刺激具有这些特征时才会采取这种特定的动作。

　　(三) 响应时间的构成

　　响应时间(response time)由反应时和动作时构成(图3-3)。反应时从刺激呈现开始,到应答动作启动开始。动作时(movement time,MT)则指动作开始到结束的时间。反应时和动作时是两种相互独立的测量指标,测量个体运动表现的不同方面。

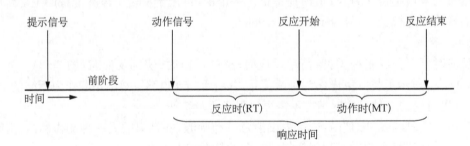

图3-3　反应时和动作时

【案例3-1】

使用反应时和动作时评估决策情境下的技能表现

　　在足球比赛中,进攻前锋必须在中锋抢断球后尽快完成他的任务。如果前锋执行任务时总是很慢,那么问题可能是他没有对断球给予足够的注意,他对自己的任务不确定,或者他执行任务时动作太慢。前两个问题与反应时(从球的断球到前锋的脚开始移动之间的时间)有关;第三个与动作时(从脚开始运动到完成分配动作之间的时间)有关。通过在实际情况下评估反应时和动作时,教练可以更清楚地认识到前锋出现问题的原因,并开始帮助前锋改善问题的具体部分。

假设你正在一个驾驶模拟器中帮助学生减少当一个物体突然出现在街道上时他需要停车的时间。分离反应时和动作时可以让你知道停车时间减慢是否与决策或移动速度问题有关。如果在不同的情况下,反应时(从物体出现到脚离开油门之间的时间)会增加,但动作时(从脚离开油门到脚接触刹车踏板之间的时间)是恒定的,你就知道问题主要与注意或决策有关。但是如果反应时保持相对不变而动作时在不同情况下变化,你知道问题是与运动有关的。在任何一种情况下,通过测量反应时和动作时,你都可以更具体地帮助这个人改善他或她在这些情况下的表现。

通过肌电信号的测量,反应时可以进一步被分成两部分:前运动成分(premotor component)和运动成分(motor component)(图 3-4)。通过将反应时分成两部分,对了解动作准备过程感兴趣的研究人员能够对一个人准备行动时发生的事情获得更具体的了解。前运动成分在图 3-4 中看起来肌肉信号弱,是刺激信号开始和肌肉活动开始之间的一段时间。测量信息从外界环境被接收,然后传递到神经系统,再到肌肉的时长。结合本章第一节信息加工模型的内容,前运动成分也可以看作感知和决策的阶段。运动成分测量可观察到肢体活动之前的肌肉活动,这段时间间隔表明肌肉从接收到运动指令到收缩之间需要一段时间克服肌肉的惰性。

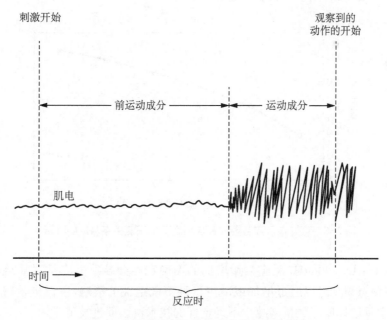

图 3-4 反应时间的前运动成分和运动成分

二、 影响反应时和决策的因素

有若干因素可能影响信息加工和准备相应反应所需时间的长短。下面将介绍这些因素，并提供可操控这些因素的实用建议。

(一) 可选择反应数量

影响准备时间的一个重要因素是执行者必须选择的备选反应的数量。随着备选反应数量的增加，准备适当动作所需的时间也会增加。反应时根据刺激或可选择反应数量而增加。最快的反应发生在简单反应时的情况下，这种情况不包含选择，因为它们只有一种刺激和一种反应。当出现一个以上的刺激和一个以上的反应时，就像在选择反应时的情况下，反应时会减慢。

在足球比赛罚点球时，可能的射门会有一定的数量，从而导致门将的可选择反应数量相应增加。由于即将踢来的球的不确定性，守门员需要额外的处理时间来准备反应。研究发现，可选择反应数量和准备回应的时间之间的关系非常稳定，被称为希克定律（Hick's Law）（Hick, 1952）（图3-5）。有时也被称为 Hick-Hyman 定律。根据该定律，反应时和可选择反应数量之间呈对数关系。这意味着当我们计算选择数的对数并将结果绘制在图上时，反应时将随着可选择反应数量的增加而呈线性增加。描述这一定律的方程是选择反应时 $= k[\log_2(N+1)]$，其中 k 是一个常数（在大多数情况下是简单反应时），N 等于可选择的反应数量。

如图 3-5 所示，当可选择反应数量增加时，反应时也明显地增加，如可选择反应数量从 1 增加到 2 时，反应时大约从 190 ms 增加到 300 ms 以上，增幅约 58%。随着可选择反应数量的增加，反应时继续增加，但增加幅度越来越小。

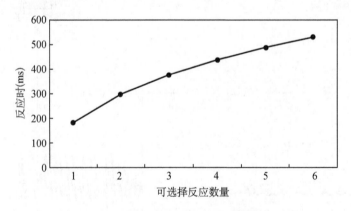

图 3-5 可选择反应数量和反应时之间的预测关系（Hick's Law）

根据 Hick's Law，可选择反应数量增加的不确定性会导致反应延迟甚至不准确的反应，实践者应该意识到可以通过增加或减少这种不确定性的策略，以促进学习和表现。通过系统地减少可选择反应数量来减少不确定性的技术可以促进技能学习。

(二) 刺激-反应相容性

刺激-反应相容性是指刺激与反应之间相联系的程度（或关系"自然"的程度）（Proctor

et al.，2005）。当刺激-反应相容性较低时，需要额外的时间来准备反应，这表现为反应时间的增加。刺激-反应相容性越高，信息加工效率越好。为了解释刺激-反应相容性对反应时的影响，Zelaznik 和 Franz（1990）提出证据表明，当刺激-反应相容性较低时，反应时的增加是由于反应选择的问题。另一方面，当刺激-反应相容性较高时，反应选择的加工过程较小，因此任何反应时的变化均反映了与所选反应准备相关的运动过程。Weeks 和 Proctor（1990）进一步证实了这一点，他们指出，特定的反应选择问题是由于将刺激位置映射到反应位置的转换问题。因为这个转换过程需要额外的时间，所以反应时会增加。

例如，面向学生的老师用和学生方向相反的身体动作教体操，便于学生模仿。镜像增加了刺激-反应相容性，减少了反应延迟和不正确的动作。又如，水手通常会经历一段短暂的不相容造成的反应延迟，因为与汽车不同，汽车方向盘要朝预期行驶的方向转动，而船的舵柄必须朝相反的方向转动。

治疗仪器和健身行业的设备制造商也注意到了相容性的问题，如跑步机上的启动和停止按钮都是我们习惯的绿色和红色。用于控制强度水平的按钮和开关通常伴有加号和减号，分别表示增加和减少。

（三）练习量

人类表现的一个众所周知的特征是，当表现情况要求一个人在下一次尝试中重复相同的反应时，这个人在下一次尝试中的反应时将比上一次尝试的反应时更短。随着尝试次数的增加，重复次数对反应时的影响减小。同样，在其他表现情况下，准备时间的减少是由于反应选择过程的减少（Campbell et al.，1993）。

值得我们注意的是，在可选择反应数量或刺激-反应相容性一定的情况下，重复次数或者说练习量越大，选择反应时越短。而随着可选择反应数量的增加或刺激-反应相容性的降低，练习的效应也会越明显。通过练习增加熟悉程度，实际上就是提高了刺激-反应相容性。

第三节　运动准备的控制

一、预测

当个体提前了解了即将发生的事件信息，运动准备就会得到优化，反应延迟就会减小。对于运动员来说，学习通过预测来减少时间和事件的不确定性是非常重要的。

预测主要包括空间预测和时间预测。空间预测即事件预测，指对发生事件的预测。时间预测指对事件发生时间的预测。预测从本质上说和减少可选择反应数量的原理比较相似，通过预测减少了可能的选择数量。预测常常依赖于运动员对线索或提示的觉察能力。例如，运动治疗师可以观察患者姿势的细微变化，以预测何时进行干预。在体育比赛中，运动员要仔细观察对手以确定可能的提示线索。例如，球员们可能会注意到进攻者总是在特定的情况下使用相同的战术，或者投手倾向于根据计数投出特定的球。也许就在传球之前，篮球运动员总是看着他要传球的球员。表 3-1 归纳了网球运动中如何读取对手的前置线索。

表 3-1　网球运动中读取对手的前置线索的方法

运动员的前置线索	对手运动员得到的提示
从低到高的挥拍	期待是一个上旋球
从高到低的挥拍	期待是一个下旋球(也可能是吊球)
拍面的角度	预测球的轨迹高度
减速的挥拍	移动过程中较短或较慢的击打
加速的挥拍	快速移动的回击
控制较好的挥拍	落点控制好的球
脚步快	能够接到更多的球
过网击球的趋势	压力情境下跨场击球

　　研究表明,随着特定反应概率的增加,个体很可能会偏向于这个方向准备其反应动作(Larish et al.,1982)。结果是反应动作提前准备,减少了反应时。在壁球比赛中,如果选手根据对手的位置和挥杆动作,预测击球会向右,那么在对手接触球之前,该选手就会开始向右移动。

　　预测的利弊:无论是空间预测还是时间预测,如果判断正确,都能更快地做出适宜的反应动作。但预测也有一定的风险,如果需要的动作和预测的动作不一致反而会增大反应时,即错误预测会导致更慢的动作,甚至失败。因为假设一个人根据预测做好了准备,外界环境改变后,这个人首先需要抑制这个动作,重新组织和开始正确动作,但这时也许已经失去了有效动作的机会。

　　有两种战术正是利用了预测失败带来的后果,这两种战术是欺骗(decption)(Jackson et al.,2006; Wright et al.,2014)和掩饰(disguise)(Rowe et al.,2009)。欺骗指故意呈现错误的线索来使对手做出错误的反应。例如,曲棍球运动员假装向右移动,然后实际向左移动,排球运动员假装扣球,然后把球打歪,或者足球运动员为了躲避防守队员而跨出一步。掩饰指隐藏或延迟线索的呈现,使对手的决策时间延长。例如,足球运动员可以一直伪装自己的射门动作直到最后一刻,以便让门将更难预测其射门方向。

　　与技术较差的运动员相比,技术熟练的运动员能够更好地觉察感知线索并做出预期判断(Mann et al.,2007 和 Müller et al.,2012)。因此,通过练习,学习者可以提高识别对手的线索、特质和倾向的能力,从而更好地预测可预测的事件和提前准备所需行动。通过识别潜在的前置线索,将学习者的注意集中到环境中他们可能发现的前置线索,并设计将前置线索融入其中的训练,可以促进学习者预测能力的发展。学习者还必须学会避免在比赛中展示相同的前置线索或做出相同的反应,这反而可以帮助对手预测即将发生的行动。

【案例 3-2】

　　研究表明,与普通选手相比,专家在预测对手即将采取的行动方面更快更准确。专家们用来做出这些预见性判断的关键信息来自对手的准备动作(运动学线索)。高级选手也可能会利用环境线索或与运动无关的信息来作出预测,如对手在场上的位置。为了验证这一点,Loffing 和 Hagemann(2014)让熟练($n=26$)和新手($n=26$)网球运动员在观看网球击球的点光源显示视频片段时预测正手底线击球的方向(球员和球拍在黑色背景前用白点表示)。控制视频模型的场上位置,保持运动轨迹不变。动作也在三个不同的时间点被封闭(封锁),以改变观看者可获得的击球信息的数量,因为据推测,选手对动作结果的预期主要依赖于决策早期阶段的环境信息,然后根据关于展开动作运动学的感官输入更新(即修改或放大)。研究结果证实,与新手不同的是,熟练的网球运动员利用对手在球场上的位置等环境信息来预测击球方向。结果进一步表明,这些基于位置的判断发生在动作序列的早期,即当运动学信息有限的时候,这支持了一个观点,即熟练的运动员对环境和运动学线索的依赖会随着动作的展开而变化。

二、 缩短反应时的战术

通过前文对信息加工模型的介绍,以及对反应时、预测等概念的阐释。结合这些知识,可以提炼出几点优化运动准备、缩短反应时的有效战术。

1. 了解对手特征,知己知彼

可以通过观看对手比赛录像等方式,熟悉和了解对手的特征,为动作预判做好准备。通过识别对手潜在的线索,将学习者的注意集中到环境中可能发现线索的地方,并设计包含线索的练习。学习者还必须学会避免在比赛中展示相同的线索或做出相同的反应,这可能会帮助对手预测即将到来的行动。

2. 加大练习量,增加熟悉度

技术熟练的运动员比技术较差的运动员更能察觉知觉线索并作出预期判断。因此,通过练习,学习者识别对手线索、特质和倾向的能力可以得到提高,从而更好地预测事件和提前做好反应准备。

3. 用简单、快速的动作进行防守

动作越复杂,动作编程的时间越长。因此可以采用简单、快速的动作进行防守,以有效缩短反应时。

下面我们以网球运动员在等待接发球时的反应时特点及如何缩短反应时间的策略为例,进一步解读上述的几种方法。首先,随着可选择反应数量的增加,网球运动员的反应时也会增加。如果发球者总是在相同的位置发球,那么回击者总是可以准备相同的反应,而且不必区分不同的发球类型,那么就会出现最短的反应时。当然,这种情况不会发生在比赛中。实际上,发球者会把发球的类型混合起来,有的发得远,有的发得往下,有的直接发向身体。一旦区分出发球类型,回击者必须对所有这些可能性做好准备,并选择适当的回应(正手、反手、防守击球)。当有三种发球方式需要区分,有三种回应方式需要准备时,回击者的反应时会比预期有相同发球方式和相同回应方式时要长得多。

选手如何减少刺激选择以减少决策和行动准备时间?一种方法是在发球者的动作中寻找线索,包括抛球、躯干旋转、手臂旋转等,在球接触之前预测发球的类型。另一种方法是关注能够让对手更有可能选择一种行动的情境信息。例如,比赛中的比分,对手的已知倾向(尤其是在大比分上),以及天气都可以为对手可能做什么提供线索。这是职业运动员和运动队越来越多地雇佣分析师在比赛前侦察对手的原因之一。提前知道你的对手在特定情况下可能会做什么,这会让你在应对他们的行动时获得很大的优势。当然,你的对手也可以利用这些信息做一些与你预期相反的事情。研究运动决策的专家需要对背景信息如何影响决策过程进行更多的研究(Cañal-Bruland et al.,2015;Vernon et al.,2018)。

第三章
拓展阅读

第三章习题　　第三章参考文献

第四章

运动控制理论

【导　读】

　　为了完成各种运动技能,人体必须协调不同肌肉和关节,发挥协同作用。动作控制理论是理解神经系统如何控制协调运动的必备前提。本章从闭环与开环控制模型入手,介绍运动技能控制原理的经典模型,并对目前主导运动控制领域的两种主要理论进行了详细讲述。其中最传统的理论专注于中枢神经系统,是指完全由控制系统本身固有的过程来解释动作控制,并且能够在与周围环境隔离的情况下实现任务目标。第二种理论既不关注中枢神经系统,也不完全关注任何身体系统,而是关注各种身体系统与周围环境的相互作用。此理论又被称为动态系统理论,它是这两种理论中较新的一种。

【学习目标】

1. 开环控制系统的动作控制特点。
2. 运动程序的定义与存在证据。
3. 运动程序理论的发展:从简单运动程序理论到一般运动程序理论。
4. 动作中的速度-准确性权衡定律。
5. 运动技能的协调控制。
6. 动态系统理论的核心概念。

【思维导图】

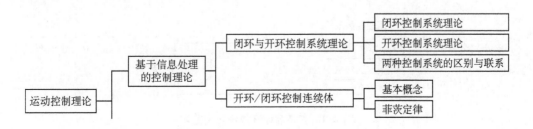

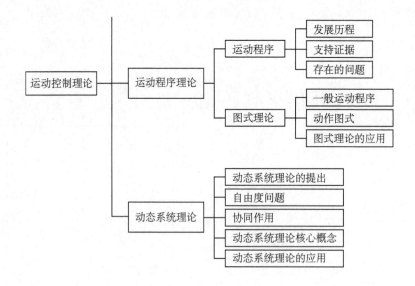

第一节　基于信息处理的控制理论

第三章的第一节已经详细介绍了信息加工模型,通过学习该模型我们知道在执行动作之前,个体必须检索适当的运动程序,并根据具体情况选择适当的参数,但这些决定并不能解释动作的控制方式。信息加工模型确定了两种不同的控制方法,分别为闭环控制和开环控制。

一、闭环与开环控制系统理论

开环控制系统和闭环控制系统是关于中枢及外周神经系统发动与控制动作的不同方式(图 4-1)。开环和闭环控制系统都有一个控制中心(或称为执行器)。控制中心的重要作用之一就是产生并且向效应器发出运动指令,人类的效应器是参与运动的肌肉和关节。两个系统都包含由控制中心发送到效应器的运动指令。开环控制系统和闭环控制系统的主要区别在于是否存在反馈。

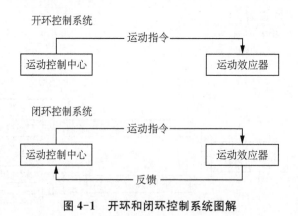

图 4-1　开环和闭环控制系统图解

（一）闭环控制系统理论

空调的恒温设置是闭环控制系统常见的例子。空调设备中的恒温器根据设定的温度来调节室温。它持续监测温度并将其与设定温度进行比较，当实际温度与设定温度不一致时调控制冷系统，以便纠正温度误差。例如，用户设定期望温度为 26℃，若系统检测到的室温是 30℃，空调制冷降低温度值；若系统检测到的室温是 20℃，空调加热提高温度值，通过调温动作，使室温与设定温度达到平衡。

在闭环控制系统中，反馈起着至关重要的作用。闭环控制系统是指在动作过程中，反馈信息与某一标准或参考相比较，并在必要时纠正错误的一种控制系统。反馈是指来自感觉系统的信息，为中枢神经系统指明某一运动的状态，用于对正在进行的运动做出修正。闭环控制系统适用于相对缓慢、持续时间长和精细的运动，如驾驶汽车、穿针引线、站立时保持平衡及跟踪视频屏幕上的移动目标。在这些活动中，人体可以根据运动时收到的反馈做出修正。

（二）开环控制系统理论

在日常生活中，很多控制系统都可以视为开环控制系统。以电风扇为例，其控制系统的输出端和输入端之间没有反馈回路，输出对系统的控制效果没有影响。当我们打开电风扇后，指令会输入风扇的控制系统，驱动电机运动，从而输出一定风量，电风扇的转速不能根据环境温度进行自动调节。

在开环控制系统中，不存在类似于闭环系统的反馈和修正机制。相对于闭环控制中反馈机制的概念，前馈机制形成一种开环控制的机制。所谓前馈信号，是指在动作开始之前与动作产生相关的感觉信息，系统的输入信号不经过比较机制就直接启动执行机制，完成任务。开环控制系统认为运动程序是预先构建好的，它们的运动指令在运动开始之前就已经完全（或几乎完全）设定好了，而不需要进一步输入感觉反馈来进行纠正。

开环控制系统的定义为一种控制系统，其中运动指令是预设的，执行时没有反馈的纠正性干预。开环控制系统具有 4 个特性：①执行预先设置的动作序列及时间的指令。②一旦动作开始，以固定的方式执行指令。③没有反馈参与，没有时间进行修正或调整动作。④适用于动作快、耗时短的动作。开环控制系统理论可以很好地解释人体快速执行技能（没有足够的时间来处理反馈）和自动执行技能（很少或根本没有意识地关注它们）的控制。

（三）两种控制系统的区别与联系

这两大系统的区别表现在两个方面。第一，闭环系统中有反馈，而开环系统中没有。反馈是各种感受器传入中枢的信息，这些反馈能使控制中心及时修正运动。开环和闭环控制系统之间的第二个重要区别在于控制中心发出的运动指令。在开环系统中，预编动作程序已包含所有的必要信息，使效应器完成指定的运动，不利用反馈对运动进行实时控制。而在闭环系统中的运动指令则有明显区别：控制中心给效应器发出的启动指令只是为了启动运动，真正地执行、完成这个运动还要依据到达控制中心的反馈信息，校正或调整动作。

快速动作的校正可能主要是通过来自运动结束的反馈与正确参数的比较，然后进行肢体正确位置校正，即通过开环进行控制。在开环控制理论中，所有按计划启动和实施动作所需的信息均包含在传送到效应器的初始指令中,一旦指令发出就没有时间校正了,只有等到动作结束后,根据动作操作的记忆痕迹与标准参数的比较,在下一次动作中进行校正。例如,高尔夫球的击球动作就是典型的开环控制,动作持续时间短,动作一旦启动基本上无法进行校正,每一次练习都是为下一次校正做准备。

1. 闭环控制系统的优缺点

闭环控制系统主要有三个优点。第一,闭环控制特别适合于未练习过的新技能。学习新技能往往是在试错的基础上进行的,因此需要不断纠正动作。第二,允许在运动开始后对其进行纠正,而不是让动作错误一直持续到动作完成。第三,闭环控制系统的错误检测和纠正过程可以产生精确和准确的运动。例如,穿针引线、切割钻石等运动技能,需要通过不断关注反馈和纠正过程来实现运动的精确性。

闭环控制系统也有两个主要缺点。第一,它们需要注意。由于需要监测反馈并产生新的运动指令,人们必须使用大量的注意资源来保证他们的运动质量。注意资源是有限的,因此注意可能无法用于其他重要的任务,如运动员必须在执行技能的同时关注对手的动作并确定正确的反应策略。第二,需要时间来准备和执行对正在进行动作的连续修正。对于必须快速完成的动态或反应性技能,根本没有时间纠正动作。

因此,闭环控制可以很好地应用于控制缓慢、持续时间相对较长的技能或需要高度运动精度的技能。而需要相对快速执行和完成的技能,不适合闭环控制系统。闭环控制系统的这一缺陷也导致了开环理论的产生。

2. 开环控制系统的优缺点

开环控制系统有两个主要优点。第一,开环控制能够产生快速的运动,因为动作指令是预先构建的,并且一旦启动,无须进一步修改即可执行。第二,由于运动指令是预先安排好的,注意资源可以应用于其他任务上,而不用将注意分散到正在进行的运动控制上。

开环控制系统的缺点也很明显。第一,开环控制系统在很大程度上取决于是否有适当的运动程序,所以它对那些没有练习过的技能是无效的。运动程序是一种记忆,在这种记忆通过重复和练习得到充分发展之前,无法获得足够的运动指令产生技能。第二,运动程序预示着特定的环境条件,因此开环控制系统在不断变化的环境中是无效的。

从上述的讨论可以看到,在封闭环境中执行的非连续性技能特别适合开环控制系统,而使用这种控制模式则不能很好地执行连续性和开放技能。闭环和开环控制系统的优缺点比较如表4-1所示。

表4-1 闭环和开环控制系统的优缺点比较

	优点	缺点
闭环控制系统	适合没有练习过或不熟练的技能 可以在动作执行期间持续修正动作 可以高精度地完成动作	需要注意 需要更多的计划和执行时间
开环控制系统	适用于反应性的、快速执行的技能 对注意需求小	对于没有练习过的技能无效 在不可预知的、不断变化的环境中无效

二、 开环/闭环控制连续体

(一) 概念

有大量研究者认为可以将开环和闭环控制系统视为基于感觉反馈形成的一个连续体。可以把这两种类型的控制看作描述中枢和外周神经系统启动与控制动作的不同方式,任务的性质决定了哪种控制模式具有优先权。这两种控制系统都为理解运动技能学习和控制提供了有用的模型。

(二) 连续体的应用实例——菲茨定律(Fitts' law)

速度和准确性在许多运动技能中都很重要,特别是那些具有时间和空间成分的运动技能,如球拍运动和田径比赛。尽管准确性和速度在这些运动技能中都很重要,但当一个人专注于其中一个时,另一个就会受到影响。因此,一方面是如何快速完成技能,另一方面是如何准确地完成技能,这两者之间需要权衡取舍,于是就有了速度-准确性权衡的说法。在许多技能表现中,过分强调速度就会导致错误率的增加。反之亦然,为了提高准确性,必须降低运动速度。因此,对于许多技能而言,都存在速度与准确性的权衡,必须确定一个能使错误最小化的最佳速度,以获取成功的动作表现。速度-准确性权衡的定义为在执行运动技能的过程中,执行技能的速度增加伴随着执行准确性的下降,反之亦然。

菲茨设计了一个动作操作任务,要求受试者尽可能快地交替敲击两个金属板(动作目标)(图 4-2)。在实验中,菲茨改变了目标的宽度(W)和目标之间的距离(A),并记下受试者敲击两个金属板之间的时间,即动作时间(MT)。研究发现,随着 A 的增加或 W 的减少,MT 会相应增加。菲茨分析了这三个变量之间的关系,他发现无论怎么改变 A 或 W,只要两者的比率不变,MT 也基本不

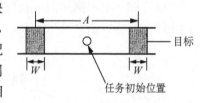

图 4-2 菲茨定律的实验

变。由此可以推断,将肢体移动较长距离到一个较大目标的动作与移动较短距离到一个较小目标的动作是一样快的。这就是著名的菲茨定律。如果用数学公式来表达,可以写成 $MT=a+b[\log_2(2A/W)]$。在这个公式中,MT 等于运动时间,a 和 b 是常数,A 和 W 是距离和目标宽度。另外 $\log_2(2A/W)$ 值的大小又被称为动作的难度系数。A 增加或 W 减少,动作难度会增加;A 减少或 W 增加,动作难度会下降。

从菲茨定律可以得到以下几条重要的结论。

第一,操作者要提高动作的准确性就要以降低动作的速度为代价,相反,如果降低对动作准确性的要求,动作速度就可以加快,这就是速度-准确性权衡。这种现象在运动技能控制中具有普遍适用性,对于不同类型的技能(连续和非连续技能)、不同年龄段人群的技能、使用不同效应器(手指、手臂、腿)的技能、在不同物理环境(水下和陆地)进行的技能,这一规则都有所体现。

第二,对于既定大小的目标,当动作幅度增加时,动作时间就会增加,但增加的幅度较小。当动作移动的距离增大到 8 倍时,动作时间可能只增大到原来的 2 倍。也就是说,移动距离的增加只会导致动作时间的少量增加。这一现象对体育运动有很大的启发。例如,

在棒球的挥棒过程中增加挥棒幅度,虽然为了保证准确性会小幅增加挥棒时间,但会增加很多球的打击力量。

第三,在运动技能控制中,开环控制和闭环控制是有机地整合在一起的,即使是快速的运动,在动作开始前的编程阶段也存在基于反馈的动作校正过程,即针对动作目标的大小与距离,以及动作的准确性要求调整运动程序。从菲茨定律可以推断,运动技能的开环控制和闭环控制不是两个完全独立的过程。

菲茨定律描述了动作速度与动作准确性之间的权衡关系,但菲茨的实验是以动作时间为因变量,以动作的距离和目标的大小为自变量,并没有直接将动作的准确性作为实验的研究变量。在体育运动中,动作准确性通常是一个重要的指标。速度-准确性权衡现象在各种运动技能中普遍存在。例如,足球运动员常常会因为在情急之下射门而把球踢偏,乒乓球运动员求胜心切反而会丢失机会球。篮球项目中的传接球、排球项目中的扣球、羽毛球项目中的高远球等运动也都有一个共同的特征,就是要在特定的时间,将手臂或器械移动到空间的特定位置击中目标。随着动作时间的减少,动作的准确性会相应降低。

除了针对空间目标的动作准确性,很多运动技能还涉及时间上的准确性,或者同时包含了时间和空间目标的准确性。在一些快速有力的运动项目中,时机的准确性非常重要。例如,在棒球的击球动作中,动作的准确性包括何时挥棒和何处击球两个方面。如果运动员每次都用相同的持续时间进行挥棒,那么就有助于确定何时发起挥棒动作,以便使棒和球能够在同一时间到达同一位置。如果每次都能以同样的时间完成快速的挥棒动作,击球的准确性就会提高。

第二节 运动程序理论

一、运动程序

(一)发展历程

1. 中枢模式发生器理论

最初的反射理论认为中枢神经系统只是一个反应系统。反射理论能够比较好地解释最基础的反应性生理活动。例如,当锤子敲击髌韧带时,小腿会伸展。然而,后来又有很多研究发现通过手术除去周围感觉反馈后,机体仍然能够产生有规律的动作模式,因此提出了动作指令不是由反馈引发的,而是中枢产生的,即中枢模式发生器(central pattern generator, CPG)。

中枢模式发生器是动作控制的中枢控制程序,能够产生固定动作方式的中枢指令。例如,肠道蠕动、心脏跳动、呼吸及步态等节律性运动,都依赖于中枢神经系统时钟,它控制着速度,使肌肉活动顺序同步。中枢模式发生器,位于中枢神经系统(脑和脊髓)的神经细胞,可以自发、独立地产生周期性电信号。这些信号以特定的时序和频率传递至肌肉细胞,从而指挥肌肉协调收缩,产生运动。

如何应用中枢模式发生器理论解释步态协调呢?研究者对猫进行了一项经典研究,切断猫的中脑脊髓部分,从而完全阻断高级中枢与低级脊髓的联系。在这种状态下,猫感受不到来自身体的任何刺激(因为通向大脑皮质的传入通路被阻断),从而不能进行腿部的随意运动。在实验过程中,将猫固定在跑步机上,当刺激被截断的脊髓部分时,猫仍然能在跑步机上行走,类似于猫的正常运动,且行走会持续一段时间,直到不再给予刺激。当加快跑步机的速度,猫行走得会更快甚至小跑或飞奔起来。研究结果表明,一些与行走有关的脊髓发生器需要来自更高级中枢的激活,一旦启动,屈肌和伸肌模式将继续运动,无须上层中枢的参与。因此,中枢模式发生器理论的特点是强调规律动作不需要依赖来自外周或者中枢的神经指令即可发生。

2. 运动程序理论

中枢模式发生器是指能够自动产生有节律的固定动作形态。而对于非节律性动作,一旦学会后,执行起来就非常流畅,而且在执行动作时,若中途停顿,往往从头开始再做一次,借用计算机语言,就是一旦启动动作,就必须把整个程序执行完毕才会停止,所以引入了运动程序这一术语,是一种中枢控制的概念。因此,运动程序与中枢模式发生器均属于强调中枢控制观念的动作控制理论。有关中枢模式发生器的观点几乎与运动程序一致,两者的差异是中枢模式发生器理论包含的是节律性运动,而运动程序理论常用来描述更高层次的运动,包含了所有由中枢控制的运动,所以运动程序理论其实是包括中枢模式发生器理论的。

运动程序理论强调不需要依赖感觉来完成整个动作的流程。运动中有很多快速动作,没有足够的时间利用反馈有效地控制运动,如敲击键盘打字(<100 ms),棒球中的击球动作(<140 ms)、拳王阿里的左直拳(约 40 ms)等。所以对这些运动来说,产生动作计划或动作策略都是在中枢完成的,称为运动程序。运动程序储存了生成运动的规则,以便我们能够用各种效应系统来完成任务。运动程序理论的核心是动作程序,它是一种以记忆为基础的结构,为组织、启动和执行预期的行动提供基础,控制着协调运动。

(二) 支持证据

运动程序理论目前没有在中枢神经系统得到直接的一一对应的结构,所以现在更多的是间接证据。

1. 反应时研究的证据

1960 年的研究表明,当动作越来越复杂时,反应时也越长,表明在动作之前中枢需要更多的时间才能把动作组合在一起,说明动作前大脑做了某些处理,从而预示动作程序的存在。

2. 去感觉反馈研究的证据

研究表明,通过手术切除猴子的传入神经后,猴子的四肢仍然能够正常活动,只是在精细操作的活动中存在不足。这些研究中表明反馈可以增强动作的准确性,但不是运动发生的必要条件,说明去感觉反馈的运动肯定是开环控制系统,支持运动程序理论。

3. 肌肉反应模式研究的证据

1979 的研究表明,在做快速屈肘的动作时,肱二头肌(收缩肌)和肱三头肌(拮抗肌)的肌电图呈现了典型的三相波模式,即"主动肌-拮抗肌-主动肌"。依据反射链理论,肱二头肌的肌电反应是由最初的肱二头肌收缩引起的。因此,如果以外力中断此动作,则肱三头肌的收缩就不应出现。然而研究者却发现即使中途以外力强制停止动作,三相波模式依然存在,在肌电图中可以看到拮抗肌(肱三头肌)依然收缩,这表明三相波属于同一运动程序。

4. 抑制动作研究的证据

钢琴家演奏乐曲时,即使有一个钢琴按键坏了,按坏键的动作并没有影响他的动作序列,事实上他在整个乐曲演奏结束后才发现那个键坏了。这说明感觉反馈并没有参与弹钢琴的动作序列,这是一个开环控制系统,并且运动程序一旦启动,就无法抑制。即使在很短的时间内环境中出现某些信息需要停止动作,动作依然会执行。

总之,这些有关运动程序的研究表明,运动程序就是一组预先设计好的中枢指令,动作以开环的形式完成。动作是由中枢控制的,感觉信息在动作控制过程中只起到很小的作用。

(三) 存在的问题

1. 新动作产生问题

如果运动程序是以记忆为基础的结构,那么人们如何执行没有练习过的新动作呢?请试做这样一个动作:从站立姿势开始,双脚起跳,右手抱头,落地前左手与双腿前伸。你可能从来没有做过这个动作,但你第一次尝试就可能做得很好。这个动作的具体程序来自哪里呢?你没有学过,而且这个动作不是天生的。因此,在新动作产生方面,运动程序理论难以解释。

2. 存储问题

根据运动程序理论,一旦动作模式发生改变,就要重新选择一个新的运动程序。在运动中的每一个变化,即使一项技能的练习方式有细微的差别,也需要一个单独的、特定的记忆或运动程序。例如,球的高度和速度的变化、离球台的距离等,这些都需要不同的运动程序,且对于每一种变化,肌肉的指令都会不同。人们能够完成的技能和技能的条件变化几乎不计其数,对某一特定技能的每一种练习方式都记录下具体的记忆,那么就必须在记忆中储存大量单独的运动程序。这就产生了研究者们所称的存储问题,即这么多运动程序是如何被储存在记忆中的。

二、 图式理论

由上文可知,运动程序理论的不足之处在于,认为一个特定技能的每一种变化都需要一个单独的运动程序,因此存在着新动作产生问题和存储问题。为解决这两个问题,施密特提出了另一个适合动作技能学习的图式理论。

(一) 一般运动程序

1. 概念

施密特认为一项技能的每一种独特表达方式都不需要一个单独的运动程序。为了解决存储问题,他提出了一般运动程序(generalized motor program,GMP)理论,认为一般运动程序理论可以代表一类类似的动作或技能变化,可以被修改以产生各种动作结果。一般运动程序理论更为通用,可以适应具体技能的各种不同方式,解释人类运动行为的适应性和灵活性。一般运动程序控制的是一类动作,而不是一种特定动作或序列。一类动作是指具有一般特征的一套不同动作,具有共性和个性特征。

2. 一般运动程序理论的固有特征

一类动作的共性特征也称为固有特征,它们是一般动作程序的"标记",构成了记忆储存的基础。这些与运动相关的特征构成了一类动作基本模式的基础,在一个动作的不同表现中保持一致。虽然许多特征都可作为一般运动程序理论的固有特征,其中有三个是被普遍认可的,分别为:①动作顺序;②相对时间(类似于音乐的节奏);③相对力量。在相对时间和相对力量中,"相对"是指各部分技能的时间和力量占全部时间和力量的比例。当执行一项技能所使用的总体力量发生变化时,每个组成部分(以及使用的每块肌肉)的实际力量特征也会按比例发生变化。

在关于相对时间的一项典型研究中,受试者在跑步机上以不同速度行走,结果显示,在不同速度下,四个不同阶段在整个步态周期中所占的比例始终保持不变。结果表明,在每一种步态模式中,可以增快或减慢动作持续的总时长,而每一部分的相对时间保持不变。

一般运动程序理论解决了存储问题,因为一个单一的运动程序包含了一套一般性的规则,可以以多种方式来完成一项特定的技能。一种技能在依靠相同的顺序、相对时间和相对力量规则的情况下可能采取的所有不同方式称为运动类别。运动类别包括跑、抓、投、接、踢和跳等基本技能,以及标枪投掷、排球中的高空发球、打字、用筷子吃饭和刷牙等特定的学习技能。

3. 一般运动程序理论的可变特征

动作的个性特征就是可变参数(可变特征),通过改变参数以产生特定的动作。虽然运动程序理论认为,一个一般运动程序理论的固有特征从一项技能转变成另一项技能时是固定不变的,但是还有其他一些特征是可以变化的,称为参数。可以通过修改参数适应不同的动作。图式理论确定了三个主要参数(可变特征),分别为动作总体持续时间、总体力量和参与肌群的选择(这些参数对应于三个固有特征)。当动作表现的情景发生变化时,技能表现者可以很容易地改变这些参数,以适应每种情景的具体要求。完成一项熟练技能所需的时间,可以根据总体持续时间的变化而变化;同样地,也可以修改整体的力量和幅度(运动的大小)。选择适当的时间、力量或在特定情况下使用特定肌肉的值,被称为一般性运动程序的缩放。

音乐中节奏和速度之间的区别可以很好地类比一般运动程序理论的固有特征和可变特征之间的区别。一首乐曲有一个节奏结构,演奏音乐的速度可以加速或放慢,但节奏结构并不会发生改变。在这个类比中,音乐中的节奏类似于一般运动程序理论的一个固有特征;速度类似于一个可变特征。一般运动程序理论的固有特征与可变特征如表 4-2 所示。

表 4-2 一般运动程序理论的固有特征与可变特征

固有特征(不可变)	可变特征
动作顺序	肌肉选择
相对时间	总力量
相对力量	总时间

（二）动作图式

1. 概念

图式理论是关于一般动作程序怎样运作以控制协调运动的理论。图式是指一个规则或一组规则，是制订决策的基础。它是通过从相关经验中抽象出重要的信息，并将它们组合成一种规则而形成的。例如，我们对狗的概念是在见过许多不同类型狗的基础上，形成的一套规则，使我们能够正确地把以前从未见过的动物识别为"狗"。

施密特应用"动作图式"这个概念说明动作学习和控制过程中的两个控制部分，这两部分的特点都是基于抽象的规则。第一部分是一般运动程序理论，正如前面所描述的，它是负责控制一类动作模式的控制机制，如投掷、踢、走和跑；第二部分是动作图式，它负责提供在特定情景下执行一项动作的具体规则。因此，动作图式为一般运动程序理论提供参数，解决了新动作产生的问题。

动作图式解决了新动作产生的问题。人们可以成功地完成一项以前从未操作过的技能，之所以能成功地完成这项从未经历过的技能，是因为人可以应用动作图式的规则产生适当的参数特征，并把这些参数添加到一般运动程序理论中来完成该技能。一般运动程序和动作图式共同起作用，以提供在特定情况下启动一项动作所需的具体运动特征。动作的启动是开环控制过程。但动作一旦启动，如果有足够时间处理反馈和修正动作，反馈也会影响该动作的进程。

2. 指定参数值——图式

根据一般运动程序的概念，个体通过给一般运动程序分配适当的参数值（缩放一般运动程序理论），以各种不同的方式来完成一项技能。但是，个体如何确切地知道要分配什么参数值？根据施密特的理论，答案在于图式的发展。图式是一种规则（或一组规则），当学习者面临运动问题时，图式为其指导决策。每一次运动尝试都为学习者提供了有关运动的信息，这些信息被转化为一种关系，以指导未来的尝试。在一个动作类别中执行的动作尝试越多，规则就越完善。

例如，在套圈游戏中，假如你有三次掷圈机会。在第一次掷圈时，圈圈被物品弹开。在第二次尝试时，你决定俯身越过围栏，调整掷圈动作，降低弧线的高度，圈圈再一次被弹开，但这次的力量较小。在第三次尝试中，你以同样的低弧度掷圈，但这次的力度更小，成功套中物品。根据图式理论，在每次尝试中，你都下意识地评估了四条关键信息。第一条信息是运动开始时的初始条件，包括肢体和身体的位置，以及做动作时的环境条件。第二条信息是在执行动作时使用的响应参数，如投掷的速度和力量。第三条信息是抽象出由感觉反馈组成的运动感官结果，如评估关于投掷的感觉的信息。第四条信息是如何实现目标、获得成功。这四种信息来源在每次尝试后都会短暂地储存在工作记忆中，使学习者能够抽象出它们之间的关系。在每次运动尝试中保持不变的特征，以一般运动程序理论的形式储存在长期记忆中，而在每次尝试中发生变化的参数则从记忆中丢弃，在学习中不再发挥作用。

上述内容表明，有四种类型的信息有助于动作图式的学习，包括初始条件、反应参数、反应结果和预期结果。执行者从这些信息中抽象出它们之间的关系，构成了制定一般运动程序理论的基础。

（三）图式理论的应用

随着练习过程中产生的评估，动作图式变得更加成熟，个体可以更准确地选择适当的参数值来实现动作目标。确定最有效的练习类型对于教学至关重要，图式理论的含义已经显著改变了我们对有效练习安排的理解。在后面的第十三章第一节中会详细地讨论动作学习这个话题，在这里仅作一个简短介绍。

研究已证明影响学习的一个重要因素是练习中的变异性。对于许多技能来说，变异性是一个固有特征（开放性技能），如在陌生的道路上驾驶汽车。学习这些技能的一个重要部分是获得应对新情况的能力；在恒定的情况下进行练习通常是不合适的，至少在学习的最初阶段是不合适的。此外，对于环境条件非常相似的封闭式技能（如射箭、保龄球），要学习的技能总是以同样的方式进行，因此，在与预期表现条件相关的情境下进行练习是最有益的。然而，图式理论的含义是即使对于封闭的技能，不同情况下的练习也是更有效的。因为根据图式理论，练习的变异性越大（练习的参数范围越广），越有助于抽象出一个特定运动类别与固有特征之间的关系。

第三节 动态系统理论

一、动态系统理论的提出

信息加工理论是自上而下的理论，认为所有信号都进入大脑，大脑发出指令到肌肉，由大脑指挥所有较低区域的动作产生，而不需要外部帮助。尽管大脑具有强大的计算能力，但许多科学家仍认为这是一项艰巨的任务，大脑无法独自完成，这也是信息加工理论存在的主要问题，进而促使了动态系统理论的产生。动态系统理论是一种全新的研究运动行为的理论方法，为我们理解动作的控制和学习提供新的思路。动态系统理论认为，运动不仅仅受中枢神经系统的控制，还受身体各系统内部，以及其与环境的相互作用的控制，本质是去中心化。例如，儿童跳高的能力受到肌肉系统、骨骼系统和神经系统的影响。此外，在跳跃方面的经验肯定也会影响他们的跳跃能力，心理因素如动机也会影响跳跃高度。当完成任务得到激励时，他们可能会跳得更高。许多因素都会影响人们的运动方式，环境（物理或社会文化）、任务（目标、设备、规则）或个人因素（动机、注意、兴趣、疲劳）的变化，都可能会导致不同的运动方式。动态系统理论认为，运动是通过有效地组织各种身体和环境变量相互作用而产生的。人体动作本身的自由度问题和环境的变异性是动态系统理论的核心关注点。

二、自由度问题

伯恩斯坦提出了运动控制中的自由度问题。自由度是指运动系统中为完成某项运动技能必须得到控制的肌肉和关节活动维度的数量。在伯恩斯坦最著名的研究中，要求职业铁匠用锤子敲击凿子，他记录了铁匠右臂和锤子的重复动作。他发现锤子每次打击的位置都很精准，但肘关节和锤子的轨迹每次都有所不同，锤子轨迹的可变性小于铁匠手臂肘关节轨迹的可变性。这说明，即使对于训练有素的受试者，执行任务时中枢神经系统也不是仅产生一个最佳的解决方案,动作过程是存在变异性的,而这过程中的变异性就是由过多的自由度造成的。

伯恩斯坦指出,在执行复杂技能时,神经系统必须解决他提出的所谓"自由度问题"。要构成一个到达某种特定结果的复杂系统,就会出现自由度问题。当任何运动的可用自由度从宏观到微观的分析层面都被指定时,关节、肌肉和细胞组合的可用模式会呈指数增长。在细胞水平上,考虑运动单元是运动控制的基本单位,复杂技能的运动单元募集的可能模式的冗余度可以轻松达到数百万。怎样限定系统中各种自由度,才能把有很多自由度的复杂系统限定在一个特定方式下活动,以得到特定的结果? 如果中央控制过程无法组织和指挥如此大量的神经模式,人们必须以某种方式减少需要控制的自由度,但这是如何实现的呢? 伯恩斯坦提出的解决方案就是接下来我们要学习的协同作用概念。

三、协同作用

在描述协同作用的机制之前,首先考虑一个例子。独立控制汽车的四个车轮非常困难,然而,通过冻结自由度(两个后轮仅允许绕一个共享的水平轴旋转,并且两个前轮也被允许绕纵向轴平行旋转,并由方向盘控制),左右车轮必须协同一起运动,更容易控制汽车。此外,在练习一项新技能的早期阶段,学习者在认知上根本无法同时控制产生动作所必需的所有关节和肌肉,因此必须限制所需控制的元素数量,减少动作冗余。这种在学习新技能时限制某些关节运动的初始策略称为冻结自由度。例如,学习高尔夫球挥杆动作时,产生一个有效的挥杆动作需要同时协调手臂、躯干和腿部的动作,必须有效控制 100 多块肌肉。在最初学习挥杆动作时,学习者无法协调大量的自由度,他们通常会采取锁定手腕和肘关节的策略,同时锁定膝关节和下肢,在臀部旋转时,以棍棒状方式简单地向下摆动手臂。在这种方式下,只需控制臀部和肩部的旋转,大大减少了摆动动作中必须控制的关节和肌肉的数量(即自由度的数量)。随着时间的推移和练习的精进,学习者开始放松一些肌肉,允许一些关节更自由地运动,增加任务灵活性。继续以高尔夫球挥杆为例,随着练习的增加,学习者放开肘关节和腕关节的自由度,膝关节也可以自由旋转。

这个学习高尔夫球挥杆的例子说明了动态系统理论的两个重要前提。第一,学习一项技能的特点是逐渐增加自由度。第二,由于自由度逐渐增加,也必须伴随着越来越多地控制自由度的能力。由于单一控制每一自由度是相当困难的,为了简化控制过程,中枢神经系统可以将自由度聚集成协同的集体,称为协同作用(也被称为协调性结构),可以作为单一的行动单位进行控制,而不是每个自由度独立运作。这也是本章后面要介绍的现代动态系统理论中最重要的概念之一,即所谓的自组织。此外,协同作用能够根据需要进行组装和拆卸。

四、动态系统理论核心概念

(一) 自组织

动态系统理论将运动描述为一个自组织过程。自组织是指系统自身改变状态或获得新结构或新模式的能力,自组织会使系统变得更加稳定,它们在自身内部会根据环境的变化而变化和进化。自组织系统还有两个主要特征,即开放性和自我参照性。开放性意味着系统对其环境是开放的,它积极地从环境中寻求信息,并提供给系统。自我参照性指的是系统本身固有的、指导系统组织的决定性原则。当系统收到有关外部环境变化的信息时,系统总是以符合其自身固有的方式进行调整。当环境中的条件威胁到系统的稳定性时,它就会将其组成部分重新配置成新的组织模式,能够在功能上适应不断变化的外部条件。尽管这种重组是对环境的反应,但它并不受环境的控制,而是围绕内部的自我调节过程进行重组。在自组织过程中会自发地产生一个新的组织模式,保持系统的稳定性或一致性。

在运动控制的动态系统观点中,运动的协调是一种新兴属性。外部约束(个体、环境和特定任务)与肌肉骨骼系统相互作用,而肌肉骨骼系统又将自己组织成其组成部分之间适当的协调模式,以便在可用自由度和内在指导原则的限制下最有效地实现运动目标。这个原则预示着运动可以从各个元素的交互作用中自发地产生,而不需要来自神经系统的特殊指令或运动程序。此外,指导这些自组织过程的指导原则会被吸引到使系统的稳定性和运动有效性最大化的模式。我们接下来将考虑这些被称为吸引子状态的最佳协调状态。

(二)吸引子和相位转移

1. 稳定性

在动态系统理论中,稳定性是指系统在行为上的稳定状态。稳定性与固定性不同,这里的稳定性是指当系统被轻微扰乱时,它会自发回到稳定状态。系统在应对威胁其稳定性的变化时,会自我组织成新的模式。系统环境中任何导致系统不稳定的变化都称为扰动。例如,当行走的路面从平地变为斜坡时,在平地上行走时的步态模式受到干扰,控制人体步态模式的肌肉骨骼系统变得不稳定,不能有效地满足继续向前移动身体的任务目标。为了应对这种干扰,肌肉骨骼系统自组织成一种新的模式,以重建系统的稳定性,并适应倾斜度增加对它的限制。为应对这种扰动而自发出现的新的步态模式称为相位转移。相位是系统内特定的组织模式,而由于自组织的结果,从一种组织模式向另一种组织模式的自发转变称为相位转移。

通过观察稳定状态的特征,研究者可以了解影响某一系统的行为变量。例如,在凯尔索交互节律的手指运动实验中(图 4-3),可以观察到两个手指在相互关联的异相位和同相位运动中行为的稳定性。这两种稳定状态表示两种协调运动模式。当手指运动速度增加时,在这两个状态之间发生了相位的转变。在这个过程中,不稳定性就是行为模式的特征。这种不稳定性一直延续至手指速度增加到自发产生另一种新的稳定状态。

2. 吸引子

当一个阶段由于系统约束的外部扰动而变得不稳定时,系统会自我组织到一个新的阶段,这个阶段在满足强加给它的新条件时是稳定的,这些系统趋于稳定的首选模式,被称为吸引子。吸引子是一种组织安排,它使系统的组成部分保持协调工作以完成任务。一个系统可能有许多吸引子,在特定的环境条件下,每个吸引子都比其他吸引子更有效。例如,当人们以 4.8 km/h 的速度运动时,手臂和腿被"吸引"形成协调关系,产生走的步态。这种步态模式就是完成行走动作优选的运动状态。但是,当人们以 16 km/h 速度运动时,走的步态就不是优选的运动状态。在这个速度上,大多数人是在跑,所用的协调模式与走的步态模式不同。吸引子状态不仅是以最小行为可变性为特征的稳定状态,还是最适宜的能效状态。这表明,当一个人以优选的速率或优选的协调模式运动时,所使用的能量会比以非优选的速率或协调模式运动时少。

【案例 4-1】

证明吸引子和相位转移的实验

凯尔索(Kelso)通过两个手指有节律地进行同相位和反相位运动的实验,证明了吸引子和相位转移在人类运动协调中的作用。在实验中,Kelso 让受试者把手放在桌面上(图 4-3a),要求他们按照节拍器节奏将两只手的食指移向右边或左边,如图 4-3b 所示。虽然两只手指均向左或向右运动,但相对于身体中线的方向是相反的,即当右手手指外展时,左手指内收,反之亦然,这被称为反相模式。随后逐渐增加节拍器的速度,当节拍器的速度达到一个临界速度时,受试者的手指不能继续保持反相模式,突然发生变化。因为节拍器的速度导致系统变得不稳定,为了应对这种扰动,系统重新组织并进行了相位转移。如图 4-3c 所示,他们自发地从反相模式转变为一种新的模式,即同相模式。在新的模式中,两个手指同时内收或外展。虽然这种相位转移是自发的,而不是渐进的,但我们应该知道存在一个过渡期,在这个过渡期里,旧模式变得越来越无效,直到新模式最终出现。在 Kelso 的实验中,随着节拍器速度的增加,尽管他们越来越难以做到反相模式,但受试者会在某个点保持反相模式。只有达到一个关键的速度时,新的更有效的同相模式才会自发地出现。

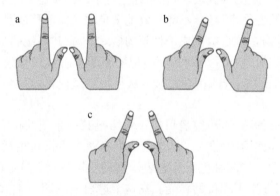

图 4-3　凯尔索交互节律的手指运动实验(Coker, 2009)

3. 吸引子的稳定性

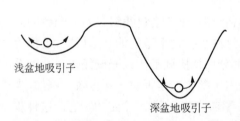

图 4-4　浅盆和深盆吸引子(Ennis, 1992)

可以将吸引子的稳定性比作图 4-4 中盆地的深度。盆地越深,行为就越稳定,稳定的模式是不易改变的。小的扰动不会使这些系统脱离它们的状态空间区域,而且一旦被扰动,它们很快就会恢复到原来的状态。较浅的盆地在维持系统稳定性方面相对较弱,非常容易切换到一个新的吸引子状态。

在学习技能的早期,由浅盆地代表大多数可用于控制动作的吸引子。这些吸引子在维持其相关的行为模式方面相对不稳定,甚至容易被环境中的轻微扰动所干扰。环境条件的微小变化,包括认知的不确定性和不断变化的情绪及动机状态,都会扰乱控制吸引子,导致个体在寻找更有效的运动模式时频繁地相位转移到其他吸引子状态。然而,随着个体的不断学习,学得好的行为将汇集到越来越深的盆地中。这些新的更深的盆地吸引子将对肌肉组织模式产生更强的吸引力,并且更稳定,对外部扰动的抵抗力更强。运动行为将变得更加一致和稳定,只有当环境发生足够的变化,需要新的运动模式时,才会出现向其他吸引子的相位转移。

五、 动态系统理论的应用

(一) 系统约束(个体、任务、环境)

运动源于个体、任务和环境的交互作用。运动动作的组织是以满足任务和环境的需求为核心的。个体产生动作是为了完成特定环境中的功能性任务。因此,运动动作的组织和产生是受个体、任务和环境 3 个因素制约的,人们会根据个体、任务和环境约束的互动来选择运动模式。

1. 个体约束因素

个体约束是指个体的特征,分为结构性和功能性两大类。结构性约束包括身体特征,如性别、身高、体重和体型。功能性约束包括心理和认知变量,如动机、情绪和其他心理属性,身体状况和现有技能水平等因素也包括在这一类别中。例如,一个舞者在压力很大、生病或疲劳的情况下,即使结构上的限制没有改变,也可能在表演舞蹈时出现更多的失误。

个体约束对运动技能的影响非常大,发展个体优势以更有效地应对这些约束也很重要。例如,柔韧性差等结构性限制,会限制一个人的运动范围和利用身体力量的能力,如体操。因此,进行伸展运动以增加运动范围是增加可用于运动空间的有效策略。同样地,个体限制可能会设定限制运动可能性的界限。例如,一个 68 kg 重的大学新生可能无法产生进攻性前锋所需的力量来成功克服一个 136 kg 的防守性前锋施加的身体约束。一般需要通过改变身体条件和(或)针对表现的知识和动机,努力利用个体限制以增加个人能够发挥功能的状态空间。

2. 任务约束因素

任务约束分为三种类型,包括目标、规则(如体育比赛中的游戏规则和边界标记)、执行任务时使用的工具或设备。为了应对个体和环境的限制,任务本身决定了协调模式的最终形态,所有的运动任务都受运动目标的制约。例如,高尔夫球的打击目标驱使球手采取长距离挥杆,因为物理学定律决定了这是将球打到球道上的最有效方法。活动的规则也会对运动模式施加限制。例如,泰拳的比赛中允许击肘和撞膝,但在大多数格斗比赛中这些动作是禁止的。使用工具或设备所带来的限制也会大大改变运动模式的有效性。例如,改变锤子的重量会影响击打钉子时需要的肌肉力量;个体在正常行走和使用拐杖行走时所采取的步态模式不同。相对于体型而言,体育设备的大小和重量也会对运动产生较大的限制。例如,如果儿童使用成人篮球和成人篮筐高度,对其学习运动技能肯定会产生消极影响。

3. 环境约束因素

环境约束是指对个体而言的外部约束,产生于个体的物理和社会文化环境。物理环境限制包括外部条件,如重力、天气、温度、环境光线、地形特征和运动媒介(即空气、水等)。例如,在投掷标枪时,由于标枪的空气动力学特性,风的状况是一个重要的考虑因素,如果不考虑把风速和风向作为对性能的限制因素,则会产生负面后果。再如,步行和跑步模式会受到地表特征的影响,在坚硬的地面上行走,与在沙地、雪地或斜坡上行走相比,个体所采取的协调模式不同。社会文化环境约束是由社会和文化规范造成的,如家庭支持和社会认可,可以通过调动动机来促进或阻碍表现。

4. 约束因素的综合影响

以上已经明确了个体、任务和环境等因素是如何影响运动的。总体来看,运动者受到所有约束的协同综合效应。例如,尽管环境约束支持多种运动可能性,但个体也不能充分利用所有可用的环境选择。通常在环境约束和个体约束重叠的地方选择适当的运动。即使只考虑两种类型的约束因素,也可以看出约束因素之间的相互作用会大大缩小运动选择。如图 4-5 所示,熟练的运动是个体、环境和任务约束相互作用的结果。运动受限的三种方式,以及任务、个体和环境之间的相互作用,对于有效的练习和学习也至关重要。所有三种约束的相互作用对学习有一种三角效应,设计有效的练习时需要考虑这种综合影响。

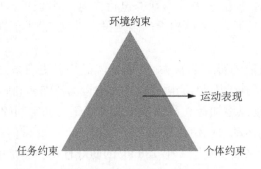

图 4-5   控制系统的三类约束(Newell, 1986)

(二)运动技能研究的新范式

动态系统理论假定了基本的、共同的前提。其中有三个前提对运动行为的研究至关重要。第一,系统总是被限制在一定的范围内行动。第二,新的模式是以一种被称为自组织的方式从系统的互动中产生的。第三,出现的新模式是围绕着被称为吸引子的首选行为或模式而组织的。总之,将这三个前提应用于运动协调的研究,揭示了许多关于如何控制和获得运动技能的新见解。

从动态系统理论的角度来看,动作学习的过程包括以各种方式构建学习环境,旨在促进学习者对状态空间的探索,以及发展更稳定的吸引子,以优化稳定和有效的运动模式。将学习视为探索和利用环境的一种平衡。尽管这一策略与图式理论有着许多相似的教学含义,如强调练习的变异性,但它们之间也有明显的差异,如更加强调为学习者提供自我发现动作选项的机会。这两种理论都对学习如何发生提供了有用的通用概念,每种方法都加深了我们对如何更好地进行运动技能的教学和学习的理解。

第四章习题　　　第四章参考文献

第五章

感觉与运动控制

【导　　读】

　　触觉、本体感觉和视觉为机体的运动控制系统提供了信息,帮助我们完成日常技能,如把门钥匙插入钥匙孔、在走廊里行走时绕过人群、轻松驾驶汽车。当我们拿起一杯水喝的时候,我们的触觉系统、本体感觉系统和视觉系统都会发挥作用。视觉帮助人体定位水杯并用手和手指抓住它,触觉和本体感觉可以帮助人体举起杯子,将它移到嘴边,保证杯子不从手中滑落。如果没有感觉系统提供的这些关键的感觉信息,将很难完成用杯子喝水这类相对简单的任务。同样,体育活动也需要感觉系统发挥作用。例如,接球时,必须看到球的位置,计算它到达手的时间,在空间内摆好接球姿势,并且在接球后合上的手指,才能够接到球。本章将讨论感官系统的解剖学和生理学基础,以及它们与协调运动控制的关联,为促进运动技能的控制与学习打下基础。

【学习目标】

　　1. 掌握视觉的神经生理学基础,理解中央视觉与外周视觉两种视觉系统的功能与彼此间的区别,以及其分别对应的生理结构。

　　2. 了解视觉流和触前时间的概念,理解视觉在运动控制中的重要作用。

　　3. 了解视觉参与运动控制的主要研究方法。

　　4. 掌握本体感觉的神经生理学基础及其在运动控制中的重要作用。

　　5. 理解本体感觉在运动中的应用与常用的训练方法。

　　6. 了解前庭觉、听觉、触觉的神经生理学基础及其在运动控制中的作用。

【思维导图】

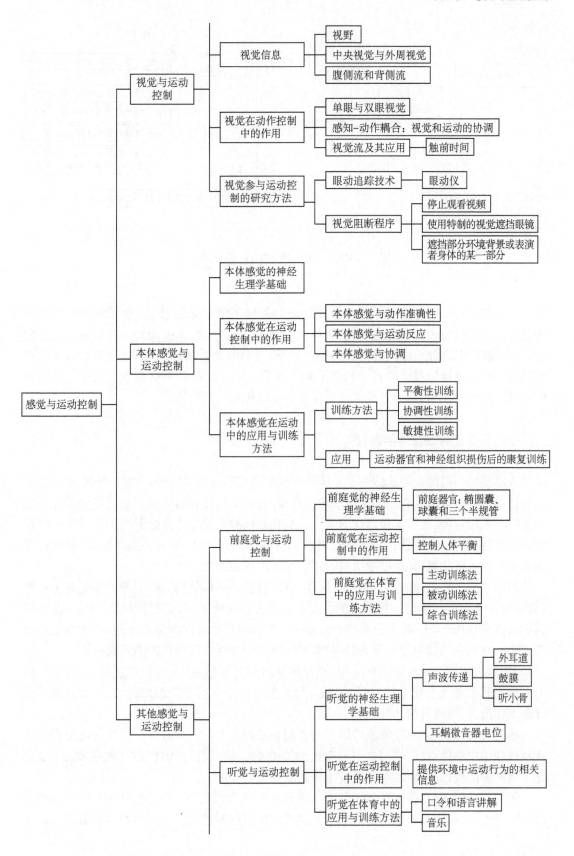

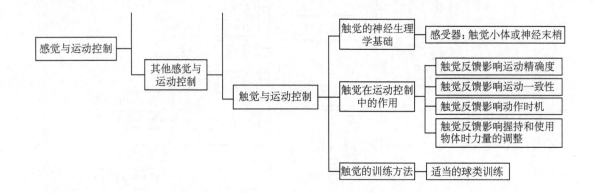

第一节　视觉与运动控制

　　人类和动物能够通过视觉感知外界物体的大小、明暗、颜色、动静,获得维持机体生存的各类信息。研究表明,视觉至少能获得80%的外界信息,所以视觉是人类最重要的感觉之一,也是应用最广泛、最值得信任的感觉系统。例如,在乒乓球训练中,运动员若无法观察到对方的击球动作及球的运动轨迹是几乎不可能完成反击的。这说明了视觉在动作操作过程中的主导作用,下面将具体讨论视觉在运动控制中的作用。

一、视觉的神经生理学基础

　　人眼是由不同部分构成的一个充满液体的球体(图5-1),角膜约占眼球纤维的前1/6,无色透明,富有弹性,具有屈光作用。角膜后面是瞳孔、虹膜和晶状体。瞳孔是允许光线进入眼睛的入口,其直径随着光强度的大小而变化。这种直径变化由虹膜内的平滑肌纤维控制,虹膜围绕瞳孔并为眼球提供颜色。位于虹膜后面的晶状体是一种透明结构,晶状体是屈光系统的主要装置,其曲度随所视物体的远近不同而改变。

　　视网膜位于血管膜内壁。虽然视网膜是眼睛的一部分,但它实际上是大脑的延伸扩展(Widmaier et al.,2006)。视网膜的主要组成部分包括中央凹和视神经盘,中央凹是视网膜后极部直径约2 mm的浅漏斗状小凹陷区。视网膜分布着两种感光细胞:视锥细胞和视杆细胞。它们在视觉中起着重要的作用,其中有三个特性与运动技能的表现相关。

　　第一,视锥细胞只对强光有反应,视杆细胞对弱光有反应(主要负责夜视)。由于它们只对特定程度的光有反应,当房间里的光线忽然从非常明亮变为黑暗时,这些光感受器会导致人体出现"暂时失明"的体验。

　　第二,视锥细胞和视杆细胞的作用与它们在视网膜上的位置有关。视锥细胞更多集中在视网膜的中央部,这使它们在中央视觉和视觉敏锐度中发挥关键作用。视杆细胞主要分布于视网膜的周边部,因此对外周视觉很重要。

　　第三,视锥细胞在颜色视觉中起着关键作用。正常情况下,人眼视网膜上存在能感应红(R)、绿(G)、蓝(B)的三种视锥细胞,自然界中所有的颜色也都可以由红、绿、蓝三色组合

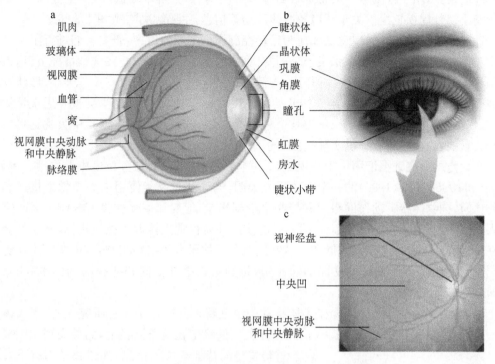

图 5-1　人体眼部示意图(Widmaier et al. , 2006)

而成。因此,三种视锥细胞不断组合来感受不同的光,能分辨出不一样的颜色,手机和电脑显示出来的丰富多彩的画面,也正是由红、绿、蓝组合而来。

二、视觉信息

视觉信息主要由作为感觉器官的眼产生,眼依靠折光成像机制与感受机制将视觉刺激转换为视神经信号。视觉作为人类最重要的感觉,为人体提供了环境中各种物体运动的信息及自身运动的信息,人体则通过这些视觉信息不断学习和调节动作控制。

(一)视野

视野是指被眼睛观看到的图像或场景。每只眼睛看到的图像或场景的内半侧部分被称为视野的鼻侧,外半侧部分为视野的颞侧。大脑的视觉皮质通过让个体看到三维图像的方式将这些图像统一呈现出来。正如本章后面讨论的那样,当个体观察周围世界时,这种双目视觉(即用两只眼睛看东西)是深度感知的基础。对于大多数人来说,视野的水平范围大约为 200°,垂直范围大约为 160°。

(二)中央视觉与外周视觉

中央视觉,又称中央凹视觉,仅能在视野的中间 2°~5°范围内检测到信息,其具有较高的分辨率,受暗光影响大。中央视觉提供关于物体大小、形状、颜色等信息,主要解决"是什么"的问题。

外周视觉,用于检测除中央视觉视野范围外的信息,分辨率较低,但视觉范围广,受暗光影响小。外周视觉提供关于环境及肢体运动等信息,主要解决"在哪里"的问题。

针对中央视觉和外周视觉是如何为运动控制提供不同的信息,研究者们进行了一系列探索。例如,想象我们坐在一张桌子旁,并打算拿起桌子上的杯子。在这种情况下,当人体准备移动时,中央视觉会首先发挥作用,人们用眼睛注视杯子以获取有关其大小、形状及与个体当前位置的距离等信息;当人体开始伸手去拿杯子时,其移动的手会被外周视觉觉察到,这将提供一个即时的反馈来调控整个拿杯子的过程;当手靠近杯子时,中央视觉再次变得至关重要,因为它可以提供实际握住杯子所需的信息。

有大量的研究证据证明了中央视觉和外周视觉在上述抓握任务情境中的作用。例如,Sivak 和 MacKenzie(1990)的一个实验研究表明,当受试者仅能使用中央视觉来接近和抓取物体时,向物体接近动作的组织和控制会受到影响,但对抓取动作没有影响。当研究人员限制了参与者的中央视觉,让受试者只能使用外周视觉来接近和抓住物体,此时便会发现在移动和抓握阶段都出现了问题。这些发现与其他研究的结果相吻合,说明中央视觉和外周视觉在肢体运动控制中发挥不同作用,特别是在手部指向和抓握的动作中(Gaveau et al. , 2014;Jeannerod et al. , 1992)。

当然,中央视觉和外周视觉在人体移动中也起着不同的作用。有研究表明,当人体沿着一条路径步行时,中央视觉提供信息引导我们始终走在这条路径上,而外周视觉则提供与步行环境空间特征有关的信息,如道路是否有下坡或者颠簸的情况(Turano et al. , 2005)。在人体移动过程中通过外周视觉接收的信息对于帮助人们保持行动目标不受通路问题(如障碍、其他人或楼梯上不规则台阶等)的影响特别重要。

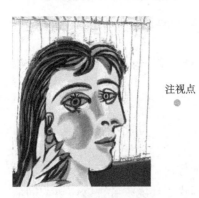

注视点

图 5-2 毕加索油画作品 *Dora Maar* 与研究者设定的注视点(He et al. , 2016)

还有研究发现(He et al. 2016),在一定条件下,眼睛的外周视觉能够感受人类面孔的正常结构图形。研究者以毕加索的油画杰作 *Dora Maar* 为视觉图形,让被试者盯着电脑屏幕上油画外的注视点(fixation point),同时用外周视觉感知 Dora Maar 的面容。在余光中毕加索的油画会产生"神奇"的效果。如图 5-2 所示,正面看 Dora Maar,她的面容十分畸形,但是外周视野却能绝妙地展现她的美,其面容结构可以在外周视觉恢复正常。

(三) 腹侧流和背侧流

中央视觉和外周视觉的独特作用,以及相关神经生理学证据,使得一些研究者提出视觉系统实际上是两个并行运作的解剖系统(Brown et al. , 2005)。Goodale 和 Milner(1992)对这两个视觉系统进行了定义并命名为腹侧流与背侧流(图 5-3)。大脑颞叶皮质的视觉通路为腹侧流,或称 what 通路,专门负责辨认和识别物体形状、颜色和特征;大脑顶叶皮质的视觉通路为背侧流,亦称 how 或 where 通路,负责处理所见事物的空间特征及引导运动(Cameron et al. , 2007;Reed et al. , 2005)。正如这两个系统的名称所表现出来的,两个系统的视觉神经通路在解剖学上是不同的。

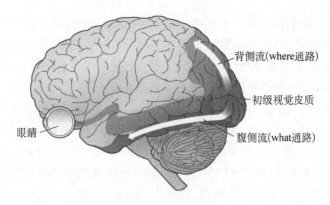

眼睛

背侧流(where通路)

初级视觉皮质

腹侧流(what通路)

图 5-3　背侧流和腹侧流示意图(Schmidt et al., 2013)

三、 视觉在动作控制中的作用

(一) 单眼与双眼视觉

使用单眼与双眼视觉进行运动技能控制存在差异。单眼、双眼视觉间的重要差异与立体视觉有关。单眼虽然有时可以产生立体视觉,但主要是借助一些近大远小、透视原理等,因此不够精确。尽管人们仅用一只眼睛的视觉就可以完成触碰和拿起物体,但随着眼睛与物体间距离的不断增加,动作的准确性和效率就会降低。针对距离对运动控制影响的研究结果证明,双眼视觉对视觉深度感知(depth perception)十分重要(Coull et al., 2000; Grant, 2015)。已有研究表明(Coull et al., 2000; Goodale et al., 1996; Servos, 2000; Zago et al., 2009),相比于单眼视觉,当运动控制系统接收到双眼视觉信息时工作效率更高。

单眼视觉带来的偏差主要影响运动准备和执行过程。在运动准备过程中,如果缺少双眼视觉,人体始终会低估物体的实际距离和大小。这些错误判断在运动过程中也会持续,使人体无法获取双眼视觉所能提供的准确肢体运动信息。单眼视觉对运动控制的影响主要体现在对运动过程中的运动学(Bingham, 2005; Jackson et al., 2002)和运动末端精度(Chapman et al., 2012; Heath et al., 2008)产生的误差。有趣的是,当禁止受试者使用双眼视觉,必须通过单眼视觉来接近并抓握物体时,他们会采用移动头部的方式,来更准确地获取物体大小和距离的信息(Marotta et al., 1998)。

双眼视觉利用视差来解决问题,提供更好的动作控制。当一个人在既定路线行走并且必须跨越障碍物时,双眼视觉对跨越障碍所需的三维环境特征检测非常重要(Patla et al., 2002)。这些信息能够使腿部准确地跨过障碍,从而进一步验证了双眼视觉对于视觉深度感知的重要性。双眼视觉还为人们拦截移动的物体提供了重要的信息。当参与者使用单眼视觉或双眼视觉去击打移动的物体时,使用单眼视觉的准确率低于使用双眼视觉,这表明双眼视觉为指导诸如击球等拦截技术动作提供了重要信息(Scott et al., 2004)。

(二) 感知-动作耦合:视觉和运动的协调

视觉与手或脚在空间和时间上的协调就是所谓的感知-动作耦合。具体表现为物体的视觉感知和实现动作目标所需的肢体运动是耦合或协调的,使人们能够执行眼-手或眼-脚的协调技能。感知-动作耦合不仅限于手、脚与视觉系统之间,还可以在动作(如摆出某种身体姿势或进行人体移动)与环境特征协调的情况下产生。例如,在电脑上玩游戏时,我们需要快速准确地移动鼠标或操纵杆,从而使屏幕上控制的对象击中目标。当我们想用钥匙快速打开房门时,眼睛和手必须协调工作来执行这样的操作。同样的,当我们用脚踢一个移动的球或停球时,眼睛和脚也需要相互协调,才能成功地执行预期的动作。

研究人员确定这种协调特性的方法之一是将人体运动捕捉及分析技术与眼动追踪技术相结合。本章我们主要关注视觉和手部运动的耦合。对于眼动分析来说,其关注的特征是注视点,其是指中央视觉(中央凹)在任何特定时刻所聚焦的环境中的具体位置。例如,为了评估视觉与手部定向运动的协调性,研究人员计算了注视点终止的时间或位置与手部运动的时间或位置的关系。注视点与手部运动在时间或空间上耦合表示注视点在时间或者空间上对应的位置,与手部运动的总运动时间和(或)位置比较一致。

Helsen、Elliott 和 Starkes(1998)的实验很好地证实了视觉与手部运动的耦合。参与者被要求将食指以尽可能快的速度从他们前面的起始位置向右移动 40 cm 到一个 1 cm×2 cm 的目标区域内,结果显示注视点和手部运动都无法准确指向目标,需要进行一次或多次的修正才能达到目标位置。分析表明,参与者通常在手部动作开始前大约 70 ms 时开始眼睛的运动。最初的眼动使注视点非常靠近目标(大约是总距离的 95%),之后参与者进行第二次眼动,以纠正第一次动作的误差。注视点通常会比手部运动早 450 ms 到达目标,这可以让参与者使用视觉反馈修正移动中的手部动作。研究人员发现眼动和手部运动间存在时间耦合,表现为初次眼动结束时刻与手部运动峰值加速度的出现时刻一致。此外,注视点总会在手运动到总距离的 50% 时在目标位置上终止,这证明了空间耦合。上述实验后,相同的研究人员(Helsen et al.,2000)继续发现,肘关节和肩关节运动启动也与眼动和手部运动启动存在时间耦合。运动启动的顺序是眼、肩膀、肘、手。在每次实验中,注视点都比手更早到达目标。

在板球比赛中,击球手看着快速投出的球以高速向他飞来,然后从地面上弹起。虽然他观察球的轨迹的时间不超过半秒,但他能准确地判断出球将在何处,以及何时到达他的手中。通过眼动仪检测注视点变化显示,击球手的眼睛注视球被投出的那一刻,然后注视点移动到他们预测球落地的地方,并在球从地面弹起后的 100～200 ms 跟踪球的运动轨迹(图 5-4)。可见,注视点所提供的信息能够精确预测球的时间和位置(Land et al.,2000)。

图 5-4　击球手击球前后注视点位置变化示意图(Land et al.,2000)

在人体移动动作中,视觉和脚部运动也有类似的耦合效应。有研究表明,有视觉注视缺陷的人在爬楼梯时会在抬脚和下踏动作上出现问题(Di Fabio et al.,2008)。因此,这些实验结果都支持了视觉在运动控制中的重要性,即视觉能够提取空间中的关键信息,启动和引导肢体运动,并提供时空反馈来保证肢体准确运动到目标。

(三)视觉流及其应用

视觉流(optical flow)是指物体或环境景象在眼睛视网膜上形成的一系列连续的图像。外周视觉用于控制动作的最重要的信息来源之一就是视觉流。这个"流"是很重要的,因为它表明了视觉检测到的信息的动态性质。当头部活动时,不管是通过头部转动、姿势摇摆,还是人体整体运动,视觉系统都会检测并使用与头部运动速度和方向精确匹配的视觉流模式。同样,物体、人或表面的运动也为视觉系统提供了不同的视觉流模式,确定人体特定环境的运动方向和速度。区分不同的视觉流模式,可以有效地控制姿态、运动和物体的操纵,使人体运动与环境中的调节条件相协调。

当人体朝着一个物体移动并与之接触时,或者物体向某个人移动时(如击球或者接球),视觉在判断何时开始动作与何时接触该物体方面发挥着重要作用。在这些情况下,一个很重要的视觉信息是触前时间,一个时间常数(time constant,常用 τ 表示),即特定距离下的物体接触到人(或是人接触物体)的剩余时间(Bootsma et al.,1992)。触前时间是根据眼部视网膜上物体图像大小的相对变化率来确定的。随着人向目标物体接近,物体就会产生一个越来越大的视网膜图像,反之亦然。当这个图像达到一定的临界增大速率时,就会触发该情况下的接触动作。图 5-5 举例说明了视网膜是如何采集距离眼睛不同距离的物体信息的。例如,位置 A 距离视网膜 25 m,位置 B 距离视网膜 15 m,位置 C 距离视网膜 5 m。当物体距离视网膜 25 m 时,其在视网膜的光学成像(以两条线相交形成的角度表示)非常小(α_1),随着距离减小到 15 m,该角度逐渐增加(α_2),并在距离 5 m 时达到最大(α_3)。

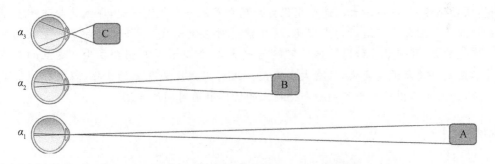

图 5-5 视网膜采集距离眼睛不同距离的物体信息示意图

触前时间在运动控制中发挥着预测功能。无论物体或人体的速度如何,动作开始和对象接触都会在特定的时间"自动"发生。例如,当驾驶一辆汽车时,驾驶员为避免与另一辆汽车发生碰撞会执行多次踩刹车动作。这并不取决于他对另一辆汽车距离和速度的认知,而是通过另一辆车在视网膜上影像大小的变化率信息判断任意距离和速度下的触前时间,从而决定怎样执行哪种刹车方式或减速以避免碰撞。

视觉流还参与物体运动方向的确定。人们之所以可以在森林中避开树木肆意地奔跑，依赖于不同距离及角度所引起的物体在视网膜上成像的差异。如图 5-6 所示，对"树木"A 而言，左侧（图 5-6 中上缘）与右侧（图 5-6 中下缘）的光以同样的速度在视网膜上扩张，这表明"眼睛"正笔直向"树木"A 移动并将与之相撞。对"树木"B 而言，右侧（图 5-6 中下缘）的光比左侧（图 5-6 中上缘）的光扩散得更慢，这表明"眼睛"将会从"树木"B 的右侧经过。

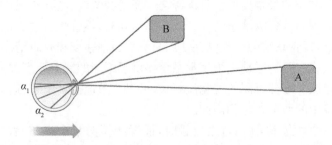

图 5-6　以"眼睛"代表观察者，正笔直地向物体 A 移动，并将会经过物体 B，即"树木"A 和"树木"B

【案例 5-1】

三维动态技术在电视和电影中的使用：我们利用触前时间的实例

Abernethy 和 Burgess-Limerick（1992）描述了三维动态技术在电视和电影中的应用。你是否曾在电视节目或电影中体会过一个物体像是从屏幕中飞向你的感觉？我们已知电视和电影是二维的媒体，而视觉效果的创作者可以运用影像的由小变大，在景深上创造出一个物体由远至近的三维景象，就好像是画面中的物体直接飞到观众面前。这种错觉的实现是通过使物体一开始在屏幕上显得很小，然后突然让它在屏幕上非线性地扩大（开始时缓慢，然后迅速）。这种增大的速率变化会使观众产生一种视觉错觉，即物体会飞出屏幕并击中观众。一旦发现了这种动态变化，观众就会对它做出反应：移动头部以避免被物体撞到。有趣的是，即使观众知道物体不可能飞出屏幕，但这种反应仍会发生。这里的重点是物体的距离和速度没有变化，只有大小改变。这种以大小为基础的变化，以及非线性的膨胀速率，为人类提供了一个可判断即将到来的物体触前时间的方法。

【案例 5-2】

移动房间

在 Lee 和 Aronson（1974）经典的"移动房间"实验（图 5-7）中，13～16 个月大的婴儿静止站在一个墙壁可以前后移动、地板固定的房间里。当墙壁靠近人体会产生外周视觉流信息，告诉婴儿头部正在相对向前移动。此时会出现感觉冲突，即婴儿的视觉感受器给予他们一种在移动的感觉，但他们的本体感受器并没有感受到身体的移动。研究人员观察了婴儿对墙壁移动的姿态反应。当墙壁移动时，孩子们会进行姿势矫正，以维持站立平衡。但因为地板没有移动，本体感受器并没有释放出身体失去稳定的信号，只有视觉系统检测到失去平衡的感觉。因此,移动房间的实验证明了人体在日常活动中优先使用视觉信息。当本体感受器和视觉向中枢神经系统提供互相矛盾的信息时,人会优先关注视觉而忽略本体感觉。类似的"移动房间"对姿势控制影响的其他研究也得到相似的结论(Barela et al.,2009;Chung et al.,2011;Stoffregen et al.,2006)。

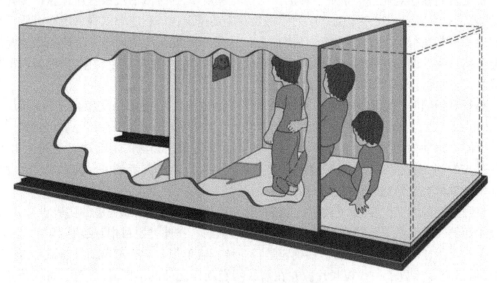

图 5-7 可移动墙壁装置示意图

四、视觉参与运动控制的研究方法

研究人员使用了各种技术来研究视觉的作用,最直接的技术便是在完成某项技能的过程中记录人的眼动。其他技术则间接反映了个人在技能完成过程中使用视觉的方法。我们将在接下来的内容中简要讨论这些技术。

(一)眼动追踪技术

记录眼动需要使用专门的设备——眼动仪,来跟踪眼球的运动并记录特定时间下眼球"注视"的位置。研究人员可以记录特定时间间隔下中心凹视觉的位移变化,并跟踪受试者注视的位置和注视的时间长短。使用这种技术的方法是让参与者观察视频中模拟的情况后做出反应,然后将眼球的运动在屏幕上绘制出来,以确定参与者眼球运动的空间位置(位移),以观察参与者相关动作的注视特征。对真实环境下完成某项技能时人的眼动情况进行记录,则要更复杂(关于眼动记录的更详细讨论参见 Reimer et al.,2006)。

关于如何使用眼动追踪技术来调查视觉在运动技能表现中的作用,Williams、Ward 和 Knowles 等(2002)的实验提供了很好的实例。该实验研究了网球比赛中技术熟练及不熟练的网球运动员,对他们的注视情况和随后动作表现进行了比较。通过让运动员观察接近对手真人大小的视频图像,来模拟比赛情况,对手设定为球网另一边中间的对方球员。视频中显示对手在比赛状态下正、反手击球情况,球分别被击向球场的左侧、右侧、中场前侧和中场后侧四个方向。运动员佩戴眼动仪,模拟比赛真实情况,对每次击球尽可能快速准确地做出反应。结果显示,技术熟练的球员会更多地观察对手躯干、臀部和头肩,而技术不熟练的球员则更多地观察对手的球拍。

(二) 视觉阻断程序

视觉阻断程序是通过停止观察者正在观看的视频,或通过激活观察者所佩戴的专用护目镜,阻止观察者看到在一个动作序列中将要发生的情况。该程序要求观察者在有限时间观察中获取其执行运动技能所需的环境信息。这对于需要在几种动作中快速做出选择的技能特别重要。例如,持拍运动项目中回击发球,篮球项目中决定是否(以及何时)运球、传球或投篮,或者行人决定何时穿过繁忙的街道。

当观看视频时,观察者需要在视频中动作序列停止时尽快做出反应。Abernethy 和 Russell(1987)的实验就是一个经典的例子。在这个实验中,他们让羽毛球运动员观看一名球员不同击球动作的视频。当视频停止时,运动员要将他们预测的羽毛球落点标记出来。视频停止的时刻包括羽毛球击球前、击球时和击球后,以此研究者就可以确定运动员是通过哪个时刻的视觉信息来作出落点预判的。

在开放性的团队比赛(如足球)中也已有研究者使用了视觉阻断程序的实验设计,来确定技术娴熟的运动员是何时利用视觉发现关键信息的。在此类项目中,成功运动表现通常取决于对对手或队友行动的预判,如确定是否该传球或射门。为确定运动员获取关键信息的时刻,研究者播放了一些视频片段并在播放特定动作之前的不同时刻停止,每次停止后都要求受试者指出其将根据视频执行哪种类型的动作,如传球或者射门(Schmidt et al.,2013)。

另一种视觉阻断程序是使用特制的视觉遮挡眼镜来实现(图 5-8)。该装置用于研究视觉在接球中的作用:起初人可以看到球,他的视线会在球靠近手时被遮挡。透镜由专门设计的液晶单元构成,液晶单元由施加在每个透镜上的电场供电。镜片可以在瞬间(3～5 ms)从透明变为半透明,这会阻止受试者视觉信息的感知,然后镜片在瞬间(约 1 ms)从半透明再变为透明。因此,相比暂停视频或者电影片段来说,视觉遮挡眼镜的优势十分明显。该技术也被广泛应用于视觉及预判的训练中。

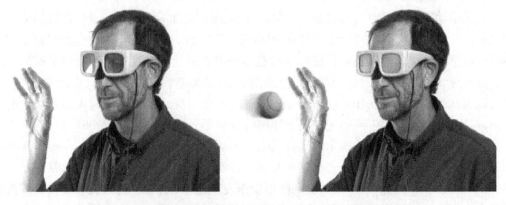

图 5-8 视觉遮挡眼镜(便携式液晶视觉阻断记忆测试仪)示意图

还有一种视觉阻断程序,主要以遮挡部分环境背景或表演者身体的某一部分作为剪辑视频或影片的方式,用于识别一个人对于某个动作做出响应时的特定视觉信息。图5-9是视觉阻断程序的一个应用案例(Müüller et al.,2006)。测试过程中,不同训练水平的板球运动员接收的视觉信息不完整,将在看不到对手握拍手、握拍臂、非握拍手、躯干、下肢或击球瞬间的情况下判断对方来球的线路和落点。研究发现,高水平运动员与普通运动员相比,可以更好地根据有限的信息来预测球的飞行轨迹。

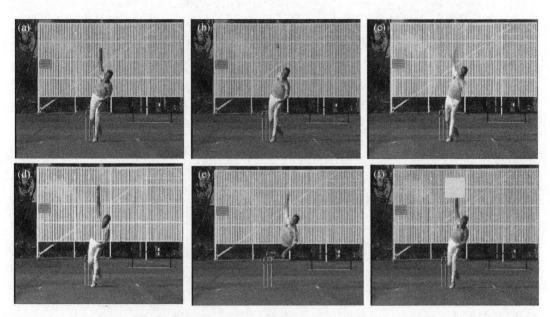

图5-9 不同训练水平的板球运动员在看不到对手握拍手(a)、握拍臂(b)、非握拍手(c)、躯干(d)、下肢(e)或击球瞬间(f)的情况下判断来球的线路和落点(Müüller et al.,2006)

第二节 本体感觉与运动控制

本体感觉(proprioception)是对肢体、躯干和头部运动特征的感知,从传入神经通路向中枢神经系统发送有关肢体运动方向、空间位置和速度等特征的本体感觉信息。

本体感受器(proprioceptor)是分布于肌肉、肌腱、关节囊和韧带等处的感觉神经元,能够感受肌肉长度、张力变化及关节伸展程度,并将这些感受变化的刺激信号转化为神经冲动并传入大脑皮质躯体运动中枢,使人感受到身体在空间的位置、姿势、运动的变化等,以调节骨骼肌的运动。

一、 本体感觉的神经生理学基础

本体感受器包括肌梭、腱梭及关节感受器。

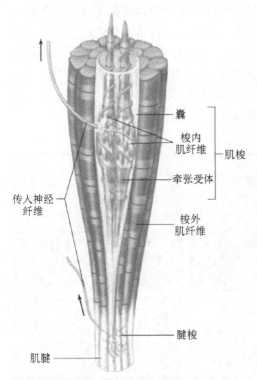

囊

梭内
肌纤维] 肌梭

牵张受体

传入神经
纤维

梭外
肌纤维

腱梭

肌腱

图 5-10　肌梭和腱梭（Widmaier et al.，2006；
　　　　　Elias et al.，1978）

肌梭是一种梭形感受器，位于肌腹的肌纤维之间，与肌纤维平行排列（图 5-10），其功能是感受肌肉伸展的速率与长度变化。肌梭一旦检测出快速伸展，肌肉就会反射性收缩，这叫作牵张反射。其作为一种为防止肌肉受到严重损伤而发生的安全防御反应，通过引起肌肉收缩来保护并防止肌肉被过度拉伸。

腱梭，又称高尔基腱器，是位于肌腱和肌腹连接处的牵张受体，其功能是感受肌张力的变化。当张力作用于肌腱时，腱梭将相应的感觉信息（收缩的强度）传递给中枢神经系统，从而反射性地引起肌肉舒张。其功能也是一种安全机制，对其附着的肌肉产生的任何张力做出反应，可引起主动肌的抑制作用和拮抗肌的易化作用，从而保护肌腱及其相关肌肉不因过度紧张而受损。腱梭引起的反射与牵张反射产生的作用相反，因此也将这种反射称为逆牵张反射。

关节感受器是位于关节囊和韧带上的各种本体感受器的集合，能检测到关节运动的变化，对关节的压力、加速和减速，以及过度紧张做出反应，并向人体提供关于运动是否太慢、太快或方向错误的反馈。

二、本体感觉在运动控制中的作用

一切运动都是在本体感觉的基础上形成的。通过本体感受器感知肌肉、肌腱、关节和韧带的拉伸、缩短与放松状态，连续传送到中枢神经系统，通过这种反馈系统，不断对动作进行调整与控制。当完成一个闭环控制的动作时，本体感觉的反馈起到重要的作用，即允许个体在运动时做出调整；当完成一个开环控制的动作时，如一个快速的运动，本体感觉反馈也是可用的，但由于时间限制，个体无法对动作进行及时调整。

本体感觉不像视觉那样容易去除（闭眼），迄今，科学家主要使用三种研究范式来探索本体感觉在运动控制中的作用：传入神经阻断技术（动物实验）、感觉神经病变引起的传入神经阻断和肌腱震动技术。传入神经阻断技术是指通过观察手术切断动物传入神经前后的运动表现，来研究本体感觉在运动控制中的作用。通常以动物，或因创伤、疾病等失去了传入神经功能的患者为受试者。感觉神经病变引起的传入神经阻断为科学家探索本体感觉在运动控制中的作用提供了一种非手术的研究途径。此方法通过对比正常受试者和肢体感觉神经病变（又称外周神经病变）患者的运动特征，来研究丧失神经传入功能对人体运动控制的影响。肌腱震动技术是通过高频率震动主动肌的肌腱，使本体感觉反馈失真，对比干扰本体感觉前后的运动特征从而探索本体感觉反馈对运动控制的影响。

（一）本体感觉与动作准确性

本体感觉会对动作准确性产生重要影响。在 Taub 和 Berman 等（1963；1968）的研究中，观察对比了本体感觉传入神经阻滞手术前后，猴子进行典型运动的差异。切断传入神经后，猴子攀爬、抓握和梳理毛发的动作会更笨拙。Polit 等（1978）研究发现，动物在丧失了传入神经的情况下辨认并准确指出物体位置的能力有所下降。随后，Kelso 等（1980）的实验表明，经过关节囊置换手术后的受试者仅保留了对物体的定位能力，而其感受并估算物体距离的能力受到了严重限制。这些涉及了肢体感觉神经疾病患者的实验结果一致表明，缺乏本体感觉会导致人体在空间移动时产生较大误差，即估算物体距离的准确性较低。

本体感觉对动作准确性的影响是由于本体感受器向中枢神经系统提供了特定的运动学和动力学反馈。机体通过这种反馈系统，不断地调整、校正运动动作，使肢体运动更加协调精确。同时，中枢神经系统会按照反馈信息将调整肢体位置的指令传出，为运动提供足够的校正时间。此外，本体感觉反馈的肢体运动的速度和力量同样影响着人体是否能够准确地判断运动距离。

（二）本体感觉与运动反应

本体感觉反馈影响运动反应。Bard 等（1992）的实验对比了神经功能正常的受试者和因感觉神经疾病丧失传入神经功能的受试者的运动特征。实验需要受试者同时伸出食指和抬起同侧足跟。结果显示，有指令时，受试者手指的运动均先于足跟；而无指令时，神经功能正常的受试者足跟先运动，丧失传入神经功能的受试者依然是手指先运动。研究结果表明，运动指令会同时发送到每个效应器，但由于传出神经通路到手指和足跟的距离不同，指令会先到达手指；而神经功能正常的受试者会根据足跟运动后的本体感觉反馈来判断手指开始运动的时间，丧失了神经功能的受试者则依旧根据中枢神经系统下达的指令运动。

（三）本体感觉与协调

本体感觉影响协调控制。来自本体感受器的反馈信息传至大脑的感觉区和小脑，感受躯体不同部位的空间位置、躯体运动状态，并参与身体姿势、动作及平衡的控制。本体感觉被比喻为身体的地图，掌握肢体的位置，进而指挥动作反应无误。Verschueren 等（1999）也提出本体感觉反馈在肢体运动协调方面的重要作用，如进行双手协调任务时手臂间的时序性、一致性和重复完成同一动作时的空间协调性。尽管本体感觉对协调控制存在重要影响，但需要注意的是，姿势控制同时受到许多影响因素的相互作用，如视觉、前庭觉、触觉、本体感觉及大脑皮质的认知活动都会导致姿势功能障碍，协调性下降。

三、本体感觉在运动中的应用与训练方法

实践证明，运动技术水平随本体感觉功能的提高而增强。以球类运动员的"球感"为例，篮球、足球运动员动作技能熟练到一定程度后，甚至可以在不需要视觉的情况下完成复杂的动作，主要就是依靠本体感觉功能对球进行控制。训练水平高的运动员的控球能力

强,失球次数少,且运动速度快,表现出本体感受器具有较高的敏感性。体操、跳水运动员在空中完成翻腾、转体动作时,本体感受器的反应速度及对空间和时间的感知,均对正确完成复杂动作起着重要作用。本体感觉对动作反馈调节的能力可通过长时间的训练加以提升,因此,在运动实践中只有勤学苦练,提高本体感觉功能,从而使肌肉活动在时间和空间上更加协调,才能促进运动动作技能的形成和提高运动技能水平。

本体感觉与各种感觉功能的相互协调在运动教学和训练中具有重要作用。运动员通过本体感觉反馈来帮助控制运动的同时,视觉同样起着至关重要的作用。在视觉不可用的情况下,特定的运动特征会受到负面影响。例如,Robertson 等(1996)通过干扰优秀平衡木运动员的视觉后发现,其在平衡木上行走的速度、步数受到负面影响,动作技能的错误也有所增加。Danion 等(2000)发现,阻挡了优秀体操运动员的视线后,其在直线行走时逐渐偏离标志线。Gautier 等(2007)比较了优秀体操运动员睁眼和闭眼时的倒立表现。结果显示,闭眼时其倒立姿势比睁眼时更倾斜。这是由于人体在视线改变、无法集中注意或头部晃动时需要重置本体感觉,此时没有视觉主导便很难感知身体各个部位的相对位置。

本体感觉的训练方式可分为平衡性训练、协调性训练和敏捷性训练三方面。平衡性训练是人体维持姿势及活动的必要条件,主要受前庭觉、视觉和本体感觉的影响,三者相辅相成保证复杂动作的完成;协调性训练需要从肌肉强度、本体感受反馈及神经传导速度三方面进行,使相应肌肉受到刺激或抑制,来完成各种复杂的动作姿势;敏捷性训练则需要中枢神经系统在快速、复杂和熟练的活动中接收本体感觉反馈并控制身体活动,包括快速改变方向和突然停止或启动动作。同时,在控制姿势时,视觉、本体感觉和前庭觉系统之间紧密相连,因此,结合眼部和头部动作的训练也能够有效提高本体感觉。

此外,本体感觉训练常常应用于运动器官和神经组织损伤后的康复训练。通常情况下,受伤之后本体感觉会有不同程度的受损,导致损伤反复出现且无法自动恢复,需要不断训练使身体能够通过适当的姿势和动作传递正确的位置感、解释信息,以及有意识或无意识地对刺激做出反应。以习惯性踝关节受伤为例,在脚踝受伤后人体丧失了部分脚踝落地时探知位置的能力或整个下肢髋、膝、踝协调配合的能力,从而引起运动方式的改变或长时间功能障碍。因此,在增强踝关节力量的同时,应由易到难进行本体感觉训练,先从双脚站立开始,过渡到单脚站立、不稳定物体表面站立,再过渡到在训练过中施加外部力量(轻推或阻力带),迫使运动器官应对复杂的变化,通过这种方式重新建立神经肌肉间的协调配合关系。

本体感觉神经肌肉促进术(proprioceptive neuromuscular facilitation,PNF)是通过刺激骨骼肌本体感受器,调节感觉和运动神经的兴奋性,改善神经肌肉功能,提高运动能力(提高肌肉力量,改善肌肉柔韧性)的方法。美国康复治疗师赫尔曼·卡巴特(Herman Kabat)于 20 世纪 40 年代提出,以后由其同事玛格丽特·诺特(Margaret Knott)和桃乐茜·沃斯(Dorothy Voss)于 50 年代正式发表,最初用于治疗小儿麻痹症。PNF 的工作原理主要包括:①逆牵张反射,肌张力增大,引起腱梭兴奋,在随后的被动拉伸中肌肉反射性放松。②交互抑制,支配原动肌的运动神经元接收传入冲动产生兴奋,支配其拮抗肌的运动神经元则受到这种冲动的抑制。PNF对柔韧性有很好的改善效果,越来越多的医生、物理治疗师和私人教练利用这种方法帮助客户改善柔韧性并提高受损肌肉的力量。

【案例5-3】

"橡胶手错觉"——视觉凌驾于本体感觉与触觉之上的例子

"橡胶手错觉"(the rubber hand illusion)通常被用作科普娱乐节目的表演,但是来自意大利的一组研究人员却从中看到了人类身体"自我感"形成的奇妙之处,揭示了我们的大脑如何"感觉"自己的身体。由 Ehrsson 等(2004)组成的研究团队对 24 名受试者进行了实验。

按照"橡胶手错觉"的经典设置:受试者坐在桌子前,一只手隐藏在一块板子后面,同时在受试者面前摆上一只以假乱真的、形状和隐藏手一模一样的橡胶手臂。在开始阶段,研究者同时用刷子触碰真手和橡胶手,而受试者的眼睛只能看到橡胶手的状态。一段时间后,受试者开始把橡胶手这边的"视觉"与真手感受到的"感觉"联系起来。当研究者只触碰橡胶手而不碰受试者的真手时,他们仍然会"感觉"到被触碰。这种错觉与个体的四肢拥有感有关,个体用这种感觉将四肢与其他物体区分开来。正常而言肢体通过触摸的反馈来确定自己确实摸到了物体。通过记录这种反馈信号由手臂经脊髓传至大脑的过程,研究者发现,在橡胶手所导致的错觉中,受试者真手的本体感觉反馈信号表现较弱,好像大脑将之抑制以使视觉信号合理化。大脑更愿意相信自己看到的,而不是自己"感觉"到的。

第三节　其他感觉与运动控制

一、前庭觉与运动控制

(一) 前庭觉的神经生理学基础

前庭觉(vestibular),亦称位觉或平衡觉,其感受器是人体内耳中的前庭器官。前庭器官由椭圆囊、球囊和三个半规管构成,感受细胞都是毛细胞,适宜刺激是机械力作用。前庭器官是内耳的一组受体器官,它们对姿势和平衡的变化做出反应。

椭圆囊和球囊的壁上有囊斑,分别称为椭圆囊斑和球囊斑,能够感受头部平动的变速运动。三个半规管互相垂直,分别称前、后和外半规管。外半规管主要感受绕垂直轴左右旋转的变速运动,而前、后半规管主要感受绕前后轴(矢状轴)和横轴(冠状轴,亦称额状轴)旋转的变速运动。因此,人们可以感受任何平面上不同方向平动和旋转变速运动的刺激,并做出准确的反应(图 5-11)。

(二) 前庭觉在运动控制中的作用

前庭觉主要控制人体的平衡,能避免人们在跑步、跳跃等运动中跌倒,并进行自我保护。前庭反应是指前庭器官受到刺激产生兴奋后,引起的一系列位置觉改变、骨骼肌紧张

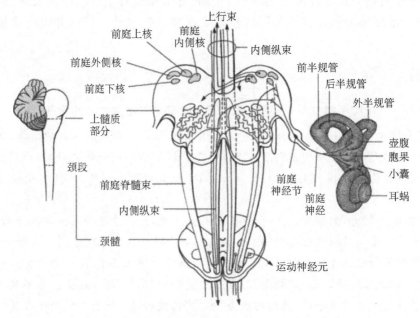

图 5-11　前庭系统(Shumway-Cook et al.，2021)

性改变、眼震颤及自主性功能改变,其意义在于维持机体一定的姿势和保持身体平衡。人类前庭器官受到过强或过久刺激时,前庭分析器的感受器就会发放强烈而频繁的冲动,反射性地引起四肢、躯干肌张力的正常关系失调,使动作或身体平衡失调,如晕车、晕船等引起的心率加快、血压下降、恶心、呕吐、眩晕和各种姿势反射等现象。跳水或体操运动员在运动过程中如存在不良前庭反应,也将不能在空中完成复杂的动作。可见,随着运动技术水平的提高,运动员要想完成各种加速、旋转及翻腾等复杂动作,均需前庭器官参与活动。

前庭系统对头部在空间中的位置和头部运动方向的突然变化两种类型的信息敏感。虽然人体不像其他感官那样有意识地感知前庭觉,但前庭输入对许多运动反应的协调都很重要,前庭输入有助于稳定眼睛,并在站立和行走时保持姿势稳定。

（三）前庭觉在体育中的应用与训练方法

研究表明,在体育运动中,练习赛艇、划船、跳伞、跳水、滑雪、体操、武术、投掷及各种球类运动项目,有利于提高运动员的前庭器官稳定性,使前庭器官对刺激引起的反应逐渐减小或消失。同时荡秋千、旋转木马、跳舞、蹦床、平衡木等运动可以促进儿童的前庭觉发育。

提高前庭器官稳定性的训练方法主要有三种:①选择各种有加速度的旋转运动和直线运动进行主动训练法;②人在产生加速度变化的器械上,被动地感受加速度变化进行被动训练法;③把主动训练和被动训练相结合进行的综合训练法。

二、听觉与运动控制

（一）听觉的神经生理学基础

听觉(auditory)是指声音作用于听觉器官而产生的感觉,即对声音的感知或接收能力。

外界的声波振动经外耳道、鼓膜和听小骨的传递,引起外淋巴和基底膜振动,刺激耳蜗螺旋感受器产生震动(图5-12)。当耳蜗受到声音刺激时,在耳蜗及其附近结构所记录到的一种与声波的频率和幅度完全一致的电位变化,称为耳蜗微音器电位(cochlear microphonic potential)。耳蜗微音器电位经突触传递,最后引起位于毛细胞底部的神经纤维产生动作电位,并以神经冲动的不同频率和组合形式对声音信息进行编码,当动作电位沿听神经传到大脑皮质听觉中枢时,产生听觉。

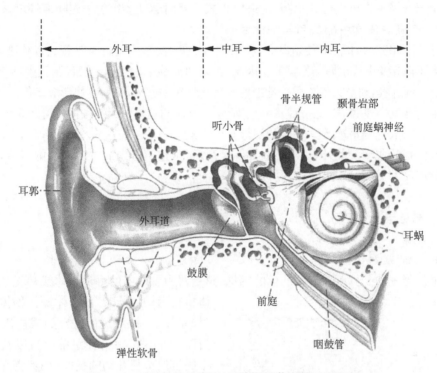

图5-12　耳的结构示意图(运动解剖学编写组,2013)

(二)听觉在运动控制中的作用

听觉有很强的外部感知作用,可以提供环境中运动行为的相关信息,在体育赛事中也扮演着重要的角色。听觉还能使人对一定距离以外环境条件的变化预先进行适应性反应。在体育运动中,运动员借助于听觉、视觉、本体感觉和前庭觉的共同活动,控制动作的节律和速度,准确地感知空间位置,保持身体平衡,对掌握动作技能具有重要作用。例如,裁判以跳水运动员入水的声音作为评价表现的一种因素;球棒击球的声音提供了有关棒球被击中时碰撞强度的线索;高尔夫球手可以根据听觉线索来判断球杆的哪一部分与球接触。网球项目的相关研究表明,对球落地位置的预测判断与击球时的响度相对应——击球声音越大,球的预测落地位置就越靠近球场(Cañal-Bruland et al.,2018)。

在某种程度上,听觉和视觉虽有明显的差异,但也存在许多相似之处。听觉是仅次于视觉的重要感觉通道,在人的运动过程中起着非常重要的作用。一般来说,听觉信息比视觉信息处理得更快,但视觉似乎比听觉提供的信息更有用。但也有人认为,这两种信息的使用方式是相似的。例如,当蝙蝠在黑暗的洞穴中飞行时可以利用声音信息来确定自己的方向,来自物体的声音和它们自身运动的声音为它们在洞穴中的定位提供了信息。研究者 Lee(1990,1998,2009)认为动物(包括人类)可以使用与蝙蝠完全相同的方式通过时间常数 tau 来确定听觉上的触前时间,只不过时间常数 tau 是基于声流场而不是视觉流场(Ashmead et al.,1995;Jenison,1997)。

在大型运动训练比赛时,运动员常常会受到助阵观众喊叫所产生噪声的影响,较长时间或间断性的干扰,造成过分紧张,影响运动能力。因此运动员也应注意平时合理安排在强烈的噪声环境中进行训练或比赛,以适应正式竞赛时运动场馆的强烈噪声环境。

(三) 听觉在体育中的应用与训练方法

体育教学和运动训练中,使用口令,利用言语讲解,使学生通过听觉领会动作要领,有助于学生队列整齐及更快掌握动作技能。因此,在运动训练中,适宜音量、音调且生动简洁的讲解和口令,可以使运动员大脑皮质听觉中枢的兴奋性集中起来,从而更快形成条件反射。

音乐对运动员来说,也是一种良好的刺激。现在的运动训练和比赛,用音乐伴奏的项目很多,如体操、花样滑冰等。音乐的旋律有助于运动员建立良好的节奏,有时音乐的选择直接影响比赛的成绩。此外,运动员在训练结束后,常用听音乐的方法来缓解疲劳,音乐能缓解大脑皮质的紧张,使身体更容易放松。

三、 触觉与运动控制

(一) 触觉的神经生理学基础

触觉是当皮肤受到刺激时所产生的感觉,感受器为皮肤中的触觉小体或神经末梢。个体执行运动技能时,如个体操作物体的技能(如拿叉子、输入短信、捡球)或与人接触的技能(如摔跤、拳击和跆拳道),以及与环境中的自然特征互动的技能(如赤脚在海滩上行走),会涉及触觉的各种方式。当个体触摸某物时,通过皮肤上的触觉感受器感受物体、人或环境的特定特征,感受器被激活,向中枢神经系统传送疼痛、温度和运动相关的信息。如图 5-13 所示,这些感受器位于皮肤表皮正下方的真皮层。作为机械感受器,这些感觉感受体能够感受到皮肤被拉长及关节的运动,并且在指尖处最为密集。

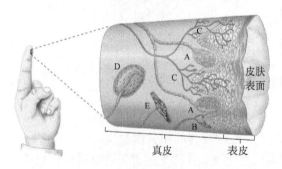

图 5-13 涉及触觉的皮肤感受器(注意此图不是按比例绘制的,如帕奇尼小体实际上比迈斯纳小体大 4～5 倍)(Widmaier et al., 2006)

A. 感知边缘的迈斯纳小体(Meissner corpuscle);B. 感知外形、纹理造成的机械压力和低频振动的麦克尔(Meckel)小体;C. 感受疼痛的游离神经末梢;D. 感知高频震动刺激的环层小体[帕奇尼小体(Pacinian corpuscle)]和感知弹性的鲁菲尼小体(Ruffini corpuscle)

(二) 触觉在运动控制中的作用

研究人员普遍认为,在各种类型的运动技能中,触觉对运动控制都有重要的作用。中枢神经系统接收触觉信息的过程包括四个运动相关的特征。

一是触觉反馈可以影响运动精确度。当触觉信息无法到达中枢神经系统时,运动精确度会下降,指尖的精确度下降尤为明显。研究表明,当触觉反馈被去除或减少时,动作准确性会变差,相关研究中的动作任务包括指向性的技能(Rao et al.,2001),伸手和抓握动作(Gentilucci et al.,1997),键盘上打字(Gordon et al.,1995;Rabin et al.,2004),保持准确地抓握(Fisher et al.,2002),用手指有节奏地敲击发出听觉刺激(Pollok et al.,2004),以及在钢琴上弹奏一系列音符。在大多数的此类研究中,研究人员会麻醉受试者的指尖,这样触觉的传入信息将失效,这就为在没有麻醉的情况下比较运动精度和表现提供了条件。

二是触觉反馈可以影响运动一致性。Gordon 等(1995)通过比较手指麻醉前后打字的实验,证明了键盘输入的效果。他们的结论显示,如果没有手指的触觉反馈,不仅打字的准确性会下降,动作一致性也会随着指尖的麻醉而下降。

三是触觉反馈可以影响动作时机(Ankarali et al.,2014)。例如,Zelaznik 等(2000)的实验表明,当受试者被要求在规定时间内画圈时增加一个触觉的标记物作为时间提示(如在圆环加一个尼龙搭扣带),提高了连续画圆的精确程度(图 5-14)(Studenka et al.,2012)。

四是触觉反馈可以影响握持和使用物体时力量的调整。例如,人从桌子上拿起一个杯子喝水时,需要调整握力将杯子移到嘴边,并正确地放置杯子以喝到水,这一过程中就需要触觉提供反馈。有证据表明触觉反馈在运动过程中可以调节握力(Gysin et al.,2003;Nowak et al.,2003;White,2015)。

图 5-14　画圈时增加一个触觉的标记物作为时间提示,可提高精确度

【案例 5-4】

无触觉反馈情况下的打字输入

在一项调查触觉反馈对运动控制影响的研究中,Rabin 和 Gordon(2004)让 12 名熟练的打字员(所有人每分钟都能输入 50 个以上的单词)在自己电脑键盘上输入摆在他们面前的句子。他们打字时可以看到电脑显示器,但看不到自己的手,且被要求不得改正错误。这些句子很短,除了个别字母(如 y、u、h、n、m)是用右手食指输入出来的,其余的字母都是用左手打出(如 we washed)。句子中还包括需要用右手食指打出所有字母的单词(如 yummy)。观察打字员在右手食指麻醉前和麻醉时打字的情况,麻醉方法是将长效 2% 利多卡因和短效 2% 可卡因的混合物注射在右手食指远端指间关节两侧的正中神经附近。比较两种情况下打字的差异,结果发现,在没有麻醉右手食指的情况下,打字员用右手食指按键的错误率为 3.5%。但是,在麻醉了右手手指后,错误率上升到了 16.5%。几乎所有这些错误(90%)都是"目标"错误,也就是说,没有按到目标键。右手手指麻醉后,其他手指出现错误的概率没有增加。在麻醉状态下,手指从前一个键到目标键的运动轨迹与麻醉前相似,尽管在麻醉状态下的该运动轨迹会有更大的变异性。

(三)触觉的训练方法

抓握过程中指尖的感觉反馈将间断性地传递到中枢神经系统中的运动控制中枢,以根据需要调整握力(见闭环控制系统)。另外,当指向运动的开始和结束可触摸物体表面时,触觉反馈也被证明可以通过提高本体感觉反馈,来帮助对运动距离进行估计(Rao et al.,2001)。

在体育锻炼中,可以通过适当的球类训练来增强运动员的触觉感受,如篮球项目中的低运球、高运球及胯下运球等。排球项目中,也是通过手对球的感觉来完成运球、传球、扣球与拦网等动作。

第五章习题　　第五章参考文献

第六章

姿势控制

【导　读】

　　大多数运动技能完成过程中都需要进行姿势控制。如果姿势控制存在障碍,不仅很难取得优异的运动成绩,甚至连日常功能性任务都难以完成。为了尽可能减少姿势控制障碍对运动成绩的影响,我们需要明确以下问题:我们在运动过程中是如何控制姿势的? 哪些因素可能影响姿势控制? 在本章中,通过学习姿势控制的有关概念、影响因素、动作策略及感觉系统对姿势控制的影响来回答上述问题。同时,通过本章内容的学习,体会优秀盲人运动员在失去视觉信息后仍然能够取得较好的运动成绩,不仅需要持之以恒、刻苦训练的意志,也需要自强不息的生活态度。

【学习目标】

　　1. 掌握姿势控制的相关定义,理解姿势控制的稳定性与方向性。
　　2. 掌握影响姿势控制的主要因素,理解各因素是如何影响姿势控制的。
　　3. 掌握稳定平衡控制、反应性平衡控制和主动性平衡控制的动作策略。
　　4. 理解视觉、本体感觉和前庭觉对姿势控制的影响。

【思维导图】

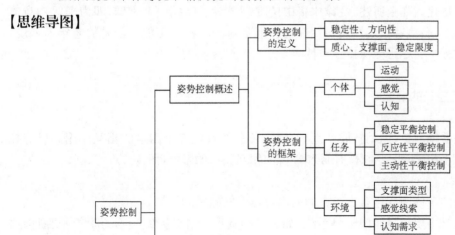

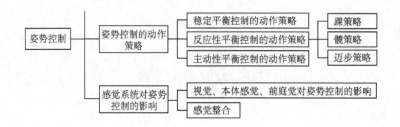

第一节　姿势控制概述

一、姿势控制的定义

　　姿势控制指的是为了保持身体的稳定性和方向性而控制身体在空间中的位置。良好的姿势控制能力在完成坐、站、行走等功能性任务中具有重要的作用。姿势的稳定性是指在支撑面（base of support，BOS）上控制质心（center of mass，COM）的能力。质心是人体总质量的中心位点；支撑面由各支撑部位的表面及它们之间所围成的面积组成。一般而言，支撑面积越大，姿势控制的稳定性也越好。例如，两脚开立比两脚并立的稳定性要好，而两脚站立比单脚站立的稳定性要好。稳定限度（limits of stability，LOS）是指身体在不改变支撑面的前提下，能够移动质心到最大区域的边界，即身体即将改变支撑面的面积来获得稳定性的边界。姿势控制的方向性是指保持身体各部分之间及身体与环境之间适当关系的能力。大多数功能性任务要求我们保持身体的垂直定向，因此姿势控制的方向性不会过多讨论。但是在运动过程中，如足球比赛中的守门员会为了阻挡一个进球而扑倒在地，身体与环境之间的关系被改变，此时姿势控制的方向性则需要被讨论。另外在太空中，由于航天员不受重力的影响，身体与环境之间的关系也会发生改变，不会一直保持垂直定向状态，此时也会涉及姿势控制的方向性。

　　虽然姿势控制是绝大多数任务共有的要求，但是稳定性和方向性需求可能随着任务和环境的变化而变化。如上所述，足球比赛中的守门员为了阻挡一个进球，即为了保持身体与足球的方向性，会牺牲稳定性而扑倒在地。但是对于一些平衡能力较差的老年人来说，他们在行走过程中会尽可能保持稳定性。

二、姿势控制的框架

　　根据动态系统理论，运动技能产生于个体、任务和环境三个因素的相互作用。姿势控制作为一种运动技能，也受个体、任务和环境的相互关系的影响（图6-1）。

　　（一）个体

　　姿势控制的个体因素包含三个方面的内容：运动、感觉和认知。

　　运动方面又主要包括肌肉骨骼系统（如关节活动度、肌肉特性、生物力学等）及肌肉协

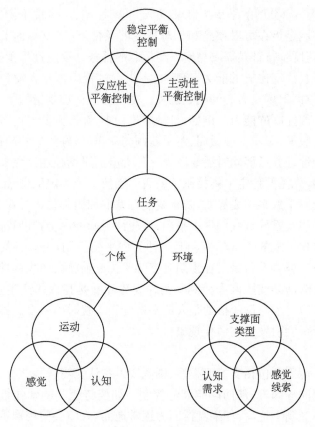

图 6-1 姿势控制的框架

同作用(如髋策略、踝策略、迈步策略等)等。例如,随着老年人年龄增大,肌力降低,可能造成姿势控制能力下降,容易跌倒。又如,当我们穿上滑雪靴时,踝关节的活动度被限制,当有人不小心碰到你时,你保持平衡的能力会显著低于不穿滑雪靴时的平衡能力。这些简单的证据都表明肌肉骨骼系统会影响姿势控制能力。

感觉方面主要包括个体感觉系统(如视觉、本体感觉和前庭觉等)和感觉整合等。良好的姿势控制能力不仅需要控制身体在空间中的位置,中枢神经系统还必须明确身体在空间中的位置及身体的运动状态。视觉为中枢神经系统提供身体在环境中的位置信息。本体感觉为中枢神经系统提供身体位置、环节之间的相对位置、支撑面与身体的相对关系等信息。前庭觉主要提供头部的位置与动作信息。

认知方面主要包括将感觉映射到动作上,以及提供姿势控制的预期性和适应性方面所需要的认知资源与认知策略,如感觉与动作之间的相对关系、基于过去经验和学习结果的预期姿势准备、为了适应任务和环境需求的感觉与运动系统的改变等。需要注意的是,认知作为姿势控制的一个影响因素,并不代表姿势控制过程是有意识的活动,而是指姿势控制受到认知功能(如注意、动机等因素)的影响。

(二) 任务

姿势控制的任务因素指的是执行不同任务时,可能需要不同的姿势控制策略。绝大多数功能性任务需要三种类型的平衡控制,即稳定平衡控制、反应性平衡控制和主动性平衡控制。稳定平衡控制是指在可以预测和相对不变的条件下,在支撑面上控制质心的能力。例如,站立或恒定速度步行都是需要稳定平衡控制的任务。反应性平衡控制指的是受到不可预期的干扰后恢复稳定位置的能力。例如,在步行过程中被别人撞到时,需要激活更多的肌肉,从而在支撑面上恢复质心的稳定位置。主动性平衡控制指的是在主动运动之前激活某些肌肉进行平衡控制的能力。例如,打篮球过程中,在接到队友的传球之前,下肢和躯干的部分肌肉就会收缩,做出下肢微屈、躯干前倾的动作,做好接球的准备。

完成某些功能性任务可能同时需要以上三种类型的平衡控制。例如,当我们在站立位搬起一个重物时,首先需要稳定平衡控制帮助我们维持一个稳定的位置。主动性平衡控制会提前激活下肢及躯干的某些姿势肌,防止我们在拿取和搬起物体过程中失去平衡。如果搬起过程中由于物体太重导致我们失去平衡,反应性平衡控制会帮助我们恢复稳定位置。

从肌肉活动出现早晚的角度分析以上三种类型平衡控制,可以将其分为姿势准备、姿势伴随和姿势反应。姿势准备是指在预期有姿势干扰之前就会产生的神经肌肉反应,即在主动运动之前就会激活某些肌肉来控制平衡。姿势伴随是指人体产生主动动作时所伴随产生的神经肌肉反应。姿势反应指的是人体平衡受到干扰时所引发的神经肌肉反应,通常在受到干扰后 80 ms 会引发肌肉活化现象。

（三）环境

姿势控制的环境因素包括支撑面类型、感觉线索和认知需求等。支撑面的变化会影响肌肉力量及肌肉协同等因素,从而影响姿势控制。如姿势控制的动作策略部分所述,人体在直立状态下平衡受到干扰后,如果支撑面为正常地面,人体会使用踝策略来恢复平衡;而支撑面很窄时,人体会使用髋策略来恢复平衡。在感觉线索方面,明亮的环境和阴暗的环境会导致视觉的差异,从而影响用于姿势控制的感觉信息。而在认知需求方面,当我们同时进行多项任务时,会影响用于姿势控制的认知系统（如注意等）。

第二节 姿势控制的动作策略

一、稳定平衡控制的动作策略

稳定平衡控制能够使我们在可以预测和相对不变的情况下,保持身体在空间中的位置和方向。以坐位和静态站立为例,虽然传统上会使用静态姿势控制来描述这两种情况,但从动作控制的角度,这个过程并不是静态的,有很多机制处于激活状态,存在一定的动作策略。

在以前的研究中,学者在研究站立和坐位姿势控制的过程中,通常将人体看成一个单一环节。在站立姿势控制中,头、躯干、下肢作为一个单一环节运动,质心的摆动主要发生在踝关节周围,类似于一个倒立的钟摆（图 6-2）。而在坐位时,头、躯干和手臂作为一个单一环节运动,质心的摆动主要发生在髋关节周围。近年来的研究则认为,稳定平衡控制的动作策略应该更加复杂。例如,在站立时,下肢和躯干为两个环节,可以分开运动（图 6-3）。

图 6-2　站立时躯干和下肢作为单一
环节进行姿势控制的示意图

图 6-3　站立时下肢和躯干分为两个环
节进行姿势控制的示意图

　　基于此,人体的动作控制包含两种控制模型,分别为踝策略和髋策略。踝策略是指主要通过踝关节的运动来恢复质心的稳定位置。在踝策略中,下肢和躯干产生相同方向的运动。髋策略是指通过髋关节产生大幅度和快速的运动来控制质心的位置,同时伴随踝关节向相反方向旋转。在髋策略中,下肢和躯干产生相反方向的运动。这两种策略总是同时存在,根据不同情况,中枢神经系统可以在这两种策略中切换。但是根据动作任务和感觉信息的不同,其中一种策略可能占主导地位。

二、 反应性平衡控制的动作策略

　　反应性平衡控制指的是受到不可预期的干扰后恢复稳定位置的能力。当人体处在直立状态下平衡受到干扰后,常出现三种动作策略来恢复平衡:踝策略、髋策略和迈步策略(图 6-4)。这三种动作策略与肌肉协同作用有关。在完成一个功能性任务时,为了简化中

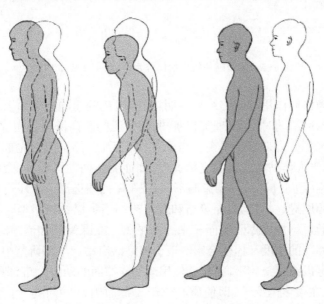

图 6-4　反应性平衡控制的三种常见动作策略(Hassons, 1994)

枢神经系统控制的复杂性,通常情况下一群肌肉会联结在一起共同作用,成为一个功能性单位,这就是肌肉协同作用。

对踝策略肌肉协同作用的研究结果表明,当脚底地面突然向后滑动时,质心会向前移动,腓肠肌受到牵拉,此时会出现腓肠肌-腘绳肌-脊旁肌的协同作用(图6-5a)。腓肠肌激活产生踝关节跖屈力矩,减少人体向前的运动,而腘绳肌和脊旁肌的激活可以维持髋关节和膝关节处于伸展位置。如果没有腘绳肌和脊旁肌的协同激活,躯干也会相对于下肢向前运动,质心就很难恢复至稳定位置。肌肉协同作用不仅体现在腓肠肌、腘绳肌、脊旁肌均被激活,也体现在这三块肌肉的激活顺序上。干扰出现后80~100 ms腓肠肌被激活,再过20 ms左右腘绳肌被激活,最后出现脊旁肌的激活,激活顺序从远端至近端。反之,在直立时,如果脚底地面突然向前滑动,人体质心向后移动,此时胫骨前肌受到牵拉,会出现胫骨前肌-股四头肌-腹直肌的肌肉协同作用(图6-5b)。踝策略一般出现在干扰较小且支撑面固定的情况下,也需要人体具有较好的踝关节活动范围和肌肉力量。在干扰较大、支撑面不固定或者踝关节周围肌肉力量不足的情况下,踝策略对地面产生的垂直分力不足以维持平衡,就会出现髋策略。

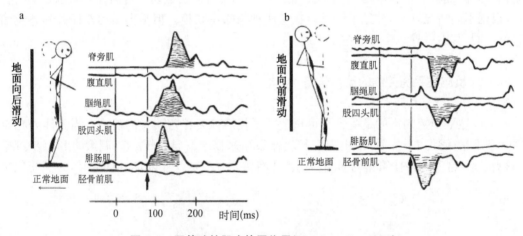

图6-5 踝策略的肌肉协同作用(Horak et al. ,1986)

对髋策略肌肉协同作用的研究结果表明,人体站在较窄的支撑面上(如横杆或马路边缘),当地面突然向后滑动时,会出现腹直肌-股四头肌的肌肉协同作用(图6-6a)。髋策略通过对地面施加水平分力来维持平衡。当干扰发生后,腹部肌肉首先被激活,随后股四头肌被激活。反之,当人体站在较窄的支撑面上,地面突然向前滑动时,会出现脊旁肌-腘绳肌的肌肉协同作用(图6-6b)。与踝策略不同,髋策略的肌肉激活顺序是从近端至远端。

当质心移动幅度进一步加大,踝策略和髋策略都不足以维持平衡时,就需要使用迈步策略。迈步策略通过增加支撑面的面积来维持平衡。在踝策略和髋策略中支撑面的面积是固定的。质心移动的幅度和速度会影响迈步策略的启动。早期研究中,学者们多认为当固定的支撑面不足以维持人体平衡时,会使用改变支撑面的动作策略(即迈步策略)。但近些年的研究证明,在很多情况下,即使质心位于支撑面内,也可能会使用迈步策略来维持平衡。

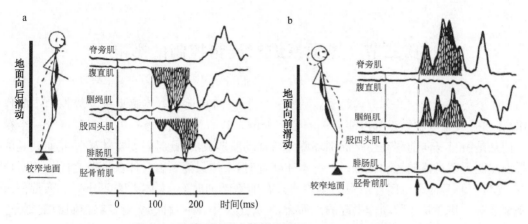

图 6-6 髋策略的肌肉协同作用（Horak et al. , 1986）

踝策略、髋策略和迈步策略主要针对人体矢状面的姿势控制。在冠状面，踝关节和膝关节只存在非常小的运动，因此，下肢在冠状面的姿势控制主要发生在髋关节。

三、主动性平衡控制的动作策略

主动性平衡控制指的是在主动运动之前激活某些肌肉进行平衡控制的能力。主动性平衡控制也称为预期性平衡控制，即当我们预期平衡会受到干扰时，系统会预先激活与姿势控制相关的肌肉来预防可能伴随主动动作产生的不平衡。有研究表明，将手平举时不仅手部肌肉会被激活，躯干和下肢肌肉作为姿势肌也会被激活。其中，姿势肌的肌肉活动发生在两个部分。在手部的主动肌收缩前 50 ms 左右，姿势肌出现激活现象，来预防手部运动可能带来的不平衡；而在主动肌收缩之后，姿势肌会以反馈的方式再次出现激活现象，来进一步稳定身体。

那么，我们进一步思考，主动性平衡控制所产生的姿势肌激活与受到外界干扰所产生的姿势肌激活是否相同呢？曾有研究者设计了一个实验，将一个杆子固定在地面上，然后请受试者用力拉或推这根杆子，并记录受试者主动肌（肱二头肌、肱三头肌）、姿势肌（腓肠肌、胫骨前肌、腘绳肌、股四头肌）的肌电图（图 6-7）。结果表明，当用力拉杆子的时候，由于身体重心会向前倾斜，腓肠肌和腘绳肌会先后激活，与受到外界干扰所产生的姿势肌激活反应相同。反之，如果用力推杆子，胫骨前肌和股四头肌会先后激活。因此，主动性平衡控制所产生的姿势肌激活与受到外界干扰所产生的姿势肌激活是相同的。

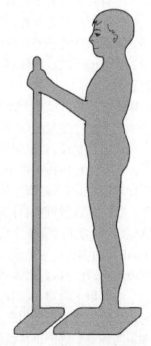

图 6-7 主动性平衡控制所产生的姿势肌激活实验（Cordo et al. , 1982）

第三节　感觉系统对姿势控制的影响

在姿势控制的框架部分,我们已经描述了视觉、前庭觉和本体感觉在姿势控制中的作用,任何一种感觉的缺乏都可能会影响姿势控制。只有视觉信息时,人体很难区分一个视觉信息是由自身向前移动还是周围环境向后移动所造成的,此时需要本体感觉或前庭觉的帮助才能了解身体的运动状态。只有本体感觉时,人体只能了解身体各环节之间的相对位置,无法了解身体在空间环境中的位置。只有前庭觉的时候,人体无法区分一个感觉信息是由点头动作还是弯腰动作引起的。那么,三种感觉中,哪一种感觉对姿势控制最重要呢?

当人体处在视觉剥夺(如闭眼等)或视觉改变(如虚拟现实等)等情况下,人体稳定性会明显下降,表明视觉在姿势控制中具有重要作用。儿童和成年人的对比研究发现,当给予一定的视觉刺激时,7岁以下的儿童经常发生跌倒的现象,但成年人可能仅出现轻微的晃动。因此,对7岁以下的儿童来说,视觉对他们的姿势控制特别重要,在姿势控制中可能更多地以视觉为主。从我们自身的经验来看,当我们在初学一项新的任务时,也多依赖视觉信息,而当该任务逐渐熟练至自动化时,视觉信号对姿势控制的重要性会降低。

当对人体踝关节的肌肉进行震动刺激时,身体质心移动程度会增加,这表明本体感觉在姿势控制中具有重要作用。在通过移动脚底支撑面干扰姿势的实验中,学者发现由本体感觉刺激引发的姿势肌反应时间为 80~100 ms,而由视觉刺激所引发的姿势肌反应时间一般为 200 ms 左右,本体感觉引发的姿势反应要快于视觉。因此一般认为,在正常情况下姿势受到干扰时,姿势反应的早期主要依赖本体感觉信息,而视觉和前庭觉可能在姿势反应后期检查确认方面更为重要。

给予前庭觉刺激(头部干扰刺激)所引发的姿势肌反应是本体感觉刺激所引发反应的 1/10。也就是说,对于同样的刺激来说,前庭觉刺激引发的反应很小,这可能表明前庭觉在平衡控制过程中作用较小。但是在某些特殊情况下,如果本体感觉引发的姿势反应让人体更加不稳定,那么前庭觉的感觉信息就会变得很重要。例如,与支撑面向后移动的情况类似,当支撑面能够逆时针旋转时,腓肠肌也会受到牵拉(图 6-8)。此时如果也引发腓肠肌-腘绳肌-脊旁肌的姿势反应,人体就会向后跌倒。因此,在支撑面能够逆时针旋转的情况下,正确的姿势反应是通过胫骨前肌收缩,增加踝关节背屈角度从而维持平衡。即在该种环境下,人体应该忽略本体感觉信息而重视前庭觉信息。

综合以上内容,我们可能无法确认姿势控制中最重要的感觉信息,人体对感觉信息的利用可能取决于很多因素,如年龄、性别、环境和任务等。具有多种感觉信息才能保证人体在不同环境中都能维持最佳的平衡状态。那么,多种感觉之间是如何配合来维持平衡的?这就是感觉整合的概念。

目前有两个假说来解释感觉整合。第一种假说称为感觉联合假说。该假说认为,视觉、本体感觉和前庭觉在姿势控制的过程中贡献相似。通过三种感觉信息的相互作用,中枢神经系统就可以进行适当的姿势控制。在该假说中,三种感觉之间不存在冲突,姿势控制产生于三种感觉的相互作用。

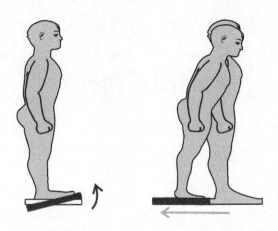

图6-8 多种感觉信息帮助人体在不同环境中维持平衡(Jacobson et al.，1993)

　　第二种假说称为感觉权重假说,该假说与感觉联合假说相反,认为每种感觉在姿势控制中都具有独立的贡献,中枢神经系统会根据用于姿势控制的感觉信息的准确性,调整感觉输入的权重或重要性,从而在感觉变化的环境中进行姿势优化。感觉权重变化的一个表现就是在姿势控制过程中,对一种感觉的依赖性降低,而对另一种感觉的依赖性增加。姿势反应就是在不同的感觉情况下感觉权重的变化。例如,我们在前面提到,在某些特殊情况下,如果本体感觉引发的姿势反应让人体更加不稳定,那么前庭觉的感觉信息就会变得更重要。

　　感觉权重假说被很多研究人员支持。这一假说也适用于动作学习过程中。例如,当我们开始学习一项新的运动技能时,视觉信息的权重会增加。随着练习,运动技能越来越熟练,视觉信息的相对重要性降低,而本体感觉的权重增加。根据感觉权重理论,正常情况下,人体用于姿势控制的感觉信息比较多,且中枢神经系统能够对不同感觉系统的信息重要性进行调整,所以人体可以在不同的环境中维持平衡。

第六章
拓展阅读

第六章习题　　　第六章参考文献

第七章

步态的运动控制

【导　　读】

　　步行是日常生活最常进行的活动之一,代表了个体能独立、安全地把自己从一个地方移动到另一个地方的能力。步态是指步行的特征。理想情况下,步行运动是高效和安全的。完善的步态控制不仅包括开始和终止移动,也可以确保人在步行过程中同时进行谈话、改变方向、跨越障碍和处理其他不稳定外力的影响。步态控制是一项非常复杂的行为,涉及全身多个环节、关节和肌肉的协调作用。那么步态节律性运动模式是如何产生的? 感觉信息是如何影响步态控制的? 下行调节通路是如何参与步态控制的? 步态启动前姿势预期调整是如何进行的? 本章将通过学习步态的基本描述与功能和步态的控制原理来回答上述问题。

【学习目标】

　　1. 了解步态的基本描述、运动功能与运动表现。

　　2. 掌握中枢模式发生器形成在步态节律形成过程中的作用。

　　3. 掌握感觉输入对于步态控制的作用。

　　4. 理解下行调节通路在步态控制中的作用。

　　5. 了解步态过程中的姿势预先调整控制策略。

【思维导图】

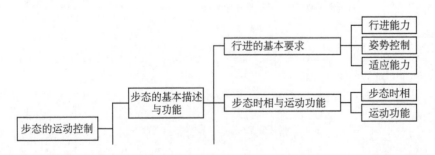

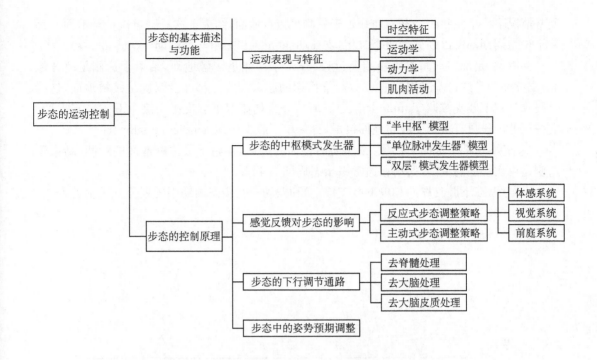

第一节　步态的基本描述与功能

一、行进的基本要求

行进能力（progression）、姿势控制（postural control）和适应能力（adaption）是确保人能够顺利完成步态活动的基础。

行进能力：建立在基本的运动模式上，通过产生及协调躯干和下肢肌肉激活的节律，从而保障人可以向目标方向前进。行进能力也包括启动和终止运动的能力，以及在目标终点不可视的情况下，仍能向其移动的能力。

姿势控制：反映了人体在行进过程中仍能产生和维持合适姿势的能力。行进过程中的动态稳定性反映了人体抵抗重力和其他外力对步态干扰的能力。

适应能力：可确保步态按照个体和环境的需求发展。在非常规的行进环境中，步态应产生一定的适应性，从而更好地完成更为复杂的行进需求，如躲避障碍物、在不平整的地面上行进、转变速度和转变方向等。

为了减小对运动器官的负担，这三项能力的完成需要以高效且低能耗的策略进行控制和综合。有效的步态控制模式依赖身体结构和功能的完整性。

二、步态时相与运动功能

（一）步态时相

步态周期（gait cycle）：步行是一系列循环动作的结果，步态周期是步行最基础的单位。

通常情况下一个完整的步态周期开始于一侧足接触地面,结束于这只脚再次接触地面。每一个步态周期都可以划分为两个时相:支撑期(stance phase)与摆动期(swing phase)。

支撑期:足部与地面相接触的全过程,开始于一侧足接触地面,结束于这侧足离开地面,支撑期通常约占步态周期的60%。支撑期的起点和终点都涉及双侧足接触地面,这些时段称为双下肢支撑期(double-leg support),分为初始双下肢支撑与终末双下肢支撑期。支撑相的中段只有单侧下肢与地面接触,称为单下肢支撑期(single-leg support)。

摆动期:足部与地面无接触,肢体向前移动的过程,开始于足抬离地面的瞬间,结束于这侧足再次触地的瞬间,摆动相通常占步态周期的40%。

支撑期(双下肢支撑期和单下肢支撑期)和摆动期在步态周期中的划分方式见图7-1。

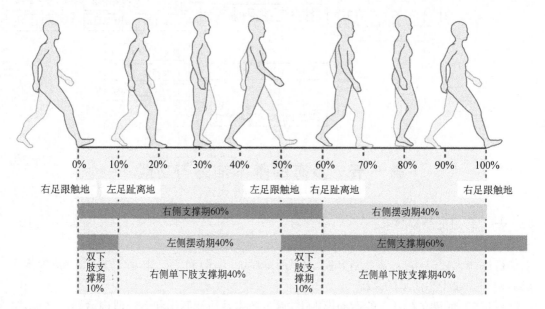

图7-1　步态周期的划分(Neumann, 2010)

(二) 运动功能

在上一部分中我们明确了步态时相的划分,分析各个步态时相的步行模式能够帮助我们更直接地理解下肢各个关节运动在功能上的重要性,依据步态的运动功能特点,我们通常将步态划分为8个功能型阶段(图7-2),各阶段有序结合也保证了肢体能完成体重接收、单下肢支撑及下肢摆动前进这三项基本的功能任务。

1. 支撑期

在双下肢支撑期步态主要的功能如下:

初始着地期:以足跟轴开启支撑相,身体重量开始发生转移,减缓冲击速度,这一阶段决定了下肢承重反应的模式。

承重反应期:包含在初始双支撑期内,足跟轴作用维持,足与地面初始接触之后,膝关节屈曲吸收振荡,踝关节短暂跖屈中断足部撞击,维持承重的稳定性,维持前进。

在单下肢支撑期步态的主要功能如下:

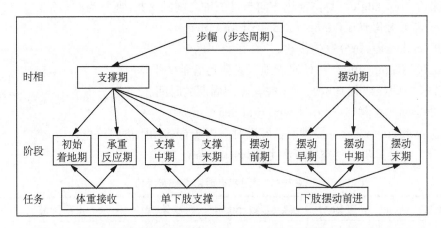

图 7-2　步态周期的功能分期,功能时相显示了各阶段根据它们自身所履行的功能而进行的分组(Perry et al., 2017)

支撑中期:该阶段是单下肢支撑时期的前半部分,开始于对侧足上抬,并且会一直持续至身体重心调整至前足,此阶段的主要目标是前进越过静止的足,保持下肢和躯干的稳定性。

支撑末期:该阶段已完成了单下肢支撑,开始于足上抬,一直持续到对侧足着地,体重移动到前足之前,该阶段的功能目标是身体前进超过支撑足,同时保持下肢和躯干的稳定性。

摆动前期:该阶段开始于对侧下肢初始着地,结束于同侧下肢足趾离地。这一阶段主要的目标是把下肢放在适当的位置进入摆动期,同时加快前进速度。

2. 摆动期

摆动早期:该阶段为摆动期的第一个阶段,开始于足抬离地面,结束于摆动足位于支撑足的正对面。此阶段的主要目的是足廓清,以及下肢从后伸体位向前移动。

摆动中期:该阶段开始于摆动侧足位于支撑下肢的正对面,结束于胫骨处于直立位。该阶段的主要目标是下肢前进及地面足廓清。

摆动末期:该阶段开始于胫骨直立位,结束于足着地。主要目的是完成下肢前进,以及下肢准备进入支撑期。

三、 运动表现与特征

(一) 时空特征

1. 步态的空间描述(spatial descriptors of gait)

步长(step length):一足着地至对侧足着地的距离,也有称为步幅。比较两侧足的步长可帮助评估步态的对称性。

跨步长(stride length):一足着地至同一足再次着地的距离,也称为跨距。

步宽(step width):两次连续足着地足跟之间的侧方距离,平均 8~10 cm。

足偏角(foot angle)：身体前进方向与足长轴之间的夹角，通常为 5°～7°。

2. 步态的时间描述(temporal descriptors of gait)

步频(cadence)：每分钟的步数。

步长时间(step time)：一侧足着地至对侧足着地的平均时间。

跨步长时间(stride time)：一个完整步态周期的时间。

3. 步态的时空描述(spatial-temporal descriptor)

步速(walking speed)：提供了在既定时间内步行移动距离的信息。

表 7-1 为常见步态时空特征参考值(Neumann，2010)。

表 7-1　常见步态时空特征参考值

研究	步速(m/s)	步频(步数/min)	跨步长(m)	步宽(cm)	足偏角(°)
Marchetti 等(2008)	1.35～1.51	115.1～123.1	左跨步长：0.68～0.74 右跨步长：0.69～0.76	8.1 (7.0～9.2)	
Hollman 等(2007)	1.48±0.15				
Youdas 等(2006)	1.40±0.13	119.6±7.6	1.42±0.13		
Menz 等(2004)	1.43±0.14	110.8±6.9	0.77±0.06	8.6±3.2	6.7±5.0
Bilney 等(2003)	1.46±0.16	114.7±6.4	1.53±0.14		
Grabiner 等(2001)				单任务步行：10.8±2.7 双任务步行：8.7±2.3	

(二) 运动学

1. 矢状面运动学(sagittal plane kinematics)

在足跟着地时，为了把足放置在地面，下肢的关节会被排列成向前伸展，或使下肢延长，紧接着人体会控制好膝关节屈曲和踝关节跖屈以缓冲下肢受到的地面反作用的冲击。随后下肢所有的关节都会伸展开来，以提供另一足在摆动期有足够的高度使足抬离地面。进入摆动期后，所有的关节则会参与缩短摆动足与地面距离的任务中，使得摆动足能顺利地离开地面向前跨进。在摆动期，所有下肢关节再次向远端伸展，准备下一次足着地。

2. 冠状面运动学(frontal plane kinematics)

髋关节运动对减小身体重心垂直位移起到了重要的作用。在足跟着地后，足部的快速旋前动作分担了承重的作用，接着在支撑期，足跟离地到足趾离地的过程中，足跟内翻连同足部旋前的动作，提供了一个坚固的足部结构以帮助身体向前推进。

3. 水平面运动学(horizontal plane kinematics)

下肢的主要关节在足跟着地时会发生内旋，这些内旋动作一般会伴随距下关节的外翻，此时中足的柔韧度增加，有利于承重和缓冲。接着，下肢会出现外旋动作直至足趾离地，这些外旋动作通常伴随距下关节的内翻，以增加中足的稳定性，为支撑期和摆动前期提供坚固的杠杆。

（三）动力学

1. 地面反作用力（ground reaction force）

通常行走受到的垂直方向地面反作用力约为 1.2 倍体重,地面反作用力前后方向分力约为 0.2 倍体重,地面反作用力左右方向分力约为 0.05 倍体重。

2. 足底压力中心轨迹（path of the center of pressure）

足底压力中心轨迹是可重复再现的。压力中心的位置可以帮助解释足踝在着地时跖屈和内外翻的倾向,这两种倾向是受足踝肌肉离心收缩控制。

3. 关节力矩与做功（joint torques and powers）

在足跟着地时,地面反作用力使得踝关节跖屈、膝关节屈曲和髋关节屈曲,为了防止下肢的塌陷,通过激活踝关节背屈肌群、伸膝肌群和伸髋肌群产生了内部的力矩用以抵抗这些外力矩。而关节能量反映了跨过关节所有的肌肉和结缔组织产生和吸收能量的净速率。

（四）肌肉活动

1. 躯干肌肉

左右两侧躯干肌肉在步行过程中是同时激活的,主要作用是控制足着地时躯干相对髋关节向前的角动量,稳定骨盆和腰椎。

2. 髋关节肌肉

伸髋肌群的主要作用是启动伸髋动作和让肌肉准备在支撑期承重。屈髋肌群的主要作用是摆动期启动屈髋动作,协助前进。髋外展肌群主要作用是在冠状面上稳定骨盆。髋内收和旋转肌群的主要作用是稳固髋关节,同时协助髋关节的屈伸作用。

3. 膝关节肌肉

伸膝肌群的主要作用是缓冲地面反作用力,以及在支撑中期承重。屈膝肌群的主要作用是稳固膝关节。

4. 足踝肌肉

胫骨前肌主要作用是对体重作用在跟骨时造成被动的踝关节跖屈动作进行减速,以及在摆动期产生足够的踝关节背屈动作使得足趾离地。小腿三头肌的主要作用是产生踝关节跖屈的动作,对小腿相对于距骨的向前移动产生控制。

第二节 步态的控制原理

一、步态的中枢模式发生器

科学家们做了大量的动物实验探究神经的和非神经的控制机制是如何协调步行运动的,结果发现成功的步态控制包括以下几个因素:步行模式的发生、步行过程中的姿势控制,以及步态适应与调整的外周和中枢控制机制。

人类的步态是周期性的活动,有着独特的规律。例如,足跟通常先着地、支撑早期表现出承重反应、下肢的屈肌和伸肌会出现交替活动等。在第四章中,我们了解到位于中枢神

第七章
拓展阅读 1

经系统(脑和脊髓)的中枢模式发生器是动作控制的中枢控制程序,能够产生固定动作方式的中枢指令,指挥肌肉产生有规律收缩,从而产生运动。即使在没有感觉反馈或下行通路信息的情况下,不管是简单的还是复杂的运动中枢模式发生器都能够自动发生响应,也能够使肢体内部和肢体之间的活动相互协调。那么,人类步行模式的发生是否也与中枢模式发生器有关呢?

多年来科学家们一直在探索中枢神经系统是如何调节和管理步态活动的。相较于其他低等的脊椎动物,人类步态节律受脊髓控制的影响更大,因此,人类的步态控制从某种程度上来说也可能与中枢模式发生器有关。中枢模式发生器的存在在灵长类动物中已经得到了充分的证实,但只有非常有限的研究与人类的中枢模式发生器有关,这主要是由于科学家们很难在人类身上开展类似的中枢模式发生器分离实验,如切断对腰骶节段的下行通路和外周输入。虽然缺乏直接证据,但一些间接证据支持人类的步态节律产生与中枢模式发生器有关。例如,Calancie 等(1994)发现不完全颈段脊髓损伤患者也能够表现出仰卧位下随意的下肢踏步样动作,这些动作具有节律性,出现交替变化,双侧下肢肌肉几乎都参与其中。Calancie(2006)后期的研究中也有类似的发现:完全性脊髓损伤患者也表现出了下肢节律性运动。Nadeau 等(2010)的研究则发现,完全性脊髓损伤患者下肢屈肌群和伸肌群的肌电活动是协调且有规律的,且和双足踏步时出现的肌电活动类似。Dimitrijevic 等(1998)对卧床的完全性脊髓损伤患者进行了硬膜外电刺激,当刺激至上腰束(第1~2腰椎)时就可以激发出患者的踏步样动作。这类研究总体上支持人类中存在步态中枢模式发生器。关于中枢模式发生器产生步态节律性运动的原理,现有三种模型。

1. "半中枢"(half-center)模型

"半中枢"模型由 Brown(1911)提出,他认为即使没有下行或感觉信息的输入,由脊髓所支配的脊髓控制中心也能够从本质上控制屈肌和伸肌的活动。当这些控制中心被激活后会相互抑制,产生伸肌-屈肌有节律性地收缩,且这种节律很大程度上依赖本体感觉的调节。在此假说基础上建立的"半中枢"模型具有以下的特点(McCrae et al.,2008):①每侧肢体都由独立的中枢模式发生器控制;②每个中枢模式发生器都包括屈肌半中枢控制器(由屈肌运动神经元和中间神经元组成)和伸肌半中枢控制器(由伸肌运动神经元和中间神经元组成);③由于中间神经元的相互抑制作用,每次只有一个半中枢控制器能被兴奋;④与抑制作用相关的疲劳会使兴奋的半中枢控制器激活程度降低;⑤当一个半中枢控制器的激活水平下降到一定的阈值时,另一个半中枢控制器的抑制被解除,肌肉交替收缩的时相发生变化;⑥拮抗肌的收缩抑制与主动肌的收缩兴奋总是成对出现的。如图 7-3 所示,当行走过程中下肢伸展时,由伸展转为屈曲这一过程受到了较强的交互抑制作用和较大的"疲劳"抑制作用。

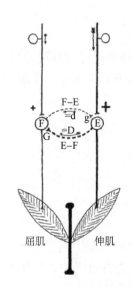

图7-3 Brown 的步态控制"半中枢"模型(Brown, 1916)

该模型展示了 Brown 的基本设想:当行走过程中下肢伸展

时,屈肌(flexor,F)半中枢和伸肌(extensor,E)半中枢之间的交互神经支配作用,D代表的是较强的抑制作用,d代表的是对伸展半中枢较弱的抑制作用,G代表的是较强的疲劳抑制作用,g代表的是较弱的疲劳抑制作用

2."单位脉冲发生器"(unit burst generator,UBG)模型

Brown的"半中枢"模型以一种简单的方式解释了屈肌-伸肌交替收缩节律产生的原理,其仅仅将所有的运动神经元粗略分为了伸肌和屈肌两组,即髋关节、膝关节和踝关节所有伸肌归属于同一个半中枢系统,所有的屈肌归属于同一个半中枢系统。并且如果拮抗肌的节律性活动不发生转换,主动肌的节律性活动就不可能发生。但在实际步行过程中,有的运动神经元池在屈曲和伸展时相中都发挥了作用,每一个伸肌和屈肌运动神经元池活动的激活和终止都是不一样的。同样是伸肌或者屈肌,在不同关节自由度下,运动控制也是不尽相同的。除此之外,本体感觉输入信息也会将屈肌和伸肌交替活动模式变得更加复杂。Brown的"半中枢"模型在解释一些脊髓运动节律时表现出了一定的局限性。

Grillner和Zangger(1979)认为屈肌-伸肌交替收缩控制是更为精细的活动,即在最佳的时机调控最为合适的肌肉,因此,他们提出了"单位脉冲发生器"模型,即每个单位脉冲发生器都包含一个"半中枢"结构(由中间神经元和运动神经元构成),控制着身体环节在某个自由度做特定的活动(如髋关节屈曲)。因此,主动肌兴奋性中间神经元可以激活"单位脉冲发生器"中其他神经元的活动,也可以激活其他关节活动自由度上"单位脉冲发生器"的活动。主动肌抑制性中间神经元可以抑制该自由度下拮抗肌"单位脉冲发生器"的活动,也可以抑制其他自由度上"单位脉冲发生器"的活动。同一自由度的主动肌和拮抗肌之间存在相互抑制作用。如图7-4所示,左侧屈髋"单位脉冲发生器"的兴奋性中间神经元可以激活其"单位脉冲发生器"内其他神经元,同时也可激活右侧伸髋肌群"单位脉冲发生器"。左侧伸髋"单位脉冲发生器"的抑制性神经元可以抑制左侧屈髋"单位脉冲发生器"和右侧屈髋"单位脉冲发生器"。

3."双层"(two-level)模式发生器模型

Grillner提出的"单位脉冲发生器"理论在一定程度上解决了"半中枢"模型的局限性,但其与Brown的"半中枢"模型都属于单层中枢模式发生器,仍不能很好地解释更为复杂的运动神经元调控模式。混合协同运动模式的存在(如猫爪颤动时候踝关节伸肌和屈肌的共收缩问题)进一步说明了简化的单层中枢模式发生器的局限性。因此McCrae和Rybak(2008)提出了"双层"模式发生器模型,该模型包含了一个节律发生器(rhythm generator,RG)和一个模式形成器(pattern formation,PF)(图7-5)。

节律发生器的作用像一个"定时器",除了定义运动节律和屈伸肌活动的时长,还可以控制模式形成器的活动。节律发生器由相互联系的兴奋性中间神经元构成,分为屈肌和伸肌节律发生器,节律发生器之间的相互抑制作用则由抑制性中间神经元完成。模式形成器也是类似的构成,包含了兴奋性中间神经元和抑制性中间神经元,其产生节律的能力较节律发生器弱。模式形成器可向多个具有协同作用的运动神经元池传递兴奋,因此当其激活时,与之有关的肌肉协同作用就会产生。来自节律发生器的节律信号经由模式发生器进行调节,并由其将信号传递给运动神经元池。依据来自节律发生器的信号和模式形成器之间的相互作用,每个模式发生器都会在步态周期中特定的时相产生同样具有时相性的运动神

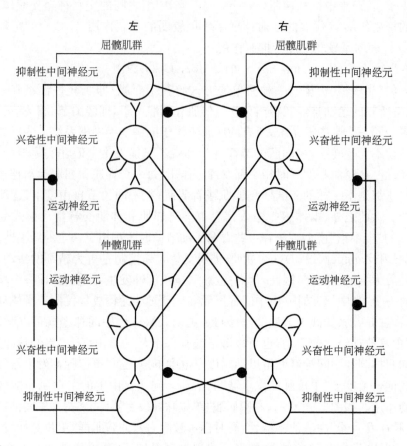

图 7-4 "单位脉冲发生器"模型(Grillner, 1981)

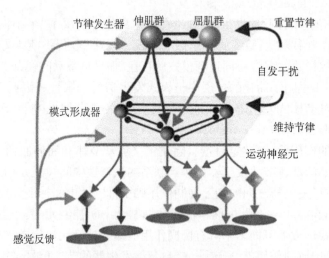

图 7-5 "双层"模式发生器示意图(Rybak et al. , 2006)

经元协同活动。

"双层"模式发生器假设中枢模式发生器对于运动节律(节律发生器层面)和运动神经元激活模式(模式形成器层面)的控制是相互独立的。因此,感觉反馈或自发性干扰对中枢模式发生器的影响也是两个层面的:在节律发生器层面表现为运动节律的变化,如产生步态时相移位或运动节律重置;而在模式形成器层面则表现为在没有发生步态时相移位或运动节律重置的情况下,运动神经元激活模式发生了变化。相较于较早的单层中枢模式发生器,双层中枢模式发生器模型更具灵活性,能更好体现步态感觉反馈和下行调控对步态节律的调整作用。

步态运动的控制可因任何大脑或脊髓颈、胸段运动区的损害而受损。原始的运动模式替代了随意控制,使得患者有意识地使用屈肌模式运动向前行进,支撑期稳定性则由伸肌模式运动保证,伸髋肌、伸膝肌及踝关节跖屈肌同时激活。屈曲与伸展无法同时出现,从而限制了由摆动期平稳过渡至支撑期的活动模式。原始的运动模式还使患者无法调节肌肉在不同步态阶段的活动强度。痉挛和运动功能缺失造成不合适的时间相位,在整个步态周期中,每个时间相位上的错误都可能改变接下来的活动模式,从而造成异常步态模式。

二、 感觉反馈对步态的影响

尽管中枢模式发生器可以在没有感觉反馈输入的情况下产生步态节律,但感觉反馈仍是完整步态控制系统中不可或缺的内容,这是因为调整步态模式以适应不同的环境是保证正常步行功能的能力之一,而感觉信息可帮助中枢模式发生器对步态做出调整。对于动物来说,当所有的感觉信息被剥夺,动物的行进会变得很慢,动作模式会变得非常原始,也无法维持平衡或者调整步态模式。步态失调是感觉丧失患者,尤其是那些下肢本体感觉丧失患者中常见的运动障碍现象。

步行过程中主要有两种感觉反馈模式,一种是反应式步态调整策略(reactive strategies),人们在遇到意外的步态干扰时(如滑倒或者绊倒)采用的就是反应式调整策略,另一种是主动式步态调整策略(proactive strategies),人们预见潜在的步态干扰,并调整步态使干扰的影响降至最低时采用的就是主动式调整策略。不管是哪种调整策略,躯体感觉、视觉和前庭觉在步态控制中都发挥着重要的作用。本章节将讨论感觉信息是如何在步态调控中发挥作用的。

(一) 反应式步态调整策略

不管是动物实验还是人体实验都证实了所有的感觉系统,包括体感、视觉和前庭系统都对步态的反应式或反馈式控制提供一定的信息。

1. 体感系统

体感系统(somatosensory system)的输入信息主要包括了来自内部关节和肌肉的本体感觉输入,以及来自外部的皮肤触觉。本体感觉输入参与了步态自动化节律产生,而触觉信息则可以根据外界刺激对步态模式进行调整。

Grillner 和 Zangger(1979)的动物研究发现,脊髓切断和传入神经阻滞的动物仍能继续产生与正常步态过程中类似的腿部肌肉节律性收缩,但这并不意味着感觉信息在步态控制中不起作用,在没有肢体感觉反馈的情况下,动物仍然可以行走,但其运动表现与正常状态仍有不同,这些差异将有助于我们理解感觉器官在运动控制中的作用。

第一,躯体感觉信息可以帮助规划合适步行频率。例如,传入神经阻滞的猫步态周期远长于无传入神经阻滞但长期脊髓受损(脊髓曾被切断且恢复)的猫。

第七章
拓展阅读2

第二,在正常的步行过程中,关节内感受器和来自受到牵拉的屈髋肌群肌梭上的感觉输入对于同侧髋关节触发摆动期有着重要的作用(Grillner et al.,1978;Pearson,1995;Smith,1980)。例如,切除大脑的猫在肌梭传入信息的激发下能重置运动节律。踝关节伸肌Ⅰa感觉传入纤维和屈肌Ⅱ感觉传入纤维的激活可以使伸展运动节律重置。除此之外,髋关节的轻微运动也可以影响运动节律。如果麻醉了关节囊,这些运动仍然会继续产生,当更多的髋关节肌肉失去神经支配时,力量会逐渐减弱。来自髋关节屈肌肌梭感受器传入神经通过激活髋关节屈肌活动来影响产生运动节律的神经元。图7-6展示了髋关节伸展控制身体从支撑期向摆动期过渡的过程。屈髋肌群的肌梭传入神经元(图7-6中猫的髋关节在屈伸运动之间转换)在支撑末期摆动被充分拉伸,激活了屈髋肌群,抑制了伸髋肌群,从而有助于步态由支撑期向摆动期的时相转换(Kriellaars et al.,1994;Pearson et al.,2000)。脊髓损伤的患者会表现出更加严重的伸髋肌群痉挛,同时伴随较高程度的伸髋活动。

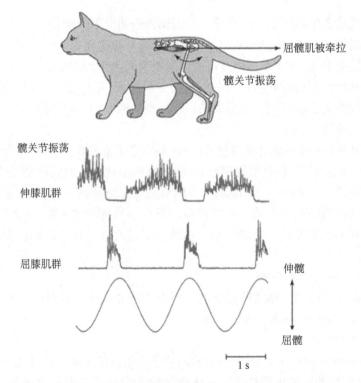

图7-6 猫的髋关节在屈伸运动之间转换(Kandel et al.,2000)
屈髋肌群在伸髋时被牵拉(如步行支撑期),屈髋肌群的肌梭传入信息使得屈肌兴奋,同时抑制伸肌群的活动

来自下肢伸肌腱梭感觉传入神经（Ib感觉传入纤维）也可以通过抑制屈肌爆发活动并促进屈肌活动的方式,对稳定步态中运动节律发生时相产生较大的影响。在支撑末期它们的活动减弱,可能与支撑期向摆动期转变过程有关。除此之外,腱梭传入神经对于伸肌自动代偿载荷变化的调节机制也起到了一定的作用。例如,在上坡过程中,伸肌群负荷的增加会增加腱梭反馈信息,从而自动增加伸肌运动神经元的活动。需要注意的是,在静止状态下,腱梭会抑制其所在的肌肉,同时兴奋其拮抗肌,而在运动过程中,它们会兴奋其所在的肌肉,同时抑制其拮抗肌（Pearson et al.，2000；Pearson et al.，1992）。

第三,如前文所述,对于长期脊髓受损的猫,来自猫爪的触觉信息对于脊髓模式发生器有着重要的影响,可以辅助动物定位和跨越障碍物,摆动期的触觉信息会引起屈曲运动,支撑期的触觉信息会引起伸展运动（Forssberg et al.，1977）。在正常成年人屈肌负重和移除负重的步态实验中却没发现类似的现象（Stephens et al.，1999）。这可能由于触觉信息在人体中不是单独作用的,其他信息的影响可能会覆盖单独的移除负重作用（Zehr et al.，2004）。然而在步态过程中,相较于载荷反射,触觉信息和牵张反射是被更严格控制的。例如,相较于静态支撑状态,步态中的这些反射活动是增强的,并且在每一个步态周期中被精确调控,从而使得这些反射活动能适应步态周期中的每一个步态功能时相（Stein，1991；Zehr et al.，1997）。

在步态周期的不同阶段,触觉反射实际上表现出完全相反的从兴奋到抑制的过程。例如,在摆动期的最开始,当胫骨前肌被激活时,足位于空中,除非足碰到物体,否则几乎没有任何触觉信息输入。当足触碰到了物体,触觉反射很快发生,使足迅速抬高从而避免被绊倒。但是,在第二次胫骨前肌兴奋爆发的时候,足即将触地,这时大量触觉信息传入,因为下肢即将要触地承重,此时伸展肢体是不合适的运动。胫骨前肌的收缩受到抑制（Stein，1991；Zehr et al.，2004）。人类对触觉刺激有短潜伏期和中潜伏期的反应,正是中潜伏期的存在使得步态的调整具有时相独立性。

在步态支撑早期,踝关节伸肌群的牵张反射活动并不活跃,因为在这个阶段,身体越过了足,踝关节伸肌群受到了牵拉,较大的反射将减缓甚至逆转向前的推动作用。另外,在支撑末期,当身体重心位于足前方时,牵张反射更加活跃,此时的牵张反射有助于推动人前进。这种适合步态时相的牵张反射调整作用能够更好地满足行进的功能需求,在跑步时牵张反射的增益会减少,这可能是因为过高的反射增益会影响跑步时的步态稳定性。通常当人从静立向走跑转换时,牵张反射增益会迅速发生改变（在150 ms内）（Stein，1991）。

体感系统受损会导致步态共济失调。当外周或中枢本体感觉通路受到影响后,患者通常感觉不到下肢在空间中的位置,有时甚至无法感知身体在空间中的位置。当中度感觉失调发生时,步态的运动形式可能还未变得异常,但当视觉线索减少或异常时,步态共济失调会更加严重。患者将会步履蹒跚或是步态不稳定,严重者可能会丧失行走的能力。通常情况下,由本体感觉主导的牵张反射会在整个步态周期内不断对步态进行调整,尤其是在支撑末期对腓肠肌和比目鱼肌的调整能够使人们适应不规则的地面情况,以及协助推动人体向前行进,但在摆动期,腓肠肌和比目鱼肌的活动受到抑制,避免由踝关节背伸引起的牵张反射导致跖屈发生。如果失去了这些本体感觉的输入信息,步态的功能性调整会发生紊乱（Zehr et al.，2004）。

2. 视觉系统

视觉系统(vision system)的反馈信息可从多个方面影响步态控制。首先，视觉可以帮助我们判断行进的速度(Lackner et al.，1988)。有研究发现，如果将经过受试者的视觉流速率提高一倍，所有的受试者步幅都有所增加。其次，一半的受试者感觉到每一步的发力都比平时减弱。还有一部分受试者感觉他们的步频比平时快了一倍(Lackner et al.，1992)。

视觉流信息会帮助人对重力和环境进行判断，从而对身体姿势做出一定的调整。例如，当研究者将房屋环境进行倾斜改造之后，受试者在跑步机上跑步时也会前倾躯干，使之与房屋倾斜方向一致，从而代偿视觉信息带来的身体姿势向相反方向倾斜的运动。

视觉信息在步态的前馈控制中发挥重要的作用。当视觉系统受损时，步态稳定性和适应性都会受到影响。视觉受损的患者通常会走得很慢，除此之外他们还会依赖听觉线索来对空间中的障碍物进行定位。如果单侧的视觉缺失(偏盲)，患者对侧感知步态干扰的能力也会受到影响，最终影响患者的路径规划和障碍物躲避能力。

3. 前庭系统

维持头部的稳定是确保步态稳定性的重要因素，因为两大重要的感觉系统：前庭系统(vestibular system)和视觉系统都位于头部(Berthoz et al.，1994)。耳石器官，包括椭圆囊和球囊，可感受到头部相对于重力方向转动的角度。视觉器官，又为我们提供了主观垂直视觉(visual vertical)。

成年人通常会通过俯仰(向前)旋转和改变头部垂直位移来维持其在矢状面上的稳定性(Pozzo et al.，1990，1992)。头部会精确地稳定在一个范围内(通常只有几度)，使之能够有效地适应前庭反射，这也是头部运动中稳定视线的重要机制。有假说认为，步行的姿势控制并不是自支撑面向上，即所谓的"自下而上模式"(bottom-up mode)，而是来自视线控制，即一种"自上而下模式"(top-down mode)，在这种模式中，头部的运动独立于躯干的运动。有研究证明，双侧复杂病变的患者头部运动无法维持头部的稳定(Berthoz et al.，1994)。

前庭系统受损对步态控制的影响与受损发生年龄有关。例如，前庭功能受损发生在婴儿时期，患者成年后可能会表现出正常的姿势与步态控制模式。但如果受损发生在成年时期，患者则会表现出步态共济失调及难以维持头部稳定性，患者的步速减慢，双侧支撑期和跨步长时间都会增长。

(二) 主动式步态调整策略

主动式步态调整策略主要关注的是使用感觉输入来调整步态模式。第一，视觉输入可以帮助人判断环境中障碍物的位置，为步行活动导航。第二，人可以通过预测来判断一些步行同时进行的动作任务是否存在不稳定因素，如步行中搬运物品，从而对步态模式做出调整。

视觉参与的主动式步态调整策略主要包括避让式和适应式策略。避让式策略包括：①调整足放置位置；②增加足廓清来躲避障碍物；③当判断障碍物无法躲避时，改变行进方向；④停止运动。大多数的避让式策略可以在一个步态周期内完成，但在改变行进方向时，需要人提前在上一个步态周期做出调整。调整足放置位置的方式有多种，当足不需要跨过

第七章
拓展阅读3

身体正中线时,可增大步长而非减小步长,或者将足放置在障碍物内侧而非外侧的方式来进行调整(Patla,1997)。

适应式策略主要是指长期的步态调整,如在冰面上行走时减小步长,或者在爬山时将肌肉发力转变为由足到髋和膝传递。适应式调整策略在调整足放置位置时通常不是使用简单的动作任务,而是复杂的、任务指向型的改变(Patla,1997)。

三、步态的下行调节通路

尽管中枢模式发生器能够产生固定的运动模式,以及调整步态发生适应性变化,但来自高级大脑中枢的下行调节通路(descending influences)对于步态控制的作用至关重要。大多数的研究通过沿着神经轴切除动物的大脑,观察接下来动作行为变化的方式,从而定义高级中枢在步态控制中的作用(Pearson et al.,2000)。较为常用的三种动物处理方法包括去脊髓、去大脑和去大脑皮质。

1. 去脊髓处理

对去脊髓处理的动物,通常需要使用外接的电刺激或药物刺激来诱发动作行为产生。去脊髓处理的动物受到刺激后产生运动模式的特点如下。

(1)几乎正常的肢体内部与肢体之间节律性激活模式。

(2)可发生功能性调整反射活动。

(3)同时可产生其他节律性运动模式。

2. 去大脑处理

对去大脑处理的动物,脊髓、脑干和小脑的完整性得以保存。脑干中有一片"中脑运动区域"在姿势和步态的下行调节控制中起到了重要的作用。去大脑处理的猫无法在跑台上正常行走,但如果对中脑运动区域进行电刺激时,猫又可以呈现出正常的步态模式(Shik et al.,1966)。这就说明了来自中脑运动区域的神经可以激活内侧网状结构,进而激活脊髓运动系统。去大脑处理的动物运动模式的特点如下。

(1)相较于去脊髓处理,可表现出更为协调的激活模式。

(2)产生可承重运动模式。

(3)产生主动向前推进的运动模式。

当脊髓模式发生通路被激活,由于缺乏脑干和小脑的调节作用,动物能产生异常夸张的步态。这是因为在正常情况下,每一个步态周期中,小脑都接收到了来自运动中感觉接收器的传入信息反馈(经由脊髓小脑通路),同时发送出调整信号到脑干,通过脑干核团传递到脊髓(经由前庭脊髓束、红核脊髓束和网状脊髓束通路),作用于运动神经元,根据任务特性要求精准地调节运动模式(Grillner et al.,1979)。

小脑对于步态调整有着重要的作用,首先,有假说认为脊髓小脑背侧束能将肌肉的感觉输入信息传递至小脑,并且它在运动中的激活是具有周期性的。其次,脊髓小脑前束被认为能接收来自中枢模式发生器相关脊髓神经元信息输出,并将信息传递至脑干(Arshavsky et al.,1972a,1972b)。步态控制中某些自动化步骤与小脑中间区有关,这部分结构能够接收体感、视觉和前庭系统的输入信息,同时将信息传递至脑干网状结构。小脑中间区大部分可以根据体感信息输入对步态进行调节,当在新的环境中视觉信息变得非常重要时,侧脑干可以依据视觉输入对步态进行调适(Takakusaki et al.,2008)。小脑对于步行活动的调适更多的是改变踏步模式的形式,而非改正错误动作模式的方式。例如,当动物走在不平整的路面上时,下肢会根据对障碍物的视觉判断抬高或放低。这些肌肉反应的调试主要通过以下步骤:首先,步态节律传达至小脑,小脑及时推断下一个运动究竟是屈曲还是伸展。其次,小脑会依据视觉信息产生下行控制指令,在精确的时间点变换屈伸运动(Keele et al.,1990)。

3. 去大脑皮质处理

去大脑皮质处理只移除了皮质,保留了基底核的完整性。不同于去脊髓处理方法,去大脑皮质动物不需要任何外界刺激就可以产生运动。去大脑皮质动物运动模式的特点如下。

(1)能够维持步态的动态稳定性。

(2)能够发生合理的、正常的、目标导向性的运动模式。

虽然去大脑皮质动物不需外界刺激就可产生运动,但大脑皮质对于步态的控制,尤其是在不平稳地面上步行至关重要。对于去大脑皮质处理来说,视觉在步态调整中扮演着关键的角色。视觉控制通路可以帮助我们从不同的视角识别物体和地面平整度,同时以自我为中心的方式处理这些信息,从而使我们能够在空间中更高效地移动。除此之外,上丘脑的视觉输入可帮助我们在视野范围内定位至新的刺激。行走的人总是能够注意到周围的物体,甚至当没有障碍物具体位置的视觉信息情况下,人们还是能够调整自己的步态。有假说认为海马体是处理拓扑信息的地方,顶叶皮质(接收视觉和体感信息)可以提供三维空间的矩阵信息,额叶皮质及基底核以一种以自我为中心的方式将这些信息转换为合适的空间运动模式(Paillard,1987;Patla,1997)。

正如上一章节中阐述的,脊髓中的中枢模式发生器对于步态控制是具有作用的。有大量脊髓损伤的患者进行减重支撑步态训练研究证明了脊髓中枢模式发生器对于步态模式的产生具有重要的作用(Dietz,1997;Zehr et al.,2004)。同时,运动活动的调整也与外周反馈影响中枢模式发生器活动有关,因此反馈通路中的活动可以作为推测中枢模式发生器活动的证据。例如,皮肤触觉反射活动可以用来推断中枢模式发生器活动的发生。在新生儿中,关于中枢模式发生器存在的证据尤为明显,因为此时大脑的下行传导通路尚未发育完全。例如,尽管没有发育成熟的锥体束,新生儿仍有蹬踏运动;除此之外,新生儿对于步行中的干扰也会产生反射活动(Pang et al.,2000,2001,2002;Pang et al.,2003)。这些证据进一步帮助我们证实了中枢模式发生器在人类中的存在。

研究还表明,步态过程中胫骨前肌两次活动爆发(一次在支撑末期,一次在摆动末期),其中第一次是由中枢模式发生器引发的,第二次是由皮质产生的。在临床上,脑卒中患者的主要问题发生在第二次爆发。越来越多的证据也表明,皮质网状通路对于步态发生前的动作准备也有一定关系。除此之外,前运动区和运动辅助区也对步态规划和调整起作用,如果患者的这些皮质区域发生病变,就无法启动步态或者呈现冻结步态(Zehr et al.,2004)。

四、步态中的姿势预期调整

　　成年人从静止站立到启动步态通常以放松控制姿势的肌肉（如腓肠肌和比目鱼肌）开始（Carlsöö，1966；Herman et al.，1973）。对于人体的平衡控制系统来说，启动步态与开始向前摔倒类似，因为两种动作都需要向前迈步。腓肠肌和比目鱼肌活动的减弱通常在胫骨前肌激活之后，胫骨前肌的激活可以帮助踝关节背伸，推动重心向前移动，为足抬离地面作准备。如图7-7所示，在静止站立时，足底压力中心位于左右足中间，踝关节之后。当步态启动时，压力中心先是向后向外移，朝向摆动侧移动，然后再向前移，朝向支撑侧移动。2岁半的孩童开始出现这种压力中心预先后移的特征，当6岁时，压力中心预先后移会成为习惯性的运动特点。

　　当足底压力向后朝向摆动侧移动时，两侧肢体通过激活股四头肌和胫骨前肌来抵抗向后的摆动，胫骨前肌的激活能够引起支撑侧踝关节的背伸，拉动小腿越过足，身体向前移动为足离地

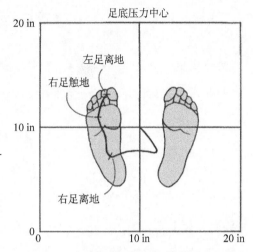

足底压力中心

图7-7　压力中心由平衡的静止站立到启动步态过程中足底压力中心变化的轨迹（Mann et al.，1979）

在步态启动之前，足底压力中心位于左右足中间（1 in＝2.54 cm）

作准备，股四头肌的激活可以防止膝关节屈曲，从而保证小腿能够整体向前移动。因为摆动侧不负重，髋外展肌群的激活能够使骨盆向外倾斜，转向摆动侧。与此同时，腓骨肌群的激活可以稳定支撑侧的踝关节。足离地之后，支撑侧的腓肠肌和腘绳肌可以推动身体向前移动。通常情况下，根据人想达到的步行速度，通常只要1～3步就能完成步态从启动到稳定。

第七章习题　　　第七章参考文献

第八章
注意与唤醒

【导　　读】

　　一次执行多个活动可能是问题,也可能不是问题。熟练的打字员可以很容易地一边打字一边与人交谈,但是初学者不能。一个学习运球的孩子很难同时运球和奔跑,而熟练的篮球运动员可以同时进行这两项活动,甚至更多。一位接受物理治疗的患者告诉治疗师,当她试图走下一段楼梯时,不要和她说话。

　　这些例子提出了一个重要的人类表现和学习的问题:为什么在一种情况下很容易同时做多件事,但在另一种情况下却很难同时做多件事情呢?这个问题的答案来自对注意的研究,因为它与同时进行多项活动的表现有关。

【学习目标】

1. 了解注意的概念;了解注意的认知资源理论和多重资源理论。
2. 了解卡尼曼的注意模型。
3. 了解唤醒的概念,了解倒 U 形假说、内驱力理论。
4. 了解运动员注意分配的特征及测量。
5. 了解警觉警戒和反应延迟的概念。
6. 掌握注意方式理论。

【思维导图】

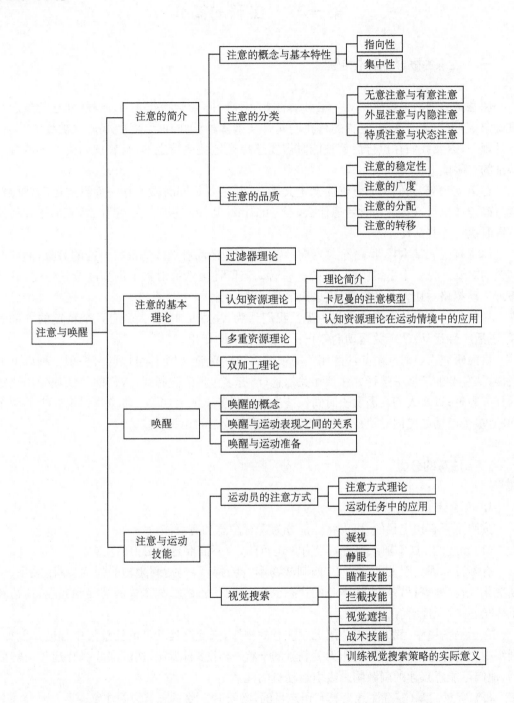

第一节　注意的简介

一、 注意的概念与基本特性

注意是心理活动或意识对一定对象的指向和集中(彭聃龄,2005)。虽然注意的概念很难确定,但人们普遍认为,它指的是我们同时从事多种认知和运动活动(通常被称为"多任务处理"),以及我们在执行运动技能时需要选择性地关注特定的、与表现相关的环境背景特征的有限能力。

在运动领域,人们更愿意将注意定义为"一种需要你同时做不止一件事的运动技能"。通过确定在执行这些活动时考虑什么,不考虑什么,以及在视觉上关注什么,来描述如何能够同时执行这些活动。

注意有两大基本特性,一个是指向性,是指心理活动有选择地反映一定的对象,而离开其余的对象。另一个是集中性,是指心理活动停留在被选择对象上的强度或紧张度,它使心理活动忽略一切无关的事物,使多余的活动被抑制。

如何判断人们的注意是否集中呢? 我们认为,注意集中时,人会有几个特定的外部表现:①适应性运动;②无关运动的停止;③呼吸运动的变化。

目前研究人员对几个与注意相关的领域比较感兴趣,如个体可以同时表现一种以上的技能;从复杂的环境中选择并注意相关信息;当有多个反应选择时,人们需要快速做出决定的任务表现;以及人们在需要长时间保持注意的任务上的表现等。本章将讨论其中的两个问题:多个活动如何同时执行,以及检测和注意环境中的相关信息。

二、 注意的分类

1. 无意注意与有意注意

按照是否有预定目的,可以将注意分为无意注意和有意注意。

(1) 无意注意(不随意注意):没有预定目的,也不需要意志努力的注意。

有多种原因会引发无意注意,如刺激物本身的特点,包括刺激物的强度、对比关系、运动变化、新异性等;另外,个体本身的状态也会影响无意注意,如个体的需要和兴趣、情绪和机体状态、知识经验等。

在运动情境中,我们可以利用无意注意的规律,来提高运动员的注意集中程度。例如,训练中要消除分心的诱因,防止无关刺激的干扰;运用多种方法,选取那些符合运动员需要的、他们可能感兴趣的刺激物来吸引运动员的注意。

(2) 有意注意(随意注意):具有预定目的,必要时需要意志努力的注意。

有意注意的保持会受到多种因素的影响:个体对任务目的的理解程度;是否有间接兴趣的支持;智力活动与外部活动的结合程度;与干扰作斗争的意志努力的程度等。

在运动中要充分利用有意注意的规律,包括明确训练的目的和任务,了解和培养运动员广泛而稳定的兴趣。首先要了解运动员的年龄特征;其次要了解运动员的性别差异;再次要培养运动员的间接兴趣;最后培养运动员的自我控制和自我监督能力。

2. 外显注意与内隐注意

按照是否有外在行为,可以将注意分为外显注意和内隐注意。

(1) 外显注意:是指将视线、身体朝向等直接转移到需要关注的位置过程中的注意行为。

例如,我们听到有人在窗外唱歌,会直接转头去看;我们为了找到一堆水果里的苹果,眼睛会上下左右四处寻找。在运动情境中,我们经常听到教练员要求篮球运动员"注意看球""注意盯人",要求网球运动员"盯着球,直到打到球"等,这都要求运动员使用外显注意。

(2) 内隐注意:是指注意所朝向的位置与实际眼睛注意的位置在不相同条件下的注意行为(在运动中尤为重要)。

例如,在过马路的时候,我们需要眼睛盯住红绿灯,同时又要注意往来车辆的情况,使用的就是内隐注意。网球运动员在准备接球时并不是一直注视着来球,因为眼睛几乎不可能追踪球速高达每小时 120~130 mile(1 mile=1 609.344 m)的来球,并不是"盯球"不重要,而是强调什么时间盯球和盯多长时间球。运动员根据对方动作线索预测球的飞行速度和方向的能力,常常是制胜的关键。

3. 特质注意与状态注意

根据注意特征,可以将注意分为特质注意和状态注意。特质和状态的划分有助于解释为什么一个人在操作活动中会出现很大的不同。

(1) 特质注意:某些注意特征是人格特质的一部分;在不同情境中的表现具有一致性。

注意有特质这种成分,意味着对运动员注意的训练不能只针对特质去进行,因为特质是不能随时调节和塑造的。

(2) 状态注意:有些注意特征依赖于具体情境,是不断变化的,可以调节的。

注意有状态的成分,意味着注意会依据运动情境的不同会有不同的表现,使得我们对注意预测的准确性受到影响。

【案例 8-1】

注意的高度集中是运动员实现巅峰表现的最关键状态之一,几乎所有的运动员都不会否认"专注"在比赛中发挥的重要作用。美国奥运冠军克里斯说:"我在参加比赛的胜负有百分之九十取决于心理状态的好坏。因此,为了使自己的注意能够专注于比赛,我基本在比赛当天不与任何人联系,唯恐分散了注意,我不容许任何外界因素干扰我的比赛。"

三、 注意的品质

注意的品质,是衡量注意质量好坏的指标。注意的主要品质有 4 个:注意的稳定性、注意的广度、注意的分配及注意的转移。

1. 注意的稳定性

注意的稳定性是指注意在时间上的特征,是指在同一对象或同一活动上注意所能持续的时间。狭义的注意的稳定性是指注意保持在同一对象上的时间。而广义的注意的稳定性则是指注意保持在同一活动上的时间。例如,我们在学习的时候,一会看书,一会记笔记,虽然是不同的对象,但都是在完成学习任务。

人很难长时间注意某一事物,其注意的强度会发生周期性的变化,这种现象被称为注意的起伏(波动)。一般起伏的平均周期为 8～10 s。

而当注意离开了任务的要求,脱离了注意的对象,我们称为注意的分散(分心)。它是与注意的稳定性相反的不良注意品质。

有多种因素会影响个体注意的稳定性,包括注意对象的特点、个体对活动的态度、主体的身体和精神状态,以及主体的意志力。

2. 注意的广度

注意的广度是指人在同一时间内能清楚把握对象的数量,也称注意的范围,反映了注意品质的空间特征。通过速示器进行的研究表明,成人在 0.1 s 内一般能注意到 8～9 个黑色的圆点或者 4～6 个没有联系的外文字母。通常我们认为注意广度为 (7 ± 2) 个组块(chunk)。

人们在研究中发现,有一些因素会影响注意的广度。首先是注意对象的特点。组合越集中,排列越有规律,相互之间越能成为有机联系的整体,注意的范围就越大。尽管大小数量相同,规则排列的对象要比无序的更容易把握。其次是任务的复杂程度。任务越复杂,越需要关注细节,注意的广度会大大缩小。例如,用速示器呈现一些英文字母,其中一部分英文字母存在书写错误,要求学生在短时间内判断哪些字母书写有误,并报告字母的数量,另一组学生报告所有字母的数量。结果显示,前者报告字母的数量要比后者少得多。此外,个体的知识经验越丰富,整体知觉能力越强,注意的范围就越大。例如,专业人士能够"一目十行"。

在运动领域不同运动项目对注意的广度要求不一样,如篮球、足球等项目对运动员注意的广度要求较高,而射击项目对运动员注意的广度则没有太大要求。

3. 注意的分配

注意的分配是指在同一时间内把注意指向于不同的对象和活动。注意的分配在人的实践活动中有重要的现实意义。例如,司机一边开车,一边观察路况;篮球中后卫组织进攻准备传球时,要看队友的接球位置,还要注意观察对方防守队员的反应。王静等(2018)研究表明,足球运动员善于将注意更多地分配到场上的关键信息而抑制无关信息的干扰。

人们通过研究发现,影响注意的分配能力的因素主要是注意资源限制和任务难度的限制。不同通道(如视觉和听觉)的作业优于同一通道(如都是视觉任务)。例如,我们可以一边看书一边听音乐;但是如果要一边看书,一边看视频,就很困难了。另外,材料本身的难度较高,任务难度较高,任务的完成程度也会下降。例如,一边读英文文献一边听音乐,相比读中文文献,就要难得多了。关于注意的分配的测量,我们在本章第二节双加工理论部分还会详细介绍。

4. 注意的转移

在实际生活中,我们注意的中心会根据新的任务,主动从一个对象或一种活动转移到另一个对象或另一种活动,这种现象称为注意的转移。不同于注意的分散这种不良品质,注意的转移是主动有效的注意切换方式。

有多种因素会影响个体的注意的转移能力,包括个体对原活动的注意紧张程度,新对象的吸引程度,个体的神经类型、已有习惯,以及个体的自我控制能力等。学习者并不是天生就能忽略无关信息,知道何时何地及如何集中注意(Wilson et al.,2001)。通过教授学习者认识到他们的运动或动作的注意需求,以及提供充足的练习机会,帮助学习者提高他们注意的转移能力,掌握注意转换技能。

第二节 注意的基本理论

一、过滤器理论

过滤器理论是第一批关注注意局限性的理论中最突出的理论之一(Broodbent,1958),有时也被称为瓶颈理论。它认为一个人很难同时做几件事,因为人类的信息处理系统按顺序执行它的每一项功能,而其中一些功能一次只能处理一条信息。这意味着在信息处理阶段的某个地方,系统有一个瓶颈,在这个瓶颈中它过滤掉了没有被选择用于进一步处理的信息(图 8-1)。随着研究的深入,该理论演变出了许多变式,这些变式是基于瓶颈发生的不同阶段。有的观点认为,这个瓶颈在探测环境信息的初始阶段就已经存在;而另一些观点则认为,这个瓶颈发生在信息被感知或经过更深入的认知处理之后。

图 8-1 注意过滤理论所依据的一般信息处理模型
该图说明了信息处理的几个阶段及信息处理的顺序。过滤器理论根据过滤发生的阶段而不同。在过滤之前,系统可以同时处理多个刺激。在图中所示的模型中,滤波器位于检测和识别阶段

这种理论观点流行了很多年,直到人们发现,注意的过滤器理论并不能充分解释所有的实际情况。事实上,信息处理的职能可以并行进行,而不是连续进行,但注意能力有限是因为执行这些职能所需要的资源是有限的。正如你用有限的经济资源来支付你的活动开销一样,我们也只能用有限的注意资源来完成我们可能在同一时间尝试的所有活动。

二、认知资源理论

(一)理论简介
认知资源理论将注意看作是对一组刺激进行归类和识别的认知资源或认知能力。这

些认知资源是有限的。对刺激的识别需要占用认知资源,当刺激越复杂或加工任务越复杂时,占用的认知资源就越多。当认知资源完全被占用时,新的刺激将得不到加工(未被注意)。李爱梅等(2021)的研究表明,在海量信息环境下,注意资源的稀缺加剧,负面的、具体的、信念一致的信息更容易捕获人的注意资源,导致对未来的预期减少,在跨期决策时会表现出短视。

（二）卡尼曼的注意模型

认知资源理论起源于诺贝尔奖得主丹尼尔·卡尼曼提出的注意模型(Kahneman,1973)。虽然这一理论已经提出了多年,但其对注意的认知仍具有深远的影响。尽管一些研究人员指出了卡尼曼的理论在全面考虑注意和人类表现方面存在的不足之处,但它仍然具有很高的应用价值。

卡尼曼认为注意是一种认知努力,他把注意与进行特定活动所需的精神资源联系起来。这些资源的来源位于中心,也就是中枢神经系统;此外,这些资源在任何给定的时间都是有限的。在卡尼曼的模型中,我们获得认知努力的唯一心理资源的来源被描述为一个资源的"中央池"(即可用容量),这个"中央池"具有灵活性。这意味着,可获得注意的数量可以根据与个人、正在执行的任务和情况有关的特定条件的变化而变化。如图 8-2 所示,大圆圈的大小可以根据特定的个人、任务和情况特征而改变。

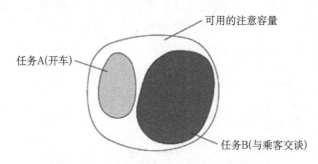

图 8-2 开车时与乘客交谈时的注意容量图

如图所示,如果任务要求的注意不超过可用的注意容量,两个任务(A 和 B)可以同时执行。请注意,可用注意容量的数量和每个要执行的任务所需要的注意的数量可能会增加或减少,这种变化将通过在本图中改变适当的圆圈的大小来表示

卡尼曼认为,一个人对一项或多项活动所能给予的注意是一种总的努力。人们可以对这个池子进行细分,这样个体就可以同时把注意分配到几个活动上。注意资源的分配是由个体活动的特征和分配策略决定的,而这些特征又受到个体内部和外部环境的影响。

图 8-3 说明了如何影响现有资源数量,即一个人如何分配这些资源。首先,请注意,可用资源的中心池(即可用容量)被表示为位于模型顶部的一个方框。波浪线表示可用注意数量的容量限制是灵活的。还要注意,这个方框里有"唤醒"这个词。卡尼曼用这个词来表示,在任何给定的时间里,一个人的唤醒水平会显著影响他的可用注意能力。

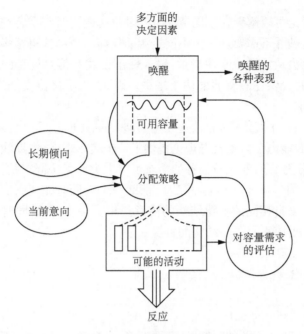

图 8-3　卡尼曼的注意模型

（三）认知资源理论在运动情境中的应用

1. 增加传输给对方的信息量

（1）学会同样好地做出各种反应。要有几种方案，并且使这些方案都有可能被使用。

（2）要学会做假动作。

2. 减少对方传输给自己的信息量

（1）研究对手。了解对方的特点后，正确地预测他的行为，有效地做出反应。

（2）通过战略和策略来减少对方传输的信息量。例如，足球后卫为了防守一个喜欢向右做假动作，再向左移动的对手，可以在其左边加强防守，使他只能向右侧进攻，信息量就有效地被减少了。

三、多重资源理论

多重资源理论认为我们有几种注意资源机制，每一种都与特定的信息处理活动有关，并且能够同时处理的信息数量有限。多重资源理论中最流行的是由 Navon 和 Gopher（1979），Allport（1980）及 Wickens（1980）提出的三种理论。

Wickens 提出了这些理论中最流行的一个。他指出，处理资料的资源有三个不同来源。这三个来源分别是输入和输出模式（如视觉、肢体和言语系统）、信息处理的阶段（如感知、记忆编码、反应输出），以及信息处理的编码（如言语编码、空间编码）。我们能否同时成功地完成两个或多个任务，取决于这些任务需要我们的注意来自共同的资源还是不同的资源。当两个任务必须同时执行并且共享一个资源时，它们的执行效果不如两个任务竞争不同的资源时。

例如,多资源理论可以解释在不同情况下驾驶汽车的同时与乘客交谈情况的变化。当交通通畅的时候,驾驶并不需要从三个不同资源的任何一个中获得很多资源。但当交通变得繁忙时,资源需求会从这两个来源增加:输入输出模式和信息处理的阶段。这也是参与者与朋友进行对话时提供注意资源的两个来源。因此,为了保持安全驾驶,人们必须减少对话活动的资源需求。

多重资源理论的一个优点是,它关注于对各种信息处理和反应结果结构的需求类型,而不是非特定的资源能力。多重资源理论提供了一个实用指南,帮助我们了解为什么有时无法同时执行多个任务么时候执行任务的需求可能太大而无法同时执行。例如,如果一项任务需要手的反应,另一项需要声音的反应,那么一个人同时完成它们应该不会有什么困难,因为它们不需要来自相同的资源结构的注意。相反,人们很难同时做出两种不同的手部反应,因为它们都需要来自同一结构的资源。

四、双加工理论

1. 双加工理论

自动化加工不受认知资源的限制,不需要注意,是自动化进行的;而意识控制的加工受认知资源的限制,需要注意的参与,可以随环境的变化而不断进行调整。意识控制加工在经过大量的练习后,有可能转变为自动化加工。研究注意限制问题的一个常见实验程序是双任务测试。使用这种技术的实验的目的一般是确定同时执行两种不同任务的注意需求和特征。研究人员通常通过一个主要任务与另一个次要任务同时进行时对其中一个任务造成的干扰程度来确定对两个任务的注意需求。

双任务测试中的主要任务通常是兴趣任务,实验者通过观察兴趣任务的表现来评估其注意需求。与进行双任务测试时不同,根据实验的目的,执行人员在单独执行主任务时可能需要也可能不需要保持一致的主要任务表现。研究表明,双任务的急性效应会损害运动员的运动和认知表现(双任务成本)。然而,双任务的训练(慢性效应)改善了工作记忆技能和注意控制(Moreira et al.,2021)。

在双任务测试中,如果实验指令要求受试者注意主要任务,那么次要任务的表现就是研究者推断主要任务的注意要求的基础。另外,如果实验不要求受试者主要参与其中任何一项任务,那么同时执行两项任务时的表现就会与单独执行两项任务时的表现进行比较。在本书中,你会看到使用双任务测试的各种例子。

2. 双加工理论在运动情境中的应用

如果有需要同时调动多个认知通道(如视觉、听觉)或者需要同时完成多个任务,我们可以对相对较容易掌握的内容进行反复训练,使其自动化。当运动员的动作达到自动化或娴熟的程度时,运动员对有效信息加工能力的要求就会降低。章建成(2013)认为,乒乓球运动员在正手引拍、向前挥拍和顺势挥拍时需要较多的注意,在击球瞬间则不需要过多的注意。

第三节 唤 醒

一、唤醒的概念

在任何给定的时间内,影响个体可用注意资源的一个关键因素是唤醒(Kahneman,1973)。唤醒是生物体的一般生理和心理激活,是从深度睡眠到强烈兴奋的连续变化(Gould et al.,1992)。它不应该与焦虑相混淆,后者是一种由个体对威胁情境的感知而产生的情绪——尽管焦虑水平的变化确实会导致唤醒水平的变化。虽然我们的日常表现会受到唤醒水平的影响,但它并不像我们通常认为的那样,兴奋程度越高,运动表现就越好。

二、唤醒与运动表现之间的关系

是不是兴奋程度越高,运动表现就越好呢?研究表明,事实并非如此。耶克斯-多德森定律(Yerkes-Dodson law)指出,要获得最佳运动表现,我们需要一个最佳唤醒水平。如图8-4所示,个体处于较低的唤醒水平时,工作效率较低;处于中等唤醒水平时,工作效率最高;处于较高唤醒水平时,工作效率下降,该理论也被称为倒U形假说(the inverted U hypothesis)。

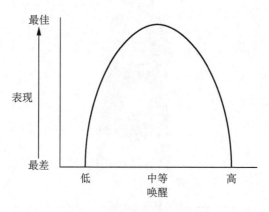

图 8-4 倒 U 形假说示意图

然而,最佳唤醒水平并不是一个常量,它取决于任务性质和执行者的特征。

任务的复杂程度不同,最佳唤醒水平不同。随着任务复杂性的增加——由于精细运动控制、决策和注意需求的增加,低水平唤醒是最佳的。另外,较高的唤醒水平适用于涉及粗大动作、最少决策和低注意需求的任务。换句话说,在进行精密的外科手术和执行强力清洁时,最佳表现的唤醒水平是完全不同的。不同运动项目的最佳唤醒水平也不尽相同。相对而言,对体能要求更高的项目(如拳击)需要的最佳唤醒水平较高,而对技术要求较高的项目(如射击)需要的最佳唤醒水平则相对较低。

另外,执行者的特征不同也会影响最佳唤醒水平,唤醒和焦虑存在个体差异。一个人的自然唤醒水平可能比另一个人高得多(这种情况被称为特质焦虑,指的是一个人将情况视为威胁或不威胁的倾向)。此外,如果一个人认为一种情况是有威胁的(如可能的表现失败),考虑到之前提到的唤醒和焦虑之间的关系,这个人的唤醒水平会上升。天生的高唤醒水平和对威胁的感知结合在一起会使一个人更容易超过最佳唤醒水平。

三、 唤醒与运动准备

线索利用假说(Easterbrook,1959)解释了唤醒和表现之间的关系。根据这个假设可知,注意焦点会随着唤醒水平的不同而发生变化(图 8-5)。随着唤醒水平的提高,执行者对刺激的注意范围会发生变化,最佳的唤醒水平意味着对刺激的最佳注意范围。选择性地注意或集中于特定环境信息的过程被称为注意焦点。在低唤醒条件下,执行者的注意集中范围相对广泛。如果注意集中范围太广,与任务相关和不相关的线索对执行者来说都是可用的。正如前文认知资源理论所言,我们的注意能力有限,就会发生对注意资源的争夺,导致反应延迟和相应的表现下降。换句话说,执行者更容易被无关的环境线索分心,如嘲弄的球迷、场边球员的动作,甚至是比赛设施的外观;其结果将是未能注意到相关的表现信息,如对手的防守阵型的转变。

无关刺激 ←—— 任务相关刺激 ——→ 无关刺激

图 8-5 唤醒水平与注意集中的关系
虚线:过宽;点线:过窄;实线:最佳注意范围

当唤醒接近最佳水平时,注意集中范围缩小,使执行者能够集中于与任务相关的线索,而忽略不相关的线索。这些都是快速而准确地做出决定所必需的条件;个体被认为处于最佳功能作用区域(Hanin,1980),这是导致最佳表现的唤醒水平范围。随着唤醒的持续增加,知觉范围会缩小,也就是说,随着唤醒程度的增加而缩小的注意焦点会继续缩小,并且在某个点上注意的焦点会变得非常狭窄,以至于执行者可能不再能够有效地扫描环境,这可能会导致潜在的重大刺激被忽略。这种现象经常出现在重大赛事开场的几分钟,运动员可能会过度兴奋,他们的注意集中范围变得非常狭窄,以至于他们无法察觉做出适当决策所需的线索。球迷们会感到困惑,如四分卫怎么没能发现一个空位的接球手。

对于救生员、医务人员、消防队员、警察、空中交通管制员和军事人员来说,学会控制唤醒水平是至关重要的。

【案例 8-2】

美国田径运动员迈克尔·约翰逊被誉为只拿金牌的"阿甘",是唯一一位在同一届奥运会上包揽男子 200 m 和 400 m 短跑两枚金牌的运动员。作为田径史上最伟大的短跑运动员之一,他这样描述他在比赛中的单一思维和注意集中:"在竞赛场上我已经学会了如何斩断所有无关比赛的思绪。我只是专注于比赛,我会把注意集中在跑道、弯道、跑,以及我必须要做的事情上。现场的观众和其他对手在我眼前似乎都不存在,赛场上只有我和跑道。"在赛场上,约翰逊缩小了自己的注意范围,专注于比赛,不被场外因素干扰,这是他能取得如此成绩的重要原因。

此外,还有许多技术可用来帮助运动员提高他们的唤醒水平。具体策略包括提高呼吸的节奏和频率,在比赛前听欢快的音乐,以及增加身体活动等。为维持运动员的热情与参与度,练习和康复课程的设计应融入多元化的活动元素。例如,为了减少兴奋,鼓励缓慢而有控制地呼吸,渐进式地肌肉放松(包括交替收缩和放松不同的肌群),积极地自我对话(用建设性的想法取代消极的想法),关注表现而不是结果。

第四节　注意与运动技能

一、运动员的注意方式

1. 注意方式理论(attention styles theory)

1976 年,奈德弗(Nideffer)提出了关于注意焦点的理论观点。他认为注意焦点有两个维度,即注意范围(宽度)和注意方向。注意范围,即个体在瞬间之内能够清晰辨识和掌握的对象数量,这体现了人们所关注和感知到的信息量。注意范围从广阔(关注大量信息)到狭窄(只关注一两个线索),如足球前锋需要总览场地来寻找合适的射门机会;而守门员在对手带球准备射门时需要将注意集中在对手一个人身上。注意方向是指个体心理活动的指向,包括外部注意和内部注意。例如,高尔夫球比赛中,如果运动员关注的是对手或者场地情况等环境信息,这就是外部注意;如果运动员将注意集中在他的思维或者自身动作(高尔夫球挥杆时的手臂运动)时,这就是内部注意。关于注意的研究一致表明,相对于内部注意,使用外部注意可以改善运动学习和表现(Chua et al., 2021)。一项关于精英高尔夫球员的实践研究表明,他们在训练和比赛中使用了不同的焦点组合(长杆和短杆的差异)(Orr et al., 2021)。

注意方式理论主要围绕着注意结构、个体差异与操作成绩之间的关系展开,我们可以将人们的注意方式分为四种(图 8-6)。

图 8-6 注意方式理论示意图

(1) 广阔-外部注意:注意范围广阔并指向外部环境的注意。对于把握复杂运动情景最合适,具有这种能力的运动员预测能力比较强。常用于集体项目,如足球、冰球等。

(2) 狭窄-外部注意:注意范围狭窄并指向外部环境的注意。做出反应的短暂时刻要求这种注意,以便击球或对抗对手,如冰球守门员防守点球、排球运动员执行发球等。

(3) 狭窄-内部注意:注意范围狭窄并指向内部信息的注意。有助于精细把握身体感觉。花样滑冰、射击、体操、跳水等项目的运动员较常用到,如跳水运动员在比赛之前可能要在心里反复排练下一个动作。

(4) 广阔-内部注意:注意范围广阔并指向内部信息的注意。具备这种能力的运动员或教练员善于分析,学习速度快,善于把各种信息纳入自己的知识储备之中,并借此制订训练和比赛计划,预测未来和回忆过去。棋类、台球类运动运用较多。例如,台球选手计划下一次击球时,就需要比较广阔的内部注意。

2. 运动任务中的应用

不同的任务情境对执行者的注意有不同的要求。一般来说,情境越复杂,情境变化越快,运动员就越需要利用外部注意方式。橄榄球、足球、冰球运动员需要广阔的外部注意,而棒球击球手则需要狭窄的外部注意。当分析或计划的要求提高时,为改进技术动作,制订比赛战术计划时,内部注意就变得至关重要了。

成功通常取决于执行者在特定情况下运用适当注意的能力,而且许多情况下要求执行者在整个执行任务过程中不断转移他们的注意。例如,踢点球的足球运动员可能会运用各种注意方式。他需借助广阔-外部注意来评估环境,如守门员的位置和风向等;同时,他还需要通过广阔-内部注意来评估自身的状态。在收集到这些信息后,他的注意会迅速转移,以便决定如何踢出这一球。当运动员在内心模拟即将踢出的球时,狭窄-内部注意是不可或缺的。最终,当运动员迅速做出反应,执行点球时,他会采用狭窄-外部注意。

在注意的转换过程中,也没有特定的模式或顺序可循。例如,在足球运动员准备传球给空位队友时,对手后卫突然出现在空位队友的附近,他就必须迅速从狭窄-外部注意恢复到广阔-外部注意。

二、运动中的重要技能——视觉搜索

真实的运动或者学习情境中,环境信息都是较为复杂的。要成功完成任务,就需要观察环境来定位关键的视觉线索,选择不同的视觉搜索策略。在视觉搜索过程中,有一些重要的概念和技能对于任务完成有着重要意义。

1. 凝视

在这个主动观察的过程中,我们的目光可能落在许多物体上,这被称为凝视。通过观察这些固定的特征,如它们的顺序、位置和持续时间,我们可以推断执行者是如何注意的及注意了什么信息。

视觉搜索任务为在图 8-7 中寻找字母 B。

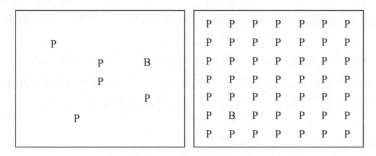

图 8-7 视觉搜索任务图片

2. 静眼

在视觉搜索中,有一个特别的变量,叫作静眼(Vickers,1996),静眼被定义为在一个特定的目标或物体开始运动之前的最后注视。研究表明,与接近精英或技能较低的运动员相比,精英运动员的静眼时间明显更长,开始时间更早,对所执行任务的最佳持续时间也更长。这意味着更高水平的执行者能够更快地看到关键的监控线索,他们有更多的时间来处理信息。在投三分球时,精英篮球运动员比普通运动员有更长的静眼时间和更短的静眼预编码时间,尤其是在高压条件下(Giancamilli et al.,2022)。篮球比赛中,无论是面对防守的跳投还是无防守下的罚球,静眼时间越长,凝视次数越少,表现就越好(Sirnik et al.,2022)。静眼可以帮助运动员处理复杂的信息,并有利于他们在失误后调整,在动态运动中取得稳定的成绩(Vincze et al.,2022)。

3. 瞄准技能

瞄准技能通常包括准确地将物体推向目标(Vickers,2007),如射箭、步枪射击、高尔夫球、篮球罚球、排球发球,以及把球扔或踢给接球手。Vickers(2007)认为,目标可能是固定的、抽象的或移动的,它们需要不同的凝视控制限制(gaze-control constraints),如固定的篮

筐和击剑比赛时移动的对手。

研究人员发现,专家和新手在瞄准任务的视觉搜索行为上存在系统性差异(Vine et al.,2012)。以篮球为例,与新手相比,专业运动员不仅更快地将他们的头转向篮筐,而且他们对目标(篮筐区域)的注视时间更长(Ripoll et al.,1986)。Vickers(1996)进一步指出,对于专家来说,罚球开始前的最后固定时间明显更长。在防守持球人时,篮球项目专家的目光主要集中在防守人的头部,新手的目光主要集中在球上(Meyer et al.,2022)。与次级精英裁判员相比,精英裁判员依赖于更高的搜索率(更多的注视次数,更短的注视时间),但在分配目光的位置上没有差异,这表明精英裁判员搜索得更快,但不一定会将目光指向二者不同的位置(van Biemen et al.,2022)。

4. 拦截技能

拦截技能在本质上是复杂的,因为他们要求执行者追踪一个移动的刺激,判断刺激何时到达何处,并确定和执行适当的肢体运动来拦截它,如涉及打击、捕捉、产生或避免碰撞,以及落地的技能。在其他情况下,如排球扣球出界或球在好球区外,抑制拦截反应的能力对于成功的表现同样重要(Müller et al.,2012)。

拦截技能存在的一个问题是执行者是否必须在视觉上持续追踪移动的对象,直到触碰。几项研究表明,触碰前的持续追踪是不太可能的,接球和传球时,更普遍的反应是把目光放在前面。

专家和新手在知道从哪里及何时发现这些相关指标方面存在显著差异。例如,在足球比赛中,当踢球者靠近球时,有经验的守门员的注意从踢球者的头部到非踢球者的脚,再到踢球者的脚,最后到球,而新手门将更多地关注踢球者的躯干、手臂和臀部(Savelsbergh et al.,2002)。

5. 视觉遮挡

视觉遮挡是研究人员用来检查专家-新手在视觉注意和使用视觉-知觉信息进行预期和决策方面差异的一种技术。在一个典型的范例中,对手执行一项技术(如网球发球)的视频片段是从接发球者的角度向观众展示的。在对手的动作过程中,视频被涂黑以屏蔽视觉信息,通过在动作序列的各个点遮挡观看者的视线(时间遮挡),或遮挡显示的某些部分(空间遮挡),研究人员可以确定接收者何时提取关键的预期信息,以及分别关注对手的哪些动作特征(运动学)(Müller et al.,2012)。

6. 战术技能

战术技能需要快速而准确的情境决策,对相关环境线索的选择性注意,以及模式识别。专家和新手在注视行为上的差异再次揭示了视觉搜索在运动技能表现中的作用,专家比新手具有更快和更准确的决策。

专家与新手在视觉搜索中会关注不同的位置,关注时长也不同。例如,没有经验的足球运动员往往更频繁地关注球和球员传球,而有经验的球员则重点关注其他球员的位置和移动(Williams et al.,1994)。当时间、空间限制较严重时(点球距离 6 m),他们则依靠周边视觉通过微扫视来监测踢球者的行动(Piras et al.,2021)。

7. 训练视觉搜索策略的实际意义

视觉在运动表现中起着不可或缺的作用。因此,许多视觉训练项目被创造出来,以努力提高运动员的表现。广义的视觉训练项目,通常被称为运动视觉训练,由验光师提供,并没有充足的研究支持它们在提高球类运动表现方面的有效性(Abernethy et al.,2001)。

尽管如此,针对运动领域的知觉和决策训练程序已被证实其有效性,这些运动包括但不限于网球、羽毛球、篮球、欧洲手球、高尔夫球和足球等。

Pinder 等(2011)提出,在设计培训活动以提高感知-认知技能时,必须考虑两个关键组成部分。首先,为执行者提供的限制必须复刻运动环境中(功能性)发生的限制。其次,任务必须允许执行者以与他或她在执行任务环境中相同的方式做出反应(行为复刻)。换句话说,"在设计感知认知技能训练时,训练和现实生活中的表现之间应该有高度的相似性"(Broadbent et al.,2015)。

Magill(1998)提供了一些实用的技巧来帮助学习者制订有效的视觉搜索策略。第一,指导和口头反馈应该引导学习者进入关键线索出现的区域。例如,练习者应该引导初学者的视觉注意到球被释放的区域,而不是指导一个新手注意球是如何离开投球的手。第二,实践者应该设计适当的学习经历,在包含常见任务相关线索的情况下提供广泛的练习机会。例如,在线索和最终事件结果之间提供练习的机会可以促进预期技能的发展。第三,学习情境的语境应该包括大量的可变性,同时仍然要求学习者在每次尝试中寻找相同的线索。这种可变性帮助学习者将他们的视觉搜索策略推广到执行任务或比赛情境中。

【案例 8-3】

点球距离近,球速快,守门员在防守时无法同时注意到外界的全部信息,必须采取狭窄-外部注意。因此就需要守门员通过分析注意到的有限信息提前判断罚球者会将球踢向哪一边。不同的守门员在判断中都有自己的办法,有的是看支撑脚距离球的位置,有的是看支撑脚脚尖的指向,有的则是看罚球者的重心变化、身体倾斜度等。例如,前英格兰"国门"罗宾逊说自己在对手摆球的时候就已经通过摆球动作在作判断了。

第八章习题　　第八章参考文献

第九章

记　忆

【导　读】

　　你是否有过在一次聚会上被介绍给某个人,然后甚至在很短的时间内就发现很难回忆起那个人的名字的经历?但是当你毕业多年,你依然可以毫不费力地说出大多数教过你的老师的名字。这与我们对认知或言语信息的记忆的使用有关。如果你上过网球课(如果你没有上过网球课,回忆一下你学习其他运动技能的经历),回忆一下你第一次看到如何打网球的时候,你会发现,很难想起当时为了学球做过什么事情。但这种情况与你学骑自行车时似乎大不相同,即使是已经很多年没有骑自行车,再骑车上路你也是轻车熟路的。

　　记忆在我们所有的日常活动中都扮演着重要角色。无论是与朋友交谈,处理数学问题,还是打网球,我们都需要借助记忆。什么是记忆?我们经常认为记忆是单词储存或回忆的同义词。因此,大多数人认为"记忆"这个单词表示有记忆的能力。记忆研究专家Tulving(1985)指出记忆是"允许生物体从他们过去的经验中获益的能力"。

　　本章我们将讨论适用于运动技能的学习和表现的记忆问题。首先,我们将讨论记忆中包含的不同存储系统;其次,在这个基础上考虑遗忘发生的原因;最后,将讨论如何通过使用记忆策略来克服这些原因,为运动技能的发展获得一个更持久和可存取的记忆。

【学习目标】

　　1. 了解记忆的概念、分类、结构和过程。
　　2. 了解遗忘的概念、进程和原因。
　　3. 了解短时运动记忆与长时运动记忆的规律。
　　4. 掌握提高记忆能力的原则与方法。

【思维导图】

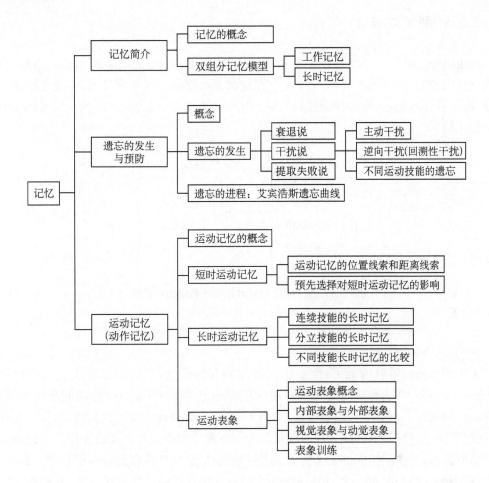

第一节　记　忆　简　介

一、记忆的概念

记忆(memory)是过去经验在人脑中的反映,是在人脑中积累和保存个体经验的过程。记忆包括三个基本环节:识记、保持、再认或者回忆。用信息加工的术语讲,记忆就是人脑对外界输入的信息进行编码、储存和提取的过程。根据记忆过程中信息输入、编码方式的特点及信息存储时间的长短,可将记忆过程分为感觉记忆、短时记忆和长时记忆,三者共同构成记忆系统。三个记忆阶段在信息输入、存储时间、信息容量、信息提取等方面存在明显差异,并具有各自的功能与特点,构成记忆信息加工过程的不同阶段。

人们的一举一动,举手投足都与记忆有关。例如,平时骑车、游泳、刷牙、使用筷子等,哪一项也离不开运动记忆。同样,在竞技赛场上,记忆也发挥着重要的作用,如篮球运动员比赛时怎样发球、怎样上篮等,同样依靠的是自己的技能记忆。

二、 双组分记忆模型

Baddeley(1986,1992,2003)与 Lanfranchi 等(2012)认为,记忆由两个功能系统组成:工作记忆和长时记忆(图 9-1)。每个记忆系统都是根据其功能来定义的,主要集中在三个方面:将信息存入记忆(称为存储过程)、从记忆中获取信息(称为检索过程),以及每个成分的特定功能。

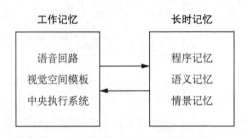

图 9-1　工作记忆和长时记忆子系统的示意图
箭头表示这两个系统的交互性质

(一) 工作记忆

工作记忆是在所有情况下,需要临时使用和存储信息,执行记忆和反应的产生过程(Baddeley,1992)。工作记忆是一种短时间储存信息的场所,也是一种功能活跃的结构。工作记忆的这两个特点使人们能够根据"当下"情境的要求做出反应。为此,工作记忆在决策、问题解决、运动产生和评估、长时记忆功能等方面发挥着至关重要的作用。在影响长时记忆功能方面,工作记忆提供了必要的加工过程,将信息充分转移到长时记忆中。最后,需要注意的是,工作记忆的一个重要功能是作为一个交互式的工作记忆空间,在这里可以进行各种记忆处理活动,如将工作记忆中的信息与从长时记忆中提取的信息进行整合。

根据 Baddeley 的工作记忆概念,它的功能与三个子系统有关。前两个子系统存储不同类型的信息。第一个是语音回路,负责口头信息的短期存储。第二个是视觉空间模板,负责将视觉检测到的空间信息进行短期存储。第三个是中央执行系统,负责协调工作记忆中的信息,其中包括从长时记忆中提取的信息。在神经学上,这些工作记忆的组成部分定位于不同的大脑区域,包括顶叶皮质、布洛卡区、运动前皮质、枕叶皮质和额叶皮质(Baddeley,2003)。

因为工作记忆存储和处理信息,所以工作记忆的每个功能都很重要。信息停留在工作记忆中的时间长度,称为持续时间;在任何时间停留在工作记忆中的信息量,称为容量。

1. 持续时间

我们对工作记忆中信息持续时间的理解来自对短期记忆的研究。Peterson 等(1959)最早报道了与单词记忆相关的研究,我们在 20～30 s 后就会从工作记忆中丢失信息(即遗忘)。Adams 和 Dijkstra(1966)发表了第一个关于工作记忆持续时间与运动技能有关的实验。

2. 容量

Miller(1956)最先提出了工作记忆容量的问题,他认为,我们的短期储存能力大约是 (7±2)个项目。但是如果新创建更大的项目,或米勒所说的"chunk"(组块),能让人们一次回忆远不止 5~9 个单独的项目。然而,研究表明,尽管组块的大小可能会增加,但工作记忆存储它们的容量仍然保持在大约 7 个(Cowan et al.,2004)。

有研究人员进行了对运动工作记忆容量限制的研究。总体而言,他们的结果与 Miller 提出的 7±2 范围一致。例如,在对这一问题的最早调查中,Wilberg 和 Salmela(1973)认为手臂定位运动的 8 个动作序列是运动工作记忆容量的上限。在另一项研究中,Ille 和 Cadopi(1999)要求 12 岁和 13 岁的女体操运动员在观看了一段录像带后再现一组离散的体操动作。体操运动员的回忆表现表明,熟练程度较高的体操运动员的容量限制为 6 个动作,而熟练程度较低的体操运动员的容量限制为 5 个动作。这些年轻体操运动员的结果与 Starkes 等(1987)对年轻熟练程度较高的芭蕾舞者的研究报告一致,他们证明了 8 个动作序列是他们的能力极限。

研究证据表明,高技能的个体(专家)似乎具有比一般人群更大的工作记忆容量, Ericsson 和 Kintsch(1995)提出了一种记忆机制,他们称为长期工作记忆。除了具有更大的工作记忆存储容量,专家们执行某些次要任务时,也不会影响他们擅长活动的表现。当从事某项活动的专家必须在执行该活动时获取大量相关知识,他们就会使用长期工作记忆。此外,专家还会使用长期工作记忆来整合新信息和先前获得的知识。长期工作记忆具有技能特异性,这意味着它是作为某一技能的专业知识而发展的,而不是作为工作记忆的共同组成部分。

(二)长时记忆

记忆结构中的第二个组成系统是长时记忆,它是一个更长久的信息存储库,包含关于特定过去事件的信息,以及我们对世界的一般认识。人们普遍认为信息在长时记忆中处于相对永久的状态,而且长时记忆中的信息容量是相对无限的(Chase et al.,1981)。

Tulving(1985)提出了长时记忆的模型,认为长时记忆至少有三个"系统":程序记忆、语义记忆和情景记忆。这些系统的不同之处在于信息如何获取、包含什么信息、信息如何呈现、知识如何表达,以及作为系统运作特征的自我意识。

1. 程序记忆

该系统尤其重要,因为它与运动技能信息的存储和检索有关。它是一种让我们知道"如何做"某事的记忆系统,而不是让我们知道"该做什么"。对于运动技能的表现来说,程序记忆至关重要,因为运动技能的评估是建立在产生适当动作的基础上,而不是简单地口头说出来要做什么。根据 Tulving(1985)的观点,程序性知识只能通过"显性行为反应"来获得,也就是运动技能中的身体实践。

2. 语义记忆

根据 Tulving(1985)的观点,语义记忆的特征是"将感知不到的世界状态呈现给我们"。这意味着,我们在这个记忆系统中储存了我们从许多经验中发展出来的关于世界的一般知识。这包括具体的事实性知识,如哥伦布何时到达美洲或美国最高建筑的名称,以及概念性知识,如我们对"狗"和"爱"的概念。

3. 情景记忆

我们在情景记忆中储存我们对个人经历事件的知识,以及它们在主观时间内的时间关联。正是这种记忆系统使我们"在精神上'穿越'到过去"(Tulving, 1985)。Tulving(2002)认为情景记忆"以一种其他类型的记忆或记忆系统所没有的方式面向过去",并且是"唯一允许人们有意识地重新体验过去经历的记忆系统"。情景记忆通常表现为记住一些经历或情节。当一个人从情景记忆中回忆一段经历时,这是对该事件的个人回忆。对于执行运动技能来说,情景记忆可以作为信息的来源,为你即将到来的表演做好准备,或者帮助你确定你现在做错了什么、你曾经做错了什么。

【案例9-1】

马龙曾经说过,"我从小打球,直到现在,严格要求自己训练,这几乎没变过,一直都是这样!我的记忆力特别好,对数字记得很牢——像我夺冠的比赛,何时在何地,对手是谁,我几乎都记得一清二楚!我第一次夺得巡回赛冠军,记得是2007年的科威特——但数字并不代表什么,或许只是累了时,想一下,能让我感觉到一种骄傲,但到了比赛场上,就不会想这些了。我觉得,赢下一场比赛,要比这些数字更有意义。"

马龙在2003年进入国家队,如今,马龙早已成为"六边形战士",但在成为国手的前2年,马龙的乒乓球之路,一度走到了十字路口。马龙出生在辽宁鞍山,11岁进入辽宁省体育学校,13岁那年,北京市西城区体育运动学校的教练关华安相中了马龙。就这样,马龙被带到了北京。2004年,作为世青赛的单打冠军,马龙开始了火箭一般的蹿升之旅,那一年的全国锦标赛,马龙连续战胜刘国正、王皓等名将冲进决赛。在冠军争夺战中,16岁的马龙负于王励勤获得亚军。在老大哥们逐渐淡出国乒阵容后,马龙挑起了大梁。2016年在里约马龙夺得奥运冠军,成为首位集奥运会、世界杯、世锦赛、亚洲杯、亚运会、亚锦赛、巡回赛总决赛、全运会单打冠军于一身的超级全满贯男选手。

"六边形战士"能够始终处于乒坛的顶级行列,不只是依靠天赋。秦志戬在接受采访时也表示,马龙的记忆力特别好,很多比赛的经历,他都记得。马龙自己也承认:"对于输给外国人的不好回忆,不可能不想,我的记性太好了,深刻点的(比赛和事)就会(在脑海里)不停地过电影!"

第二节 遗忘的发生与预防

一、概念

遗忘(forgetting)是指识记过的事物不能重现和再认,或者是重现和再认发生错误的现象。它是和记忆相反的心理过程。可能是由于记忆痕迹的消退,也可能是其他信息的干扰。遗忘可分为暂时性遗忘和永久性遗忘,不完全遗忘和完全遗忘。

在运动技能学习的过程中,也会时常发生遗忘现象。当运动参与者学习一种新的技能后,没有及时练习,第2天会很难将技能完整地复述下来。这是由于技能的复杂程度较高,随着时间间隔的增加,发生了遗忘。而1个月以后,如果再考察参与者,在没有经过练习的情况下,会发现参与者很难完全回忆起运动技能是如何发生的。

二、遗忘的发生

(一)衰退说

当遗忘随着时间的推移而发生时,其原因在文献中通常被称为痕迹衰退(trace decay),也就是记忆痕迹得不到强化而逐渐衰弱,以至于消退。时间无疑是长时记忆中储存的信息发生遗忘的影响因素,但更有可能的是,遗忘涉及信息的错误放置或其他活动的干扰,而不是其衰减或恶化。原因之一是长时记忆中储存的信息具有相对永久性的特点。因此,遗忘通常指的是检索问题,而不是指记忆中不再存在的信息。

(二)干扰说

在学习和记忆之间受到了其他刺激的干扰,从而发生了遗忘。

1. 主动干扰

主动干扰是指在信息呈现之前发生的,并对记忆该信息产生负面影响的活动。研究表明,主动干扰是造成工作记忆中的运动信息发生遗忘的一个原因。例如,Ste-Marie和她的加拿大同事进行的几项研究表明,在实际比赛中,体操裁判根据他们对体操运动员在热身阶段的行为表现的观察,会产生判断偏差,从而表现出主动的干扰效应(Ste-Marie et al.,1991;Ste-Marie et al.,1996;Ste-Marie et al.,2001)。

2. 逆向干扰(回溯性干扰)

如果干扰活动发生在执行动作之后(即在记忆的间隔时间内),并且导致比没有执行动作时更差的记忆表现,那么这种遗忘被认为是由回溯性干扰造成的。干扰活动和记忆动作之间的相似性程度是一个重要因素。例如,在 Smyth 和 Pendleton(1990)的实验中,实验者展示了四个动作的序列,如头向前弯曲、两臂在身前抬至水平、膝盖弯曲、左腿向一侧抬起。在保持一段时间后,要求受试者必须按特定顺序(连续回忆)或任意顺序(自由回忆)执行这些动作。五种不同的延时间隔和活动条件对回忆的影响如图9-2所示。这些结果表明,只有当受试者回忆与记忆动作相似的动作时,回忆表现才会显著受到延时间隔的影响。

现有的研究证据表明,对刚刚呈现动作的回溯性干扰发生在两种特定的情况下。一种情况是保持期间的活动与必须记住的动作相似,另一种情况是活动和要记住的动作超过了工作记忆或注意容量的限制。

3. 不同运动技能的遗忘

对于储存在长时记忆中所有类型的运动技能,时间间隔长度或活动并不具有相同的遗忘效果。研究证据表明,某些类型的运动技能比其他类型的长时记忆效果更好。在记住如何骑自行车方面,即使你在几年内没有骑过,你骑自行车也可能依旧没有什么困难。然而,当你去组装在学会骑车的同一时期学会的很快组装好的拼图碎片时,可能会有些困难。

连续运动技能通常比分立技能更能抵抗长期的遗忘,尤其是当该技能涉及我们所说的连续运动技能中所产生的一系列离散运动时。人们提出了几个原因来解释为什么会出现这种差异。其中一个原因是两种技能中言语成分的大小不同。分立技能的言语成分很大,而连续

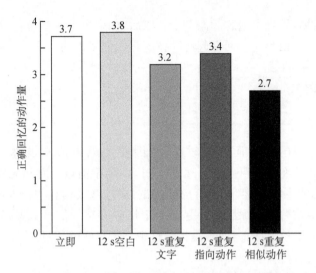

图 9 - 2　Smyth 和 Pendleton 的自由回忆实验结果
(Smyth et al. , 1990)

技能的言语成分很小。这一特点很重要,因为技能中的言语成分似乎比运动成分更容易随着时间的推移而衰退。另一个原因是连续技能比分立技能被练习得更多。如果你考虑一下这两种技能的是怎么发生的,这一点就很明显了。对于分立技能的一次实验通常是该技能的一次表现,而对于连续技能的一次实验则是该技能在更长的一段时间内的多次重复。因此,对一项连续技能的 50 次试验比对一项分立技能的 50 次实验产生更多的技能重复练习的记忆。

（三）提取失败说

储存在长时记忆中的信息是永远不会丢失的,我们之所以对一些事情想不起来,是因为我们在提取有关信息的时候没有找到合适的提取线索。在运动技能的学习中,常常会发生这样的情况,明明学习过这项运动技能,但在复述的时候,完全想不起来动作。提取失败的现象提示我们,从长时记忆中提取信息是一个复杂的过程,而不是一个简单的"全或无"的问题。如果没有关于某一件事或某个运动技能的记忆,即使给我们再多的提取线索,我们也很难想起来。但同样,如果没有适当的提取线索,我们也无法想起曾经记住的信息。

三、 遗忘的进程：艾宾浩斯遗忘曲线

艾宾浩斯遗忘曲线的结论(遗忘的基本规律)：对于机械识记、长时记忆的材料,遗忘的速度先快后慢,遗忘的内容先多后少,但不会全部忘光。这一规律是艾宾浩斯通过无意义音节记忆实验而获得。在遗忘的过程中,记忆痕迹的多个组成部分以不同的速度丢失,每个组成部分都遵循遗忘曲线的负加速函数(Fisher et al. , 2019)。

最近的研究发现,遗忘速率在不同的时间间隔内可能有所不同,不同时期及不同表征水平的信息可能会表现出不同的遗忘模式(Fisher et al. , 2018)。研究者观察到,参与者对于单词表的记忆在早期表现出一些遗忘,然后在大约 7 天后突然消失。对于叙事文本的记忆在大约 1 h 后被遗忘到平均水平左右。有研究者提出了记忆阶段框架,认为每个阶段具

有不同的特征。通过该框架,记忆的进展可以划分为与神经记忆巩固相关的平行变化的相关阶段(Radvansky et al.,2022)。这些发现对预测记忆和遗忘的研究领域具有重要的意义,如运动训练、目击者记忆或临床治疗。

Adams 等(1966)曾做过一个直线定位反应实验。方法是要求被试者蒙上眼睛,用手向前移至一个主试规定的目标点,然后再返回起始处,间歇一段时间,将目标点移开,再让被试者移至自己认为是原目标点的地方停住,测量该点与原目标点的误差。他们选择了三组被试者,分别强化 1 次、6 次、15 次以后再做记忆测试,结果见图 9-3。

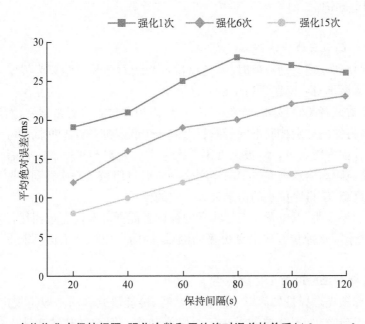

图 9-3　定位作业中保持间隔、强化次数和平均绝对误差的关系(**Adams et al.**,**1966**)

这一实验表明,强化 1 次与强化 15 次时,在间隔时间为 80 s 时达到峰值;强化 6 次时,间隔时间为 120 s 时达到峰值。综合来看,回忆误差会随着时间增加而达到一个峰值。在此以后,回忆误差不再随时间间隔的增加而增加,而是大致稳定在该水平上,也就是说,同言语反应相似,运动反应的记忆也有一个遗忘过程,大致在 1 min 左右完成。该实验还表明,随着强化次数的增加,遗忘的程度下降。克瑞蒂认为,如果训练以后紧跟着对该技能进行心理演练,可能会有助于短时记忆的改善或使短时记忆转为长时记忆(Cratty,1973)。

第九章
拓展阅读 1

第三节　运 动 记 忆

第九章
拓展阅读 2

一、 运动记忆的概念

你有过这样的经历吗? 当我们在记忆课文、英文单词或数理化公式时,隔一段时间不复习就会忘记。可是当你掌握骑自行车、游泳、打球等运动技能后,过了很长时间也不会忘记。这种以身体的运动状态或动作形象为内容的记忆被称为运动记忆,也被称为动作记忆。在早年这一概念刚被提出时,诸多学者提出了自己对这一特殊记忆的看法。Jacoby 和 Brooks(1984)认为运动记忆就是一系列动作信息的仓库。Engelkamp 和 Zimmer(1989)将其称为关于动作事件的记忆。Cook 和 Kausler(1995)认为,相对于言语记忆来说,运动记忆是一种不依赖于复述的记忆。Dixon 和 Glover(2004)提出动作就是记忆的论述。类似于记忆的分类,运动记忆可以分为短时运动记忆与长时运动记忆。

二、 短时运动记忆

1. 运动记忆的位置线索和距离线索

在学习、保持和重现运动技能时,人是以位置为线索还是以距离为线索来回忆所要求的动作呢? 莱布斯等对此问题进行了研究(Laabs,1973)。

首先,他让被试者闭眼移向一个终点,这一终点由主试者告诉被试者,然后将被试者分为两组,主试者将他们分别移向不同于原起点的一个起点准备开始回忆的移动。然后要求 A 组沿原线路移向原终点,这样,被试者第二次移动的距离与第一次主试者引导他们的距离就不同,使得原距离信息失去一定的作用。再要求 B 组按第一次移动的距离再移动同样的距离达到原终点,使得原位置的信息失去一定的作用。

该实验的结果表明,以位置为记忆线索的被试者能更准确地完成回忆任务。这提示我们,以距离为线索回忆原位置时遇到更多的困难,因而定位运动记忆可能更多地依赖于位置线索。

2. 预先选择对短时运动记忆的影响

人们在研究预先选择是如何影响运动记忆时,传统研究方法一般是规定起止点,引导被试者先做一次或数次,再让被试者自己回忆原动作。但这样被试者缺乏主动性和参与感。1973 年,马腾纽克打破了这一传统研究方法,让被试者自己选择一个移动的终点。经过一段记忆间隔以后,让被试者回到原起点重新移动以确定他原来选择的那个终点。结果发现,在自己选择移动终点再加以回忆的条件下,被试者回忆的准确度明显提高。

对这一现象的解释是,假如被试者不知道目标终点将在哪里出现,那么他就不得不依赖感觉线索来分析和确定终点,这导致运动的回忆在一个闭环过程中进行(反应→刺激肌肉知觉装置→反馈至下一个反应)。但如果被试者自己先确定一个终点再对这一动作加以回忆,被试者就是自己预先在头脑中将这一动作编成一个运动程序,即按时间先后安排的运动动作执行步骤,然后,借这一运动程序发出动作,并不考虑运动中的感觉结果,只是在记忆测验中再一次发动这一程序以完成原动作。

三、 长时运动记忆

1. 连续技能的长时记忆

连续技能是指组织方式上没有明确的开始和结束的动作技能,通常指那些具有重复或韵律性质,持续若干分钟以上的动作技能,如跑步、游泳、竞走、滑冰和自行车等。大家可能有这样的经验,多年前学会的一项运动技能,一般不太会遗忘,或一经复习便快速恢复。例如,学会了游泳、打乒乓球或者骑自行车的人,过了若干年以后,虽没有经常练习,但这种技能似乎基本上能够保持,或者很快能够找回感觉,这就是我们对运动技能的保持(边玉芳,2015)。

2. 分立技能的长时记忆

分立技能是指组织方式上有明确的开始和结束的动作技能,通常持续时间非常短暂,如投掷、踢球和排球中的扣球等。与连续技能相反,分立技能的长时记忆测验成绩则很差。

1957年,纽曼和埃门斯曾做过一项实验,让被试者坐在一个大型显示器前,显示器上有8组开关,排成一个圆形,被试者要打开一个内圈的开关,再找出外圈的那个与之相应的开关,如果被试者找到正确的对应开关,电铃将给予指示。被试者要学习到连续2次不出错误为止。然后间隔1 min、20 min、2天、7周、1年,再检查保持时间各不相同的各个实验组的记忆差别。结果,20 min后便开始出现技能衰退,随着间歇时间延长,技能衰退愈加显著,至1年后,成绩下降到比练习起始水平还低的程度,说明几乎产生了完全遗忘。当然,应注意作业的重学成绩要优于间歇前的学习成绩,说明仍有一些记忆保持在被试者脑中。

3. 不同技能长时记忆的比较

长时运动记忆的研究产生了两个令人感兴趣的问题。

第一个问题是,为什么运动技能比言语技能保持的时间更长?第一种可能的解释是,日常生活中人们遇到的言语信息大大超过运动信息,因此言语信息互相干扰的机会更多。第二种可能的解释是,在学习运动技能时,人体开放了更多的信息通道,将更多的信息输入大脑。第三种可能的解释是,运动技能和言语技能常在不同的条件下加以比较,有些运动技能,如骑自行车、游泳,在平时是有更多重复机会的,因此不能说两者哪一个保持的时间更长。

第二个问题是,为什么连续技能(如骑车)比分立技能(如投掷铁饼)记忆得更好?主要原因可能是初学量的不同。我们在学习连续技能时,需要更长时间、更多次数地反复练习,才能初步掌握基本技能;而分立技能的学习则相对要简单得多。

四、 运动表象

1. 运动表象概念

运动表象(motor imagery)是指在运动感知的基础上,在大脑中重现出的动作形象或运动情景。运动表象可以被定义为大脑在没有实际执行的情况下再现运动经验的能力(Vasilyev et al.,2017)。运动表象反映运动动作在时间、空间和力量方面的特点,如身体的位置,动作的幅度、方向、速度的表象。

运动表象是田径运动中常用的心理训练形式。对世界级精英运动员群体的调查研究发现,运动表象的使用率为70%～99%(Ridderinkhof et al.,2015)。运动表象也是网球运动中使用最多的技术。相关研究表明,使用运动表象干预的熟练网球运动员在发球前专注于球和目标的轨迹,比只进行身体练习的对照组参与者有更高的成功率。熟练的网球运动员在进行第一次发球前使用运动表象和激励性的自我谈话是有利的(Robin et al.，2022)。

2. 内部表象与外部表象

内部表象(internal imagery)是以内心体验的形式,表象自己正在做各种动作。内部表象以内部知觉为基础,感受自己的运动操作活动,却"看不到"自己身体外部的变化。内部表象实质上是动觉表象或肌肉运动表象。

外部表象(external imagery)是指从旁观者角度看到表象的内容,即可以从表象中看到自己运动过程中外观上的变化,就好像摄影、摄像获得的结果一样。外部表象实质上是视觉表象,感受不到身体内部的变化。研究表明,内部表象时的肌肉电位活动要高于外部表象时的肌肉电位活动(Mahoney et al.，1977)。

优秀运动员两者兼用,但以内部表象为主。内部表象比较容易产生动觉,体会动作的感觉接近实际的动作。例如,采用内部表象的高尔夫球运动员可能更能体会挥杆时的身体感觉。一位奥运会体操选手说:"有时你像是用摄像机在看,但大部分我都是从内向外看,因为它才是比赛进行中我所看到的。"大家可以尝试以旁观者的身份看表或钟的3点和自己作为表或钟的时针和分针走3个点,体验一下两者之间的差别。前者右手为分针,后者左手为分针。

3. 视觉表象与动觉表象

视觉表象(visual imagery)是指视觉感受器感知过的客观事物重现在脑中的视觉形象。动觉表象(kinestheia imagery)是指动觉感受器感知过的肌肉动作重现在脑中的动作形象。视觉表象和动觉表象在运动操作活动中起着重要作用。对于固定动作而言,如跳水、体操、武术、射击中的固定动作,随着动作技能水平的提高,动觉表象越来越重要,而视觉表象的作用则会下降。有研究表明,在年轻足球运动员群体中,视觉表象与简单视觉反应时和眼手协调有关(Zapała et al.，2021)。如果运动员的注意必须精确地集中在目标上,如在飞镖或沙滩排球中,视觉表象更有效;当需要根据感觉反馈来纠正运动参数时,动觉表象更重要,如在网球运动中。

视觉表象的作用更多地体现在运动技能学习的初级阶段,通过视觉模拟、教练言语纠正、动作的视觉回顾等来学习动作技能及改善错误动作,在学习过程中逐渐形成正确的动觉感受。动觉是一种内在感觉,往往难以对其做精确的描述与分析。从外观上看很相似的一个动作,如同样是一个乒乓球的高抛发球,动觉可能大不相同,起关键作用的部位可能是手臂,可能是手腕,也可能是手指。我们只能通过发出的球间接判断这三部分肌肉的情况。教练员向运动员解释与示范肌肉用力感觉时,因缺乏直观性与清晰性,运动员实际理解和记忆的动觉可能与教练员所希望理解和记忆的动觉大不相同。要把自己的精细动觉传授给他人,比视觉、听觉难得多。教练员有些指示语,如乒乓球训练中"用70%~80%的力""中等力量击球""不发死力"等,仅是规定了质的、方向性的东西,不可能进行精确定量的指导。运动员只能理解总的原则,至于精细的动觉还得靠自己摸索。也有这样的情况,教练员自己本身有正确的动觉表象,但他无法用言语正确描述出来。他可以示范一个十分合理、标准、漂亮的投篮动作,但本来是向前发力,他可能说成是向左前方发力。

4. 表象训练

表象训练(imagery training)是体育运动领域最为普遍的一种心理技能训练,被视为心理技能训练的核心环节。表象训练是指在暗示语的指导下,在头脑中反复想象某种运动动作或运动情境,从而提高运动技能和情绪控制能力的过程。表象训练有利于建立和巩固正确动作的动力定型,有助于加快动作的熟练和加深动作记忆;测验前或比赛前对成功动作表象的体验将起动员作用,使运动员充满必胜的信心,达到最佳竞技状态。例如,跳高时可以想象自己打破个人纪录时的过杆动作,跳远时可以想象自己助跑和腾跃成套动作等,长跑时可在跑步过程中想象盖房子、做算术题或想象自己是一列火车在向前奔跑等,这有助于消除肌肉酸痛和单调乏味的感觉(马启伟等,1982)。

表象训练在纠正错误动作方面发挥积极作用。运动技术的突破不完全依赖运动场上练习次数的多少,更与脑中技术动作的形象有关,通过比较错误动作与正确动作在外显形态上的不同,比较动作成功与失败在运动感觉上的不同,表象训练可以为运动员提供许多靠身体练习难以获得的反馈信息。

表象训练在索契冬奥会上得到广泛应用。例如,虽然比赛之前的训练次数很有限,但是加拿大雪车选手拉什表示,他在头脑中已经在索契冬奥会的赛场上从头到尾滑行上百次了,说道:"一整年里,我都试图将滑道记在脑子里。我在头脑中把整套动作做完,或者只是技术难度较高的几个拐点,这只需要 1 min。你要把它深深印在头脑中,当你真的来到赛场,就不会像是初来乍到。在头脑中所能做到的事是很不可思议的。"

(1)表象训练的依据

1)念动现象(ideo-motion):当产生一种动作表象时,总伴随着实现这种动作的神经冲动,大脑皮质的相应中枢就会兴奋,这种兴奋会引起相应肌肉进行难以觉察的动作。运动表象时引起的这种运动反应称为"念动",即"意念诱发运动"。

2)心理神经肌肉理论(mental-neuro-muscle theory):由于在大脑运动中枢和骨骼肌之间存在着双向神经联系,人们可以主动地去想象做某一运动动作,从而引起有关的运动中枢兴奋,兴奋经神经传出至有关肌肉,往往会引起难以觉察的运动动作。这种神经-肌肉运动模式与实际做动作时的神经-肌肉运动模式相似,这就使得通过念动练习来改善运动技能成为可能。

3)符号学习理论:这种理论认为,表象训练之所以有助于提高运动技能,是因为人在进行运动表象时对某任务各动作序列进行了符号练习。在练习中,可以排除错误动作,熟悉动作的时间空间特征,预见动作的结果。

(2)表象训练的具体方法:表象训练可以分为一般性的表象训练和结合专项的表象训练。

1)一般性的表象训练:包括卧室练习、木块练习、冰袋练习、比率练习及五角星练习等多种方法。

2)结合专项的表象训练:表象训练一般从放松练习开始,因为身体部位的肌肉紧张会影响表象的清晰性。例如,先放松 3 min,再经过"活化"动员,便可开始表象练习。表象不如感知觉那样直观,很难长时间将注意集中在表象上,因此表象时间不宜太长。下面是一个乒乓球运动员进行表象练习的自我指示语:①自然放松 5 min。②活化动员,我已得到了充分的休息。我的头脑清醒,注意集中,全身充满力量,准备投入新的工作。③我正在清晰地想象训练的情境。先看优秀运动员正手攻球的动作,第一板,第二板,第三板……第三十板。现在,我准备练习正手攻球。我可以清晰地想象出场地、灯光、球台、同伴、教练及各种声音。教练正站在对面给我发球,我应特别注意向优秀运动员学习,调整好引拍和挥拍方向、用力程度、击球部位、重心交换、步法移动、放松和紧张的配合及还原动作,第一板,第二板,第三板……第一百五十板。

体育教师或教练员根据不同运动专项、不同练习目的、不同情境设计表象训练程序。例如,田径课时让运动员在暗示语的指导下,头脑中反复想象跑步时蹬地、摆腿、送髋等动作的情境,建立以上动作正确的动力定型;想象的动作情境尽量与比赛一致,如想象面对红色的跑道就像是面对被烧红的钢板,频率慢了,两脚将被烫坏,且对手表现出紧张、害怕,自己却充满信心,奋力冲了过去。

(3)表象训练应注意的问题:在表象训练过程中,要注意一些基本原则。

1)以视觉表象为主逐步过渡到以动觉表象为主:体育教师在教授新的技术动作时,首先要准确地示范,运用整体示范与分解示范相结合的方法,使运动员感知完整的动作形象;鼓励运动员自己想象教师的示范动作,先建立起清晰的视觉表象;要求运动员把视、听信息转化为身体运动信息,体会和把握肌肉运动的感觉,并通过练习实际动作,形成和完善运动动作的肌肉运动表象。对于掌握运动动作,视觉表象是运动表象的前提,而运动表象对运动动作起更重要的指导作用,也更难达到清晰、准确和可控的程度。因此,体育教师应把表象练习的重点放在提高运动表象的质量上,可以让运动员像电影慢镜头那样缓慢地做动作,采用不同重量的器械练习,分别完成整体动作的各个部分,以建立分化知觉,并将其作为动觉表象的基础。

第九章
拓展阅读3

2)利用准确简练的言语提示:在形成和完善运动表象的过程中,言语具有集中和强化的作用。在教学过程中,体育教师要选择明晰简练的言语说明技术动作特点,同时要求运动员用同样的言语记忆,并借助这种言语,提示和巩固相应动作表象。例如,在教授推铅球最后用力的动作时,用蹬(右腿)、转(右髋)、挺(胸)、撑(左侧)、推(右臂)、拨(球)等 6 个字来说明用力顺序,能较准确简明地表达最后用力的特点,使运动员容易记忆并引起相应的运动表象。又如,在学习俯卧式跳高过杆技术时,可让运动员默念"旋、转、收、潜、展",并按此顺序集中回忆过杆时的运动表象。体育教师应注意讲解每一提示语所包含的相应肌肉运动感觉,使运动员在理解肌肉用力的时间、空间、力量特征的基础上记忆。

第九章习题

第九章参考文献

第十章

运动技能学习概论

【导　读】

运动技能需要学习，学习的过程不仅是练习的过程，这一过程中会发生许多变化。个体对技能学习发展过程的把握是高效掌握运动技能的前提。对运动技能学习进行评估，能够帮助指导者全程监控技能学习的进展，了解学习者对技能的掌握情况，确定训练方案的有效性。运动技能学习的过程是变速的、分阶段的，不同的阶段运动技能发展的侧重点也有所不同。通过学习不同的运动技能学习阶段模型，明确不同阶段的发展内容，设计出更科学的训练方案。

【学习目标】

1. 明确表现与学习的定义、区别和联系。
2. 理解与技能学习有关的表现变化。
3. 掌握运动技能学习的测量方法。
4. 掌握运动技能学习的阶段模型，明确不同阶段的特点，如何依据不同的阶段特点指导康复和运动训练。
5. 了解运动技能学习过程中的特征。

【思维导图】

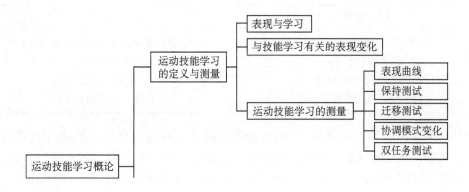

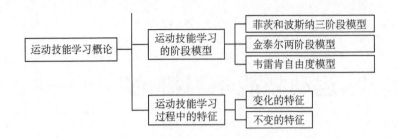

第一节 运动技能学习的定义与测量

当学习者掌握了某项运动技能后,要想提高运动技能水平,势必需要不断地练习,积累经验。在这一过程中,明确学习的内涵,了解可能出现的变化,学会对技能水平进行科学有效评估尤为重要。

一、表现与学习

一名教练发现其学员在进行下蹲动作时常常会出现膝痛且伴随明显的膝关节内扣,为了改善这一学员的下蹲动作,教练尝试了两种方法:一是给予言语提示。当教练进行提示时,学员的技术会有明显改进,然而,没有提示时,技术又会很快倒退。二是将弹力带套在膝上,要求学员下蹲时弹力带保持拉紧。使用这一方法训练数次后发现,即使没有弹力带或教练的提示,该学员都能很好地保持正确的姿势。以上两种方法都可以帮助学员改进下蹲动作,但不难发现,第一种方法的改进效果是短暂的,而第二种方法的改进效果则是长期的、持久的。上述例子说明,短暂、即刻的训练表现提高无法保持,这种提高很可能是没有意义的,而长期的、持久的运动表现提高才能说明学习者真正掌握了运动技能。实际上,许多训练方法都能够使训练中的运动表现得以提高,但只有少数方法能够持续促进长期的运动技能学习。因此,探寻能够持续促进长期运动技能学习的训练方法尤为重要。在此之前,我们需要明确表现和学习各自的定义,以及二者的区别(表 10-1)。

表 10-1　表现与学习的区别

表现(绩效)	学习
可直接观察到的行为	从表现中推测出来的
暂时的	相对持久的
可能不是练习的结果	是练习的结果
可能受表现变量的影响	不受表现变量的影响

表现(performance):也可称为绩效,是指在特定的时间和情境下某项技能的执行水平。可以理解为,表现是某一时间和情境下人体执行某项技能所做出的外在行为,因此表现是可以直接观察到的。因为表现发生在某个时间点或情境下,所以表现是暂时的。这一

行为可能是先天的,也可能是后天习得的,如顺风超风速下的短跑成绩、1 min 单手肩上投篮的进球个数、参加比赛时的跳高成绩等。

表现可能会受到表现变量的影响而发生变化。表现变量(performance variables)是指影响个体表现的因素,包括人的警惕性、状态焦虑、环境的单一、疲劳等。例如,一定水平的状态焦虑会激活运动员的生理状态,但超量的状态焦虑会对运动员的行为表现产生抑制作用,使运动员在大赛的关键时刻发挥失常。同时也会对运动员的生理唤醒水平产生影响,其注意就会被干扰,使运动员产生自我怀疑和对未知结果的恐惧。研究发现,在球类比赛中,运动员在赛场上的状态焦虑水平对发球质量有重大影响。

很多表现变量涉及个体的内在状态。一个人的内在状态是无法直接观察到的,但可以通过观察外在行为推测内在状态。例如,当一个人眉头紧皱时,我们会推测这个人可能不开心。不过,通过外在行为不一定总能正确推测出人的内在状态。例如,一名运动员在赛前不停地喝水,我们会推测这名运动员可能是口渴了,但也可能是过于紧张造成的。

学习(learning):是由练习或经历(经验)而引起的,技能表现出相对持久、内在的变化。学习这一内在变化无法直接观察,因此这一变化是建立在行为基础上的,也就是说,学习只能从表现加以推测。需要注意的是,当表现变量存在时,表现会受到影响,但学习不会,因此通过表现推测学习有可能得出错误的学习评价结论,高估(或低估)学习情况。

在改善下蹲动作的例子中,下蹲时的膝关节内扣是表现,在教练的帮助下,学员下蹲动作由内扣变为正确姿势属于表现的变化。将弹力带套在膝上,要求学员下蹲时弹力带保持拉紧,之后很长一段时间内,即使没有弹力带或教练的提示,该学员都能很好地保持正确的姿势。这一方法使学员的下蹲动作表现得以改善且这一改善是持久的,说明这一方法促进了该运动技能的学习。相反地,另一种方法的表现变化是短暂的,因此不属于运动技能的学习。此外,在这一例子中,学员在教练的指导下完成训练获得正确下蹲动作的这一过程称为运动技能的习得阶段。而学员在后续的长时间内都能保持正确的下蹲姿势,这一阶段称为运动技能的保持阶段。结合学习的概念可知,习得阶段的短暂表现无法评估运动技能的学习,评估运动技能学习的标准应为保持阶段的表现。

二、 与技能学习有关的表现变化

运动技能表现是可以改变的,当受到表现变量的影响时,表现会出现短暂的变化,但是在实际的运动训练与康复中,我们会希望技能的表现水平得以提高且能够一直维持,因此需要进行技能学习。学习使得技能表现发生的变化具有以下六大特征。

1. 提高性(improvement)

技能表现在一段时间内有所提高。也就是说,个体操作技能的水平会随着学习时间的推移逐渐提高。但是,学习并不是总能提高技能水平的,练习不当或运用错误的经验时会阻碍技能水平的提高。此外,在技能习得的过程中可能会观察到某些阶段表现水平没有提高甚至下降,但从整体趋势上看会发现技能表现水平是提高的。

2. 一致性(consistency)

随着学习的进步,每一次的技能表现会越来越一致,即从一次表现到下一次表现,个体的表现特征变得更加相似。在学习的早期，每次表现通常是完全不同的，但随着学习的不断推进，最终每次表现会变得非常一致。例如，在学习网球正手击球的早期，学习者每次挥拍时身体各环节的运动轨迹会有很大差异，球的落点范围也会很大，但是经过学习后，每次的运动轨迹会变得越来越相似，球的落点也会更加一致，范围更小。

3. 稳定性(stability)

学习者在有一定干扰的情况下仍能保持相同技能表现的能力。表现的稳定性越高，干扰对表现的影响越小。干扰包括内部干扰和外部干扰。最常见的内部干扰是压力，外部干扰是环境条件(如路上的障碍物或恶劣天气等)。例如，与平时练习相比，学习者在考试时压力更大。若考试时的技能表现与平时练习一致，则表明该学习者的表现稳定性高。反之，若由于压力使得考试时的技能表现比平时练习差，则表明该学习者的表现容易受到干扰，表现稳定性低。随着学习的进行，表现的稳定性会提高，干扰对表现的影响会减小。不过，个体能够克服的干扰量是有限的，当干扰量超过个体所能克服的极限时，即使学习者的表现稳定性高，技能表现水平依然会由于无法完全克服干扰而导致一定程度的下降。

4. 持久性(persistence)

技能表现的变化能够维持相对较长的时间。经过一段时间的练习后学习者的技能表现会产生变化，这一变化不是出现在特定的某一时刻或某一情境下的，且短时间内这一变化也不会消失。例如，一学习者练习排球垫球，练习前连续垫球个数为 3 个，经过一段时间练习后连续垫球个数增加为 15 个。假设不存在表现变量的影响，那么即使不再进行练习，学习者仍能在较长的一段时间内保持 15 个连续垫球的表现水平。持久性特征与学习的定义有关，学习的定义强调的正是相对持久的表现改变。

5. 适应性(adaptability)

已经提高了的技能表现能与各种表现情境特征(performance context characteristic)的变化相适应，有部分研究人员也将这一特征称为概化性(generalizability)，即能够将某一情境中获得的操作技能表现推广运用到另外的情境中。实际上，运动技能的操作情境往往是变化的，不可能每一次都完全相同。例如，在篮球比赛中投篮的位置常常会发生改变；打羽毛球时可能会处于顺风侧也可能处于逆风侧；马拉松比赛时可能会遇到炎热的晴天也可能遇到寒冷的雨天。除了上述的环境变化(包括天气、技能执行的地点等)之外，操作情境的变化还包括学习者自身的情绪状态变化、技能本身的特征变化等。当个体进行了某项技能的学习后，能够使自身适应上述的情境变化。即使处于不同的操作情境下，学习者都能够很好地执行操作技能，且技能表现不会由于情境改变而出现异常。

6. 注意需求减少(reduction in attention demand)

随着技能表现水平的不断提高，学习者执行相同技能时所投入的注意需求会减少。技能表现水平提高后，学习者在进行双任务测试时，主任务的完成水平不变，但主任务的注意需求会减少并投入到更多次任务操作中，使得次任务的操作表现变优。例如，在学习骑自行车初期，学习者需要将大量的注意集中在对自行车的控制上，若此时旁边有一个人与学习者进行交谈，学习者可能不仅无法理解交谈者所说的内容而且还会翻车。但是当学习者能熟练地骑自行车时，不仅能轻松自如地把控自行车，而且还能够与交谈者对答如流。

三、 运动技能学习的测量

无论是学习数学、语文、英语，还是学习钢琴、小提琴或笛子，所有的学习都需要不断地检验学习效果来确定学习者的掌握情况。数学、语文、英语可以通过不同难度的题目检验学习效果，钢琴、小提琴或笛子等艺术类的技能可以通过不同等级的考试进行检验。运动技能学习的效果又如何检验呢？学习是一种内在状态的变化，因此无法直接观察，但是运动技能学习的过程可以认为是表现变化的过程，因此根据上文所述的与运动技能学习有关的变化特征，可以找到科学、定量检验运动技能学习效果的测量方法，使康复师或教练准确把握患者或学习者的学习情况，进而制订更为合理有效的运动技能学习方案。那么到底如何进行运动技能学习的测量呢？

（一）表现曲线

第一种运动技能学习的测量方法是通过测量表现的变化情况推断学习。将学习者练习阶段的每一次操作结果都记录下来并绘制所成的曲线称为表现曲线（performance curve）。表现曲线是用来描述一系列特定时段或表现后不同表现水平的折线图，Y 轴（纵轴）表示表现水平，X 轴（横轴）表示测量表现所用的时间。表现水平指单位时间内完成的数量或正确率，也可以是反应时、错误率、距离、位移、速度、加速度等指标。

运动技能的测量可分为运动结果测量和运动特征测量两类，将两类测量结果绘制而成的曲线分别为操作结果测量的表现曲线和操作过程测量的表现曲线。

1. 操作结果测量的表现曲线

操作结果测量的表现曲线能够详细描述操作表现随时间变化而变化的情况。图 10-1 是某学习者学习一项复杂的跟踪任务操作，根据操作结果绘制而得的表现曲线。该任务要求学习者移动鼠标紧跟电脑屏幕上的指针运动完成操作。每次练习持续 15 s。测量结果以均方根误差（RMSE）的形式表示，均方根误差越小表明操作表现越好。从图 10-1 中可

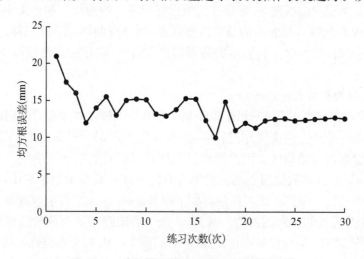

图 10-1　个体学习轨迹追踪任务的练习曲线

知:第一,表现曲线总体趋势是下降的,表明操作表现不断提高(体现了表现的提高性);第二,表现曲线从开始的变化幅度较大到最后趋于平缓,表明每次操作的表现逐渐一致,表现一致性逐渐提高。

当学习者在学习某项新技能时,表现曲线的一般趋势有四种(图 10-2):直线形、负加速形、正加速形和 S 形。图 10-2 中曲线 a 是直线形,是随着时间推移,表现水平呈正比例增长,全过程提高速度不变;曲线 b 是负加速形,是在学习初期表现水平提高较快,但随着时间推移,提高速度逐渐变慢;曲线 c 是正加速形,是在学习初期表现水平提高较慢,但随着时间推移,提高速度逐渐加快;曲线 d 是 S 形,属于前三种曲线的复合体,是在学习的初期表现水平提高缓慢,之后提速,学习中期表现水平呈正比例增长,学习后期表现水平提高再次减慢。

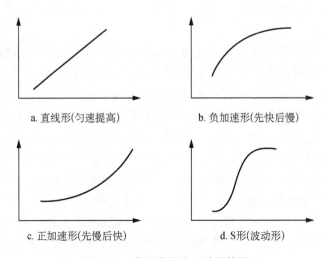

a. 直线形(匀速提高)　　　　　　　b. 负加速形(先快后慢)

c. 正加速形(先慢后快)　　　　　　d. S 形(波动形)

图 10-2　表现曲线的四种趋势图

当我们在运用表现曲线时,一定要注意纵坐标所表示的指标。如上文中某学习者复杂跟踪任务的表现曲线纵坐标表示的是均方根误差,则表现曲线呈下降趋势时,表现水平反而提高。故当表现曲线的纵坐标表示的是误差量或时长,往往表现曲线呈下降趋势时,表明表现变好。

2. 操作过程测量的表现曲线

操作结果测量中,每次练习只可记录得到一个具体的操作结果值,用图像表示时,一次练习只可绘制出一个点。然而操作过程测量中,每次练习记录得到的是一段时间的数值,即一次练习可绘制出一条曲线。因此操作过程测量有其特殊的表现曲线。每次测试可绘制得到一条练习曲线,之后使用不同阶段练习曲线与标准曲线图形作对比,从而评估表现的提高程度和表现的一致性。练习曲线与标准图形越相似,表明技能表现越好。每条练习曲线越一致,表明表现的一致性越高。图 10-3 是一项追踪任务不同阶段角位移随时间变化的曲线图。图 10-3a 是角位移变化的标准图形,图 10-3b 四个图是练习的四个阶段角位移随时间变化的曲线图。图中实线表示 10 次练习数据的平均值,虚线表示 10 次练习数据的变异性(即标准差)。由图 10-3 可知,随着练习次数的不断增加,图 10-3b 中的实线越来越接近标准图形,表明技能表现不断提高。此外,练习次数少时,虚线偏离实线的距离较大,当练习次数增加时,虚线偏离实线的距离越来越小,表明技能表现的一致性提高。

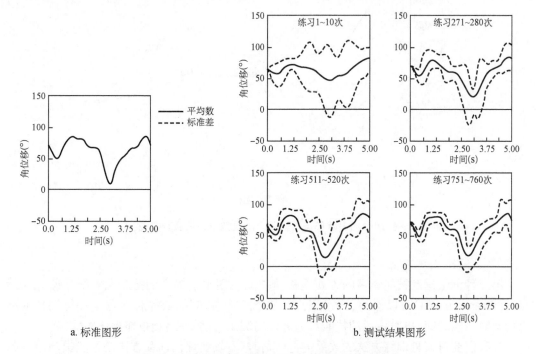

a. 标准图形　　　　　　　　　　　　　　　　　b. 测试结果图形

图 10-3　追踪任务不同练习阶段角位移的表现曲线

3. 表现曲线的局限性

从上述操作结果测量和操作过程测量的例子可知,表现曲线能够体现表现变化的一致性和提高性。但是表现曲线存在一定的局限性:表现水平的变化往往是非线性变化,若使用表现曲线来预测学习者的学习情况,可能会出现错估的情况。

表现的平台期:学习一项运动技能的过程中,学习者的操作水平持续提高一段时间后出现了操作水平没有变化的阶段,之后操作水平又开始提高,其中操作水平没有改善的阶段称为表现的平台期。Franks 和 Wilberg(1982)进行了一项实验,要求一名受试者执行 10 天的复杂跟踪任务(测试结果见图 10-4),每天进行 105 次试验。从均方根误差的变化可知,该受试者在前 4 天的表现不断改善。而第 5~7 天表现水平不变,但从第 8 天开始到最后 1 天受试者的表现又不断改善。那么第 5~7 天就是表现的平台期。

目前,大多数学者认为,平台期是表现的特点,而非学习的特点。也就是说,在练习过程中表现变化可能会停滞,但在平台期学习仍在继续,只是无法从表现曲线中体现。平台期的出现可能是个体在从技能学习的一个阶段向另一阶段过渡,平台期内个体正在形成任务所需的新策略,以提高技能操作的水平;也可能是个体在此阶段动机不足、极度疲劳或不能集中注意。要想突破平台期,可以通过继续进行练习,以确定平台期学习是否仍在继续。在运动训练和康复领域实践中,平台期表现为运动成绩无法继续提高或功能能力无法继续改善。

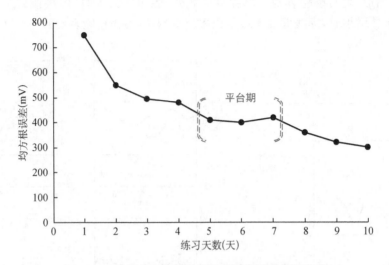

图 10-4　追踪任务不同练习阶段角位移的表现曲线

（二）保持测试

第二种测量运动技能学习的方式是检验技能表现水平提高的持久性特征。通过保持测试（retention test）可以检验表现变化的持久性。具体方法：在个体练习某一运动技能结束后间隔一段时间，再对该运动技能水平进行的测试，检验该运动技能操作的保持量。

当我们要对某种训练方法的效果进行评估时，不仅要评估训练方法是否能提高运动技能表现，还要通过保持测试检验运动技能表现的提高能够维持多久，由此帮助指导者找到更科学的训练方法，制订更科学的训练周期。例如，已知训练方案 A 和训练方案 B 都能改善短跑起跑动作，使起跑阶段用时减少，提高短跑成绩且提高的成绩相同。训练方案 A 后，提高的成绩只维持了 10 天，而训练方案 B 后维持了 15 天，那么对比可知训练方案 B 效果更好，且临近 15 天时可再次进行训练，使成绩不会回落。

（三）迁移测试

第三种测量运动技能学习的方式是检验学习过程中表现的适应性特征。迁移测试（transfer test）采用与练习时不同的环境或者技能来测试个体的技能学习效果，因此能够有效检验学习过程中表现的适应性特征。

根据不同的环境设置，可以将迁移测试分为三种：第一种是改变反馈环境（是否给予反馈），如学习初期，学习者学习蛙泳动作时，教练员在学习者完成动作后可以对该动作的正确与否和如何调整给予学习者反馈。一段时间后，教练员不再给予任何反馈，从而检验学习者依靠自己的能力操作技能的水平。第二种是改变操作技能的环境。例如，在实验室环境下进行老年人的防摔倒练习，之后在室外的崎岖路面上进行技能测试，检验老年人将技能迁移至日常生活环境中的学习效果。又如，游泳技能学习往往会先进行陆上练习，再将陆上练习掌握的技能运用到水中，通过测试在水中完成技能的情况评价学习者游泳技能的学习效果。此种迁移的测试环境变化越小，个体的适应性越强，提示康复师和教练员设计训练方案时为了能够得到更好的迁移效果，应积极思考和设置环境，使学习操作技能的环境与最终操作技能的环境尽可能相似，以便更好进行技能迁移。第三种是改变学习者的心理环境,如练习时学习者处于无压力、较为放松的状态,测试时安排观众或以比赛的形式进行,使学习者在有压力或较为紧张的环境下进行测试,评价心理环境发生改变时学习者的学习效果。

除了改变环境外,还有一种是改变技能,测试学习者对于所学技能本身变化的适应性。例如,学习篮球时,先进行正面定点投篮练习,之后通过侧面定点投篮来测试学习者对于投篮技能的学习效果。

(四)协调模式变化

通过观察技能表现过程中协调模式的稳定和变化情况也可以评价运动技能的学习。有学者认为:个体学习某项新技能的过程,并不是真的从头开始学习某种新的知识,而是在已有的协调模式的基础上,改变其空间与时间特征,逐渐形成新的协调模式。也就是说,学习是从初始协调模式(内在动力)到新协调模式的转变过程。其中,初始协调模式是学习者在第一次尝试某项技能时首选的协调模式。协调模式的稳定性和一致性是判定学习者处于哪个协调状态(初始模式、转换期、新模式)的重要标准,当学习者动作处于稳定且一致性高的协调模式时,表明学习者具备初始或新的协调模式;当学习者的动作协调模式并不稳定,且每次练习的动作都不一样时,表明学习者处于协调模式的转换期,也就是学习的过程。

(五)双任务测试

双任务测试(dual-task procedure)通常用于评估学习者同时完成两项不同任务时的注意需求及注意特征。在学习的不同时期对学习者进行双任务测试,了解学习者的注意需求状况,通过确定学习者注意需求的变化可以评价运动技能的学习。Gabbett、Wake 和 Abernethy(2011)对橄榄球运动员进行了双任务测试,测试要求运动员在完成橄榄球基本动作技能的同时,尽快说出所听到的音调频率水平(高、中、低),测试结果发现,高水平运动员完成橄榄球基本动作技能所投入的注意需求要低于低水平运动员。

第二节 运动技能学习的阶段模型

优秀的运动员未必是优秀的教练员。虽然有些人能够高水平地完成某项运动技能,但是却无法帮助其他学习者也达到较高的运动技能水平,因为运动技能学习是分阶段的,处于不同阶段时,学习者所关注的内容有所不同。例如,网球初学者更关注的是如何握拍、何时击球、引拍到什么高度,而有一定网球基础的学习者在完成动作时则无须再去考虑上述的问题也能很好地完成网球的动作。也就是说,拥有较高技能水平的人与较低技能水平的人所处的运动技能学习阶段是不同的,两类人对于动作技能的目标和注意点也存在差异。当指导者把握了运动技能学习的阶段特点,能够判断学习者所处的运动技能学习阶段,才能够依据阶段目标和特点为学习者给出合理的指导意见和训练方案。目前,普遍使用的运动技能学习的阶段模型有三个,分别是菲茨(Fitts)和波斯纳(Posner)提出的三阶段模型、金泰尔提出的两阶段模型,以及韦雷肯提出的自由度模型。

一、 菲茨和波斯纳三阶段模型

菲茨和波斯纳在 1967 年提出了经典的学习三阶段模型。他们认为,学习运动技能的过程依次经历认知阶段、联结阶段和自动化阶段。三个阶段是连续的,逐渐转化的,不会从一个阶段突然转变到另一阶段,因此难以区分某个个体到底处于哪一阶段。

(一) 认知阶段

认知阶段(cognitive stage)初学者侧重于解决面向认知的问题。初学者关注要做什么,好的动作是什么样的这类问题。例如,要如何握拍? 我的目标是什么? 游泳时我的腿该向哪蹬? 此时的注意需求很高。这一阶段的动作是笨拙的、不协调的,且每次动作缺乏一致性。虽然每次动作都需要有意识地控制、调整,但只能对很明显的线索发生反应,难以发现错误,即使知道动作不正确,也不知道如何改进它。学习者主要是能理解任务的性质,制订能用于执行任务的策略,在经历多种策略后,保留有效果的策略。

(二) 联结阶段

联结阶段(associative stage)学习者能够将环境信息与所需完成的动作相关联。这一阶段会将简单动作进行有机结合。学习者会将注意从动作认知,转移到动作操作。学习者已经掌握了基本的技能基础和原理,因此犯错次数与认知阶段相比大大减少,但注意需求处于中等水平,稍有分心,就会出现错误动作。该阶段练习者自己的纠错能力增强,可自行校正,每次动作基本一致。

(三) 自动化阶段

技能表现为自动化阶段(autonomous stage),学习者会以熟练省力的方式进行技能动作。此时的注意需求较低。动作控制会从有意识变为无意识,动作条件以内反馈为主。此阶段操作的变化性小,熟练的学习者能自己发现错误并做出恰当的决策进行校正。此外,投入的注意需求较少,因此在完成主任务的同时,还能够完成别的任务。例如,打乒乓球的时候可以和对手交谈。不过,菲茨和波斯纳也指出,并非所有学习者都能够达到自动化阶段,而教学与练习的质量,以及练习的次数是这一阶段的重要影响因素。

(四) 各阶段的教学重点

针对这一模型各阶段学习者的注意需求及专注的内容,指导员应实施不同的教学方法。在认知阶段,初学者的认知主要由视觉主导,因此指导员应先多次进行技能示范,并讲解技能的基本要求和要点,再要求初学者进行练习。此外,在学习者完成动作后,应积极鼓励学习者并给予动作正确与否的反馈,排除多余的信息和无关干扰,使学习者建立正确的动作认知。进入到联结阶段后,学习者能够将环境信息与所需完成的动作相关联,因此可以多改变练习环境以提高学习者的关联能力。注重学习者的动作操作能力,要求学习者多进行技能操作练习。此外,这一阶段中指导员要减少动作后的反馈,关注学习者自行纠错与校正的能力。当学习者达到自动化阶段时,指导员可以设计更多不同的且较为复杂的技能操作情景,提升学习者在不同情景下运用技能的能力。

二、金泰尔两阶段模型

金泰尔根据学习者在学习过程中不同阶段具有不同的目标,认为运动技能学习需要经历两个阶段。

(一) 初期阶段

初期阶段(the initial stage)学习者有两个目标:一是获得运动协调模式,这种运动协调模式可以在一定程度上帮助学习者实现运动技能的行动目标,也就要求初学者必须具备一定的动作特征,这些动作特征要与运动技能的执行环境条件相匹配;二是练习技能时,学会区分所处环境中调节条件与非调节条件的状况。这一阶段,尽管学习者对技能有大致的概念,但是技能操作不熟练,运动目标的完成缺乏一致性和有效性,学习者会根据成功与失败的经验,体验到匹配的动作特征。

(二) 后期阶段

后期阶段(the later stage)学习者的目标有三:一是学会发展运动模式,且能够使运动模式适应不同的操作情境,即实现动作的多样性;二是提高完成技能动作的一致性;三是学会经济有效的技能操作方法,即实现动作的经济性。后期阶段的特征是要依靠技能类型来制订学习者的目标,即采用封闭性和开放性技能分类方式限定学习目标。

封闭性技能的练习中,学习者的目标是改进学习初期获得的基本动作协调模式并使其定型,以实现一致的行动目标(图 10-5a)。模式的改进主要是动作特点的变化,而不是模式本身固定特征的改变。例如,在不同远度进行定点投篮时,学习者需要调整的是投篮的力度和投篮的方向;尝试不同高度的跳高时,学习者需要调整的是助跑的距离和助跑的速度;在不同类型的地面上打高尔夫球时,学习者需要变换的是站姿和挥杆的轨迹,但动作的基本特征和基本的协调模式不会发生改变。

开放性技能的练习中,学习者的目标是具备根据周围环境做出相应调整的能力,使运动模式具有多样性,以适应不断变化的环境条件(图 10-5b)。封闭性技能练习中改变的是

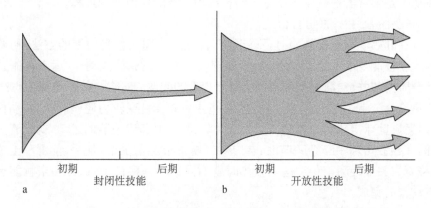

初期　　　后期　　　　　初期　　　后期
封闭性技能　　　　　　　开放性技能
a　　　　　　　　　　b

图 10-5　与开放性和封闭性运动技能相关的运动模式示意图

封闭性技能要求对单个或有限数量的运动模式(动作一致性)进行改进;相反,开放性技能需要多样的运动模式(动作多样性)

动作特点,而开放性技能练习要求学习者改变的是运动模式的固有特征或特点。例如,一位乒乓球运动员的行动目标是使用正手回球回击对手发球,但球发出后由于落点不合适,运动员改为使用反手回球以适应落点的改变。这个例子中,正手回球与反手回球属于不同的运动模式,具有不同的动作固有特征。

(三) 各阶段的教学重点

在教学初期,要求学习者将注意集中到获得行动目标上,从而发展运动协调模式,此外,可以设立情境帮助学习者明确所处的环境状况,学会区分调节条件与非调节条件。

封闭性技能的教学后期,建立与技能实际操作环境尽可能相似的练习环境,使学习者能够尽可能地固定和完善运动模式。例如,使用比赛场地并邀请观众进行模拟比赛训练;进行防跌倒步行练习时在与日常相似的地面上进行。此外,在练习过程中指导员可以帮助学习者一同找到最佳的运动模式,之后要求学习者在每次练习时都以相同的运动模式完成,而不随意更改运动模式,从而实现动作的一致性。

开放性技能的教学后期,设立尽可能多变的练习环境,要求学习者根据不同的练习环境改变运动模式的固有特征,尽可能多地变换运动模式,建立动作的多样性。例如,在练习篮球进攻时,变换防守人员及防守队形,使学习者能够建立更多的进攻运动模式。此外,与封闭性技能操作不同,开放性技能操作时,操作时间会受环境的限制,一般不会有较多的时间进行准备或制订计划。因此,在进行开放性技能练习时,还要加强根据环境快速做出反应的能力。例如,可以使用发球机训练学习者快速反应球落点并做出应答的能力。

三、韦雷肯自由度模型

从动态系统理论出发,韦雷肯(Vereijken)提出了与自由度变化有关的运动技能学习三阶段模型。在运动技能学习过程中,运动控制系统解决自由度问题的方式在不断改变,使得协调模式产生变化,从而提高技能操作表现。根据第四章的动态系统理论可知,完成动作技能的自由度越高,神经系统越难组织和指挥大量可能的神经模式。因此,技能学习的过程可以认为是学习者在一定程度上不断释放动作技能自由度的过程。

(一) 新手阶段——冻结自由度

初学者在开始学习运动技能时,不能找到合理地管理大量自由度的方法,初始协调模式往往与运动技能要求不符,因此技能表现较差。为了完成技能动作,运动控制系统会通过约束部分肌肉和关节,简化必须控制大量自由度的问题,将部分关节"冻结"起来,使他们能够紧密耦合在一起并进行同步运动,因此部分关节会呈现较为僵硬的状态,动作协调性差。例如,完成壁球击球需要控制击球手腕关节、肘关节和肩关节的运动,初学者为了能够成功击球,在控制击球手三个关节时,会"冻结"腕关节和肘关节,使手、前臂和上臂成为一个整体,绕着肩关节转动。移动这一整体时就如同移动一根棍子,这样一来就能更好更容易地控制动作的完成。

(二) 高级阶段——释放自由度

随着不断练习,学习者具备了基本的运动协调模式,因此不需要牺牲大量自由度。个体在完成技能时,越来越多的肌肉与关节不再被约束,各个部分不再需要冻结耦合在一起共同运动,而是形成具有多个单元的系统,各单元共同协作完成任务。此时自由度逐渐释放,关节间的协调性显著提高,使得技能操作更流畅。在这一阶段完成壁球击球动作时,腕关节和肘关节变得灵活,手、前臂和上臂不需要形成"一根棍"去完成动作,而是手绕着腕关节、前臂绕着肘关节、上臂绕着肩关节进行运动,三个部分协调统一,从而实现更自然的击打动作。

（三）专家阶段——探索自由度

在学习的最后阶段,学习者继续释放自由度,并探寻最优的自由度管理方法,最终形成一种动态稳定且更经济的协调模式,使个体的肌肉、关节工作更协调,肌肉力量的输出更少,技能操作的经济性更强。例如,当学习者练习壁球击球动作达到了这一阶段,学习者的击打动作较高级阶段不仅更为协调流畅,还能够在不同的击打情境下依然保持动作的稳定性,动作不会发生变形,并且学习者会感觉完成动作时更省力。

四、不同学习阶段模型的优点

三种不同的学习阶段模型侧重点有所不同。菲茨和波斯纳的三阶段模型关注的是不同阶段学习者处理的信息是什么,以及如何处理信息,因此学习的三阶段可以看作信息加工能力不断提高的过程。根据菲茨和波斯纳的三阶段模型,我们可以有针对性地制订不同阶段的学习内容。金泰尔的两阶段模型则是强调学习目标的变化。由此,指导人员可以以目标为导向,依据不同类型的动作技能学习目标,制订可以实现目标的学习方法和路径,避免走弯路。韦雷肯的自由度模型则是从动态系统理论的视角建立学习阶段模型,关注动作协调模式的发展变化。上述运动技能学习模型表明,在不同的学习阶段,学习者及技能表现都有鲜明的特点,通过分析多种学习阶段模型,能够帮助指导员依据学习阶段特点,针对不同的技能学习制订科学的培训和指导方案。

第三节　运动技能学习过程中的特征

一、学习过程中，发生变化的特征

在运动技能学习过程中,学习者及其表现会出现变化。了解这些变化,能够更好地分析技能学习过程,同时也能够解释为什么在不同学习阶段人们要采取不同的教学和训练策略。

（一）速度变化

运动技能学习过程中,表现曲线一般呈四种变化趋势,其中负加速形的变化模式最为常见,即学习者技能表现水平提高的速度初期很快,随着练习的持续,提高速度越来越慢,这样的速度变化规律也被称为练习幂定律(power law of practice)。练习幂定律是1926年由斯诺迪(Snoddy)从数学角度提出的,是描述技能学习过程中技能表现水平提高的速度变化的数学定律。

练习初期提高速度快是因为人们在早期的练习中虽然会存在很多错误,但很容易纠正,所以学习者会认为进步很快。随着练习的继续,人们在练习后期所犯的错误比初期要少得多,可改进的空间也很小。因此,学习者认为在学习后期进步很慢。

（二）动作协调性变化

学习者个体的自由度会经历从冻结、释放到探索的过程,外部表现为学习者身体的各个部位从僵硬冻结到各个部位能够协调配合,并实现动作经济性最优。与此同时,在学习过程中,学习者要克服旧协调模式的影响,进入新旧协调模式的转换期,这一时期学习者动作协调性变差,每次动作的一致性低,肢体动作不稳定,直到建立新的协调模式动作协调性才会重新变稳定。也就是说,学习者从旧协调模式转变为新协调模式的过程中,动作协调性变化顺序是稳定—不稳定—稳定。

（三）参与肌肉的优化与重组

在练习早期,学习者对运动技能的模式还未了解,未能建立符合运动技能要求的运动协调模式,因此普遍存在肌群使用不当的现象,此时学习者会动用不必要的肌肉参与运动,肌肉激活时间也会出现错误。而经过一段时间的练习,学习者能够根据技能要求选择适当肌肉完成技能,因此所动用的肌肉会发生变化,数量会减少,肌肉激活时间也会与动作更为一致。

（四）能量消耗减少

一方面,不断的练习能使学习者对运动技能更熟练,注意需求由多变少,动作逐渐趋于自动化,因此能够减少能量消耗。另一方面,动作协调性的提高,参与技能操作的肌肉得到了优化,参与数量减少,因此学习者在完成技能时的动作会变得更经济有效,机体的能量消耗会减少。

（五）注意特征的变化

在学习过程中,学习者的运动目标会从空间特征转变为时间特征,即学习者在初期会更在意动作的姿势,之后会逐渐变为更注重运动的速度和加速度。另外,学习者的视觉选择注意也会发生变化。具体地,初学者会把视觉注意放在不能提供有效信息的环境线索上,随着练习的持续,学习者会将视觉注意转移到有利于指导练习的信息源上。例如,新手守门员会把视觉注意放在踢球者的身体躯干、臀部和手臂,而专业守门员则是把视觉注意集中在踢球者的头部、支撑脚、踢球的脚和球。除此之外,学习者的有意注意会逐渐减少。初学者有意注意的需求很大,几乎需要有意识地思考动作的每一部分。但随着学习,有意注意会逐渐减少,最终实现技能的"自动化",此时几乎不需要有意注意。

（六）发现和改正错误的能力变化

发现和改正错误能力的提高表现在发现和改正错误的速度及有效性。与初学者相比,专家发现并纠正错误动作的速度更快,且能够对错误动作进行有效校正,使得动作结果更优。另外,初学者主要以视觉信息作为发现和改正错误的信息来源,而专家则主要以本体感觉信息来进行判断。

（七）大脑功能与结构的变化

学习者执行运动技能需要依靠神经结构,在运动技能的学习过程中,大脑的功能和结构都会产生变化,主要有以下3点变化:第一,运动技能学习的不同时期大脑活跃的区域并不完全相同,大脑活跃的区域在运动技能学习的过程中会不断变化(Lohse et al.,2014)。随着脑成像技术的出现,许多研究人员一直在积极研究与运动技能学习相关的大脑活动的变化。因为脑成像扫描设备的物理局限性,所以在这类研究中研究的典型运动技能是序列学习。这项任务通常要求参与者学习将电脑显示器上的刺激与手指、手或足的运动联系起来,然后练习这些动作的特定序列。有学者提出了一个模型来描述运动技能学习的神经解剖学和相关的大脑可塑性,特别是当它与运动序列的学习有关时。他们提出,与技能习得相关的大脑结构是纹状体(基底节尾状体和壳核)、小脑和额叶的运动皮质区域(即补充运动区)、运动前皮质和运动皮质等。该模型表明,这些大脑区域形成了两个不同的皮质-亚皮质回路:皮质-基底神经节-丘脑皮质回路和皮质-小脑-丘脑皮质回路(Doyon et al.,2003)。在学习的早期,主要用到的是皮质-小脑-丘脑皮质回路,而当个体已经习得技能,则更多的是基底神经节较为活跃,特别是壳核、苍白球及大脑皮质的下顶叶。当个体处于菲茨和波斯纳三阶段学习模型的自动化阶段时,由纹状体和相关运动皮质区域组成的分布式神经系统更活跃。还有学者使用功能性磁共振成像观察了学习新运动技能的人的大脑活动发现,学习前与学习后受试者大脑活跃的区域发生了变化,学习前主要是前额叶-顶叶较活跃,而到学习后则是皮质下结构较为活跃(Puttermans et al.,2004)。

此外,研究发现,专家与初学者的神经可塑性存在差异,因为长期训练可使神经处理效率改变。高水平体操运动员大脑的神经效率比非运动员的更高,无须大量神经网络连接参与大脑活动,因此在静息状态下,高水平运动员大脑神经网络间的连接程度比非运动员的更低。

第二,运动技能处于自动化阶段时,大脑皮质活动会整体减少(Gobel et al.,2011)。大脑皮质活动的减少可能与视觉空间处理、空间-运动整合、运动规划及运动执行方面效率的提高有关。戈贝尔(Gobel)等认为,技能学习的进步不是体现在反应时间缩短,而是技能表现变得更准确。

第三,当学习新技能时,大脑除了发生功能变化外,还会发生结构变化。有学者发现3个月的杂耍练习使个体双侧颞中部区域和左侧后顶叶内沟的灰质密度显著增加。这一结构变化可能是由于这两个区域都与视觉信息的处理和保留有关(Draganski et al.,2004)。后续研究还发现,在进行其他复杂的运动技能练习后,白质通路的组织结构也发生了改变(Zatorre et al.,2012)。

二、 学习过程中,不发生变化的特征

练习过程中,学习者有其特定的反馈源。也就是说,学习者的反馈方式不会由于学习发生改变。例如,某位学习者在学习初期运用的是视觉反馈,那么到了学习后期还会运用同样的反馈方式,且对该反馈方式的依赖性会增加。大多数舞蹈教室及健身房都会安装大面积的镜子供练习者进行练习的同时能够观察自己的动作,练习者通过这样的视觉反馈来改善自己的技术动作。这样的视觉反馈可能能够改善技能表现,但实际上会阻碍技能的学习。Lhuisset等(2002)发现,练习者使用视觉反馈辅助练习的时间越长,他们对视觉反馈的依赖性就越强。舞蹈演员在舞台上时没有镜子,那么此时的技能表现就会差于有视觉反

馈的时候。特伦布莱(Tremblay)和普罗托(Proteau)等(1998)探究了视觉反馈对举重运动员的影响,要求受试者在镜子前练习蹲举动作,再撤去镜子要求受试者完成蹲举动作。研究发现,撤去镜子后受试者完成蹲举动作时的膝关节角出现了异常。这说明,视觉反馈不仅没能帮助运动员提高技能表现,反而使动作表现变差了。

第十章习题　　　第十章参考文献

第十一章

运动技能的迁移

【导　　读】

在运动训练和康复治疗过程中，我们可能遇到过如下的情况：运动员有时会出现训练表现优秀，但比赛表现平平的现象。同样的，正在恢复步行功能的卒中患者也会表现为在诊所练习得不错，但在家中、工作场所、杂货店、商场等诊所以外的环境中步行表现不佳。这些示例中都涉及一个问题，即需要把在一种环境或情况下学习到的技能转移到不同的环境或情况下执行，也就是需要形成运动技能的迁移。因此，我们有必要对运动技能迁移的概念、类型、测试方式、发生情形、产生原因及具体应用等内容进行介绍，希望通过学习可以将相关理论应用于技能学习、教学训练和临床康复治疗中。

【学习目标】

1. 了解运动技能学习中所发生的学习迁移。
2. 了解发生正迁移或负迁移发生的情况。
3. 讨论学习迁移在运动学习中的重要性。
4. 讨论非对称性的双侧迁移在运动学习中的应用。
5. 学会制订促进正迁移的技能学习方案，并评估方案可实现的正迁移程度。

【思维导图】

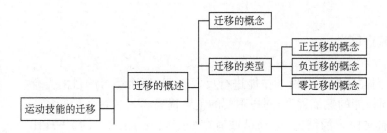

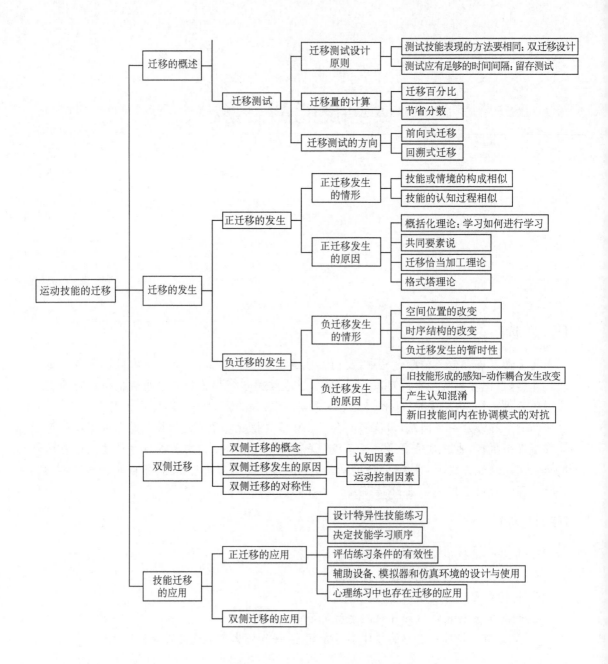

第一节　迁移的概述

一、迁移的概念：什么是迁移

在学会一项技能之后,人们往往还会对所学技能进行反复练习,那么练习的目的是什么呢?原因之一是提高对该项技能的熟练程度,同样重要的是要提高学习者在各种所需情况下执行该技能的能力。如前文提到的情况,运动员或者卒中患者在训练阶段都表现出色,但转换环境后出现表现下降,这是为什么呢? 因为训练是在熟悉的情境下(熟悉的队友、熟悉的打法、熟悉的场地等)完成,在不熟悉的新情境下,表现自然有可能下降。要解决这一问题,就需要对学习到的技能进行练习。练习一项技能的目标之一往往就是将技能的表现从练习环境转移到个人必须执行该技能的其他环境,这就是学习迁移。

在一个人的一生中,知识和各种技能都在积累,过去的经历会以积极或消极的方式影响个人学习新技能的能力。因此我们还会遇到的另一个问题就是,已经获得的技能对新技能的学习会起到促进作用还是阻碍作用? 例如,体育老师可能想知道学习快速跑会干扰还是促进学习跳跃,或是学习投掷垒球是否会影响学习打保龄球等,教练员和康复治疗师也会经常遇到这类问题。也就是说,学习迁移不仅发生在同一技能的不同情境之间,还会发生在不同技能之间。

研究者通常将学习迁移定义为已经习得的技能对新技能学习或者在新环境中操作已习得技能所产生的影响。学习迁移是教育、体育和康复领域最普遍应用的学习原则之一,它基于一个简单的前提,即所有新的学习都发生在之前学习的背景下。在教育系统中,学习迁移是课程和教学开发中的一个重要部分,为安排学生学习技能的顺序提供了基础。在体育运动中,运动员在参加比赛或比赛前,迁移原则可用于对必须学习的技能进行排序,同时也是训练方案进阶及训练类型选择的基础。在康复诊所中,迁移原则是治疗师为患者制订和实施系统治疗方案的基础。由于学习迁移的广泛重要性,同学们需要对这种现象进行了解,作为研究运动学习概念基础的一部分。

二、 迁移的类型: 正迁移、负迁移和零迁移

学习迁移中,已经习得的技能所产生的影响可能是积极的、消极的或不存在的。当学习者过去使用一项技能的经历有助于在新环境中表现该项技能或有助于学习一项新技能时,就会发生正迁移。例如,足球和篮球中使用的区域联防有许多共同之处,因此,学习者对足球区域联防的了解可能会加快其学习篮球区域联防的速度。学习过短跑动作的运动员,所获得的速度能力有助于其学习跳远时的加速助跑。此外,本章前面提到的运动员无论在训练时还是在比赛时都能表现出色,或是卒中患者无论在诊所内外都能够行走均涉及正迁移。

当学习者过去使用某一技能的经历阻碍或干扰了在新环境下使用该技能或新技能的学习时,就会发生负迁移。例如,一个会网球正手击球的人再学习羽毛球正手击球,虽然两个动作乍看之下具有相似性,但羽毛球正手击球需要腕部的拍击,而网球正手则需要腕部相对紧张固定,因此学习者在学习羽毛球正手动作初期会经历一些来自网球正手动作的负迁移。尽管垒球和棒球的挥棒动作特征相似,但这两项运动中来球的轨迹却有着明显的差异。值得庆幸的是,大多数负迁移效应都是暂时的,可以通过练习加以克服。

学习迁移的第三种类型是零迁移,即学习者过去使用一项技能的经验对该技能在新情境中的表现和新技能的学习没有影响。当两个技能完全不相关时,就会发生零迁移。例如,游泳蝶泳和水球射门这两项技能完全不相关,彼此之间也就不会产生影响。

学习迁移中发生的是正迁移、负迁移还是零迁移实际上是很难预测的。网球击球和羽

毛球击球看似动作相似,都带有上肢鞭打动作,操控球拍迎击来球,我们自然会认为两者之间会发生正迁移。事实上,两者之间发生的是负迁移,网球击球需要手腕固定,而羽毛球击球需要手腕发力,这样的细节会使学习者在一开始学习时混淆。婴儿在爬行时学会了越过障碍的技能,我们自然会认为其在步行时也就会越过障碍了。事实上,爬行时学会的越过障碍的技能并不会迁移到步行时,反而需要在学会走路之后重新学习越过障碍,这里越过障碍的技能存在姿势间的特异性,在爬行与步行间发生了零迁移。由此可见,事实往往和我们料想的不一样,我们不能轻易认为技能之间会发生迁移,而是需要可靠的依据或进行论证,这也体现出了运动技能迁移研究的严谨性和趣味性。

三、迁移测试:如何测量迁移

在介绍这部分内容之前,我们首先来看案例 11-1。

【案例 11-1】

一项实验的目的是想知道在练习场练习高尔夫球是否可向实际的高尔夫球比赛发生迁移,同时也想知道在小型高尔夫球场练习是否也可向在实际的高尔夫球场比赛发生迁移。实验的参与者被分为水平相当的三组,第 1 组在练习场训练 4 小时,第 2 组不进行任何训练,第 3 组在小型高尔夫球场训练 4 小时。各组练习后进行测试,在一个实际的高尔夫球场进行 5 轮比赛。这项实验的测试结果如图 11-1 所示,分别为三组人员 5 轮高尔夫球的平均得分。此前,第 1 组在练习场练习,第 3 组在小型高尔夫球场练习,第 2 组没有练习。各组人员在实验开始时的基础水平是相等的,因此各组在第一轮及随后的高尔夫球比赛中出现差异的唯一原因便是之前的练习经验在某种程度上促进或削弱了实际比赛中的高尔夫球技能表现。第 1 组和第 2 组之间的差异表明正迁移来自练习场的练习。第 2 组和第 3 组之间的差异揭示了在小型高尔夫球场练习的负迁移。

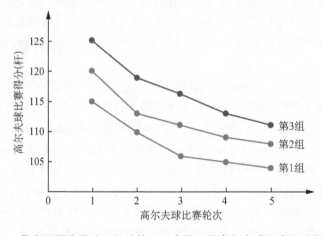

图 11-1　具有不同先前练习经验的三组人员 5 轮高尔夫球比赛平均得分情况

从图 11-1 可以看出,第 1 组在 5 轮高尔夫比赛测试之前就已经在练习场进行了练习,其测试表现比之前没有进行过练习的第 2 组显著更好。在这种情况下可以认为,相比于没有进行练习的情况来说,练习场的经验促进了实际高尔夫球比赛中的表现,因此向实际比赛发生了正迁移。依据这样的迁移测试结果,可以得出这样的结论:在练习场中培养的高尔夫球技能在某种程度上也适用于实际比赛。

通过比较图 11-1 中的第 2 组和第 3 组可以看到,只在小型高尔夫球场练习的第 3 组在 5 轮高尔夫比赛中的表现比没有任何练习的第 2 组更差。在这种情况下,小型高尔夫球场练习的经验向实际比赛发生了负迁移。依据这一结果会得出的结论:在小型高尔夫球场中学习到的技能不仅不同于在高尔夫球场上所需的技能,甚至还会阻碍实际比赛中所需技能的学习。

依据学习迁移的概念,为评估练习任务与所需掌握技能之间是否发生迁移,可设计迁移测试进行判断。案例 11-1 中所涉及的就是典型的迁移测试设计,设计通常是比较简单的。

技能之间的迁移测试。观察 A 技能的练习经验是否会向 B 技能的学习过程迁移,以及迁移量的大小。实验的基本设计思路为:实验组,练习技能 A→测量技能 B 的表现;对照组,没有练习→测量技能 B 的表现。

技能操作情境之间的迁移测试。观察在 A 情境下练习技能的经验是否会向 B 情境下操作相同技能时迁移,以及迁移量的大小。实验的基本设计思路为:实验组,在 A 情境下操作技能→测量 B 情境下技能表现;对照组,没有练习→测量 B 情景下技能表现。

在迁移测试中,需要关注的是技能 B 的表现或 B 情境下的技能表现在实验组和对照组之间的差异。当正迁移发生时,实验组技能表现会优于对照组,正迁移量越大,差异就会越明显。当负迁移发生时,实验组技能表现会比对照组差,负迁移量越大,差异就会越明显。

(一) 迁移测试设计原则

为使得到的研究结果更客观准确,在迁移测试的设计过程中应注意几点原则。

1. 测试技能表现的方法要相同

设计迁移测试时,实验组和对照组技能表现的测试方法应相同,这样才能排除因方法不同而造成的测量结果偏差,准确测量迁移程度的大小。如案例 11-1 的情况,学习者学习技能所要达到的目的很明确,即在实际比赛中取得好成绩,这时的测试方式就可直接选择实际比赛。但除此之外的一些时候,人们仅仅是希望提高技能表现,而没有明确的实践场合时,测试技能表现的方法就会很容易产生偏颇。通过分析案例 11-2 可进一步了解这一点。

【案例 11-2】

一项研究的目的是比较两种练习方式对棒球击球技能的影响。参与实验的棒球队选手被分为水平相当的三组。控制组只进行日常练习,另外两组为实验组,除进行日常练习之外还进行额外训练。其中一组接受的额外训练为段落式练习,每次练习挥击 45 球,投手会连投 15 个直球、15 个曲球和 15 个变化球。另一组接受的额外训练为随机式练习,也是每次练习挥击 45 球,但投手会随机投出直球、曲球和变化球。6 周练习后对三组人员进行了两种方式的测试以评价技能表现,即每组人员分别进行随机式测验和段落式测验,综合每组人员两种测试的结果评价练习方式的优劣（Hall et al.，1994）。

在案例 11-2 中，测量三组人员击球技能表现的方式比较关键，为什么会使用两种测试方式呢？如若使用挥击随机投球再记录击中球数的随机式测试，所产生的结果会不会对进行随机式练习的一组更有利呢？而测试方式如果是先挥击若干直球、再挥击若干曲球、最后挥击若干变化球之后记录击中球数的段落式测试，又似乎更有利于段落式练习的一组。由此，为避免最后的测试方法与其中一种练习方式更类似而产生偏颇的实验结论，研究者还应考虑单一测试方法对这类研究结果造成的影响。案例 11-2 所采用的双迁移设计（double transfer design）就可以较好地解决这一问题。

在双迁移设计中，两个实验组分别接受 A、B 两种练习，测试方法设计 C、D 两种，其中 C 与 A 类似，D 与 B 类似。如此，当 A 组和 B 组都使用 C 来测试时，A 组会更占优势，而两组都使用 D 测试时，B 组更占优势。所以，双迁移测试会设计为，将 A 组人员随机分为两半，一半接受 C 测试，另一半接受 D 测试，B 组也做同样的操作。这样得到的结果方能较为准确地对两种练习方式作出评价（图 11-2）。

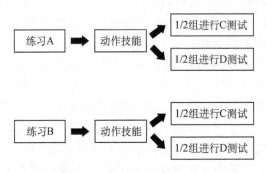

图 11-2　双迁移设计示例

2. 测试应有足够的时间间隔

多数研究中，迁移测试往往安排在练习结束后间隔一段时间，而不是练习后即刻。练习后即刻进行测试，此时所得结果中会包含一些暂时性因素（如练习后的疲劳）对技能表现的影响，况且人们更想知道的是练习对技能长久有效的影响，因此迁移测试往往安排在练习后休息一段时间后进行测试，从而使测试结果中影响动作表现的暂时性因素的效应消散，进而才能反映出练习后实际能够较长时间维持的迁移效果，也就是真正的学习效果。这种技能练习结束后间隔一段时间再对技能进行测试的设计称为留存测试。留存测试通常与迁移测试结合使用，有利于消除暂时性的迁移效应。

（二）迁移量的计算

当知道迁移发生之后，我们通常还希望知道究竟迁移了多少，也就是迁移量。迄今为止的研究中已经设计出一些方法来尝试计算迁移量，实际上是一种相对迁移量，即实验组相对于对照组的迁移量。常用的方法有计算迁移百分比和节省分数。

1. 迁移百分比

迁移百分比是使用实验组和对照组技能表现测试的得分进行计算，以百分数的形式表示,代表实验组比对照组多或少迁移了百分之多少。依据不同的实验设计,迁移百分比的计算方法主要有两种。

(1) 当技能表现的测试会进行多组时,如案例 11-1 中进行了 5 轮的比赛,也就是测试了 5 组。这种情况下,迁移百分比的计算公式如下:

$$迁移百分比＝\frac{实验组第一次测验得分－对照组第一次测验得分}{对照组最后一次测验得分－对照组第一次测验得分}\times100\%$$

迁移百分比有正负之分,结果为正,代表实验组的前期练习对正在学习的技能产生的是正迁移,结果为负,代表实验组的前期练习所产生的是负迁移。迁移百分比绝对值越大,代表迁移量越大,反之越小。需要注意的是,当技能表现的评分方法是技能表现越好分数越低的情况时,分母要取绝对值才不会误判结果的含义。

案例 11-1 中第 1 组(实验组)5 轮比赛表现均优于没有进行任何练习的第 2 组(对照组),表明练习场练习对实际比赛产生正迁移,依据上述迁移百分比公式可进一步计算练习场练习的迁移量。第 2 组第 5 轮比赛得分为 109 杆,第 1 轮比赛得分为 120 杆,由此得到无练习对照组的成绩在 5 轮比赛期间提高了 11 杆。第 1 组第 1 轮比赛成绩为 115 杆,第 2 组第 1 轮比赛得分为 120 杆,相差为 5 杆。也就是说,未经练习就可在 5 轮比赛中实现的 11 杆进步中,有 5 杆进步可在练习场练习中获得的。因此,5/11×100%≈45% 这个迁移百分比表示相比于没有练习的情况来说,练习场练习向实际比赛的相对迁移量。

(2) 当技能表现的测试只进行 1 组时,迁移百分比的计算公式如下:

$$迁移百分比＝\frac{实验组测验得分－对照组测验得分}{实验组测验得分＋对照组测验得分}\times100\%$$

此时,迁移百分比正负值及绝对值大小的含义与前一种情况相同,但需要注意的是,如评分方式为技能表现越好分数越低,则迁移百分比的正负含义相反。

2. 节省分数

节省分数是指实验组和对照组到达同样的技能表现程度时,实验组所节省下的练习量。当我们想知道的是练习经验对技能学习过程的影响时,这一计算方法是比较适用的。例如,仍然是计算案例 11-1 中练习场练习的迁移量。此时在图 11-1 中,从第 1 组的第 1 轮比赛成绩 115 杆处画一条水平线,这条线与第 2 组趋势线相交于一点,通过这一点做 X 轴的垂线,垂线与 X 轴相交处约为 1.7 轮比赛处。也就是说,由于在练习场进行了练习,第 1 组"节省"了 1.7 轮左右的高尔夫球练习。

需要注意的是,这些计算方法得到的迁移量是相对的。之所以这样讲,原因之一是迁移测试中技能表现值或曲线通常会因为记分方法的不同而不同。例如,在射击比赛时记录射中靶次数作为成绩,靶分为内、中和外圈,射中内圈才可认定为中靶,或者射中靶任何位置均可认定为中靶,这两种记分方式所得到的比赛成绩是不同的,由几轮比赛成绩所构成的曲线形状也会不同,进而计算得到的迁移百分比或节省分数在数值上也会不同。

(三) 迁移测试的方向

迁移测试是有方向的,这种方向存在于先后学习的两项技能之间,包括前向式迁移 (proactive transfer) 和回溯式迁移(retroactive transfer)。通过设计迁移测试就可以对迁移方向进行观察。例如,先让学习者练习羽毛球,然后再学习网球并测验网球技能表现,这个过程中就可以观察先学习的羽毛球对后学习的网球产生的由前向后的影响,即前向式迁移效应。而如果是原来已经会打网球的人再练习羽毛球,之后对网球技能表现进行测验,这个过程中观察的是学习羽毛球对原来网球技能的从后向前的影响,即回溯式迁移效应。在技能学习相关的研究中通常也会涉及以上两个方向上的迁移效果的比较,有助于安排技能学习的合理顺序。

第二节　迁移的发生(为什么会发生迁移)

运动技能之间迁移的类型尽管很难预测,但对于体育教学、运动训练和康复治疗方案的设计却有重要的意义,因此研究者们会从迁移发生的情境和背后的原因入手,找到运动技能之间迁移类型的一些特征和规律。

一、正迁移的发生

通常在运动技能的学习过程中,人们是希望正迁移出现的,大量的正迁移发生,往往意味着学习方法、训练方案有较高的效率和较好的效果。

(一) 正迁移发生的情形

简单来说,新旧技能之间的相似性,或者技能的新旧表现情境之间的相似性是解释正迁移发生的关键。正迁移发生的情形主要包括两种:一种是技能或情境的构成相似;另一种是技能所需认知过程相似。

1. 技能或情境的构成相似

引起正迁移效应最基本的情形是两项技能或两种情境之间在构成上有相似之处。如相似之处很多,则它们之间会产生大量的正迁移(图 11-3)。

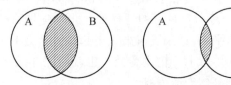

图 11-3　技能或情境的相似程度对正迁移产生影响

两个圆(A 和 B)代表了两种技能或两种情境,两圆重叠部分(阴影部分)代表两种技能或情境的相似程度,图中左边代表的两种技能或情境之间发生的正迁移要比右边大得多

(1) 技能构成相似:所谓技能的构成,一方面包括技能中可被观察到的基本运动模式,如在一项技能中可见的过肩投球动作或击球动作,这些运动模式可以通过运动学测量进行量化。运动学特征上的相似程度能够提供关于技能间迁移程度的准确预测。这里需要注意的是,我们所观察到的特征不见得和测量得到的运动学特征一致。例如,棒球的投球和

足球的边线发球这两种技能中,我们都可以观察到相似的上肢投掷动作,但比较起两者的运动学特征却没有多少相似之处(Fleisig et al.,1996)。然而,在体育课上练习的基本过肩投掷动作对学习羽毛球和投掷标枪都产生了正迁移效应(O'Keefe et al.,2007)。

另一方面,技能的构成还包括技能中特有的协调模式。依据运动控制的动态系统理论,任务之间存在的相同协调模式和相位关系会促进正迁移的发生(Kelso et al.,2002;Wenderoth et al.,2002;Zanone et al.,1997)。在一些研究中也会观察到,当用一组效应器(如手臂)学会了一种新的相位关系后,这种相位关系将可以迁移到另一组效应器(如腿)(Camachon et al.,2004;Kelso et al.,2002)。我们将在双侧迁移中继续讨论这个问题。

(2)情境构成相似:除技能本身的构成成分之外,技能操作情境的相似也会引起正迁移效应。试想一下,康复师在一个良好的环境中训练患者,如在光线充足的平地上保持站立平衡,这样的训练不一定能使患者在有视觉干扰的室外环境下,在凹凸不平的地面上仍然具有保持平衡的能力,因此这样的训练并不会向实践产生更多的正迁移,训练效果是比较差的。技能练习过程中的操作情境与实际应用时的操作情境相似之处越多,产生的正迁移量越大。例如,基于虚拟现实技术的训练方法是锻炼患者运动功能的理想方法,在许多研究中被认为是起到显著效果的。这种训练方法的一大优点就是能够在技能练习过程中虚拟出不同的、由单纯到复杂的技能操作情境,进而提高练习向实践发生的正迁移量。

2. 技能的认知过程相似

引起正迁移效应的第二种情形是两项技能或两种操作情境所需的认知过程相似。在排球比赛中,当进攻球员扣球过来时,防守球员可能会使用四种主要防守技术中的一种:前臂传球、翻滚、俯冲或伸展。选择哪一种来进行防守,则需要立即对当前形势进行评估,这就需要提高球员在比赛中选择合适技能然后正确执行的快速决策能力。让学习者练习与比赛过程中相似的技能或情境是不够全面的,因为在排球、篮球、足球等对抗性比赛项目中,球员永远不会两次处于完全相同的情境中,因此教练往往采用的训练方式是在同一练习时间内以随机顺序练习每种防守技能,而不是独立练习每种技能。此外,不断改变迎面而来的球的方向、速度、位置和轨迹,也将有助于最大化由训练向比赛的正迁移量。这样的训练策略属于变换练习法(variable practice),主要针对的就是比赛中的不可预测性,在训练中迫使学习者进行各种情况的认知加工,使训练和比赛时的认知加工过程相似,进而促进正迁移。

(二)正迁移发生的原因

当前有一些理论可以解释为什么会发生正迁移,了解迁移的理论基础可以让我们知道一个人从一项技能中究竟学到了什么,这有助于体育教师、教练或康复治疗师设计促进正迁移的学习或训练方案。

1. 概括化理论:学习如何进行学习

概括化理论(generalization theory)由查尔斯·哈伯德·贾德(Charles Hobbard Judd,1873~1946)首先提出。这一理论认为,当学习者练习多种类型的任务时,他们可以提取关于学习的一般原则,这些原则将迁移到许多新任务的学习中,即学会如何进行学习。例如,学生在学习课程时,之前学习的课程中具体的知识点也许不会对下一门课程的学习有帮助,但一些学习策略却是有效的,如如何入门、如何有效地做笔记、如何安排日常练习、如何应对考试等。

2. 共同要素说:所含成分具有共同要素

桑代克的共同要素说是对正迁移的另一种解释。依据该理论,迁移是由两个技能或两个技能操作情境的组成部分或特征之间的相似程度所致。这里的相似程度是指两个技能或技能操作情境之间共同要素的数量,数量越多,从一个技能到另一个技能的正迁移就越大。我们可以据此认为,在双杠前摆和吊环前摆两种技能之间会发生正迁移,而踢足球和游泳之间的迁移量可以忽略不计。

共同要素说的一种修正理论(Osgoode,1949)指出,完成技能的过程就是针对特定刺激给出准确反应的过程,两个技能的刺激条件和反应条件之间的相似性才是关键。当已习得技能的刺激条件和反应条件与正在学习的技能相同时,可以预期正迁移的程度会比较高。

3. 迁移恰当加工理论:所需认知过程相似

根据迁移恰当加工理论,当正在学习的技能与已习得技能所要求的认知加工过程相似时,即使技能和情境要素不同,正迁移仍旧会发生。这里的认知加工过程包括解决问题的活动、快速决策、规则的运用、注意控制、同时执行多个任务等。尽管技能和情境共同要素的相似性可以解释某些迁移效应,但不能解释所有的迁移效应,如任务中策略和概念方面的内容也是可以发生迁移的。因此,迁移恰当加工理论被提出来用于解释发生正迁移的两个技能之间认知加工过程的相似性。

4. 格式塔理论:"顿悟"了两种学习情境中的一种动态模式、图形或关系

格式塔理论认为,迁移的发生是由于正在学习的技能与已习得技能之间存在共同模式、图形或关系,当学习者顿悟了这层关系后,就会发生技能间的正迁移。在这一解释中,技能或情境不会被看作许多元素的组成,或是刺激与反应的组合,而会被看作一种整体模式。例如,足球运动中 30 m 过顶传球和 40 m 过顶传球两个技能,尽管两者之间传球距离不同,也会导致所需发力不同,但下肢力量、动作角度与传球距离之间的关系是相同的,学习者理解了他们之间相同的运动模式之后,两者之间就会发生正迁移。

二、负迁移的发生

在运动技能的学习中,负迁移效应是很少见的,一般只暂时性地出现在技能学习的早期阶段。尽管如此,对于运动技能指导和康复治疗从业者来说,学习哪些情形可能导致负迁移效应发生仍然是有必要的,这样才能知道如何避免这种效应的发生,并在它们发生时进行正确的处理。

(一)负迁移发生的情形:技能相似,运动特征不同

简单地说,当一个旧的刺激需要新的且相似的反应时,负迁移就可能会发生。这意味着新任务在技能操作的情境特征上与先前经历的相似,而动作特征却不相同。动作特征在以下两方面的差异特别容易引起负迁移效应:一是动作在空间位置上的改变,二是动作在时序结构上的改变。

1. 空间位置的改变

熟悉驾驶汽车的人应该有过这样的经历,内地开车为左舵右行,即左手打方向盘,右手

换挡,汽车靠右行驶,而在香港则相反,为右舵左行,右手打方向盘,左手换挡,汽车靠左行驶。左舵车方向盘左侧为方向灯操纵杆,右侧为雨刷器操纵杆,而右舵车方向灯操纵杆在右,雨刷器操纵杆在左。当习惯驾驶左舵车的人刚驾驶右舵车时,在试图指示左转或右转时往往会反复拨动雨刷器。很显然,当控制杆的位置改变时,以往已经习惯了将手移动到熟悉的方位和距离上,此时却成了错误的位置。尽管同样是开车,此时右舵车上新的开关位置需要上肢产生与以前不同的动作,旧的、熟悉的动作对现在需要进行的新动作产生了干扰。诸如此类的例子表明,当我们学习一个特定的空间定向动作来完成一个行动目标时,由于之前学习经验的负迁移效应,在学习一个有新方向或不同终点位置的类似动作时需要投入注意和时间来消除负迁移的影响。

2. 时序结构的改变:节奏/时机;内在的肢体协调模式

引发负迁移效应的另一种情形涉及已经习得的一系列动作的时序结构改变。这里,动作的时序结构包括两方面。一方面是系列动作的节奏模式或相对时间结构。在时序相关模式下学习一系列有序动作时,通常强调动作的顺序而忽略结构。例如,学习了一段音乐或一段舞蹈,然后被要求忽略之前所学的节奏再来执行该序列运动,人们往往必须从头开始,并且还是会去重复之前的节奏模式(Summers,1975),需要多次尝试才能构建新的节奏结构模式。自由泳运动员在学习 6 次打腿技术(每 2 次手臂划水打 6 次腿)时也会经常遇到这个问题,大多数游泳者初学自由泳时通常会采用 2 次或 4 次打腿,而这种低频打腿的模式往往会反复出现在这些人学习 6 次打腿技术的早期阶段,从而使学习更具挑战性。动作时序结构的另一方面涉及我们之前在讨论协调动力学时描述过的肢体之间的相位关系。Lee 等(1995)的研究中受试者被要求学习一种与他们的自然协调倾向(手臂对称运动,同时移向或远离身体)有显著不同的更高难度的双手协调模式(手臂不对称运动)。受试者第一天练习结束时在执行手臂不对称运动方面取得了少量进展,但在第二天初始却又恢复到自然的对称运动模式,说明时间和空间内对称移动手臂的协调倾向干扰了受试者对手臂新的不对称运动模式的学习。

当一个人试图“忘却”以前的技能操作方式并学习一种新的操作方式时,经常会产生负迁移效应。这样的情况发生在许多技能学习情境中。例如,从地方运动队进入到国家队的运动员往往会被教练要求以不同于他们在地方队时的方式来进行运动技能操作,即使他们在地方队的技能操作表现很成功。低水平比赛的成功经验完全不适合高水平比赛,要想在更高的水平上取得成功,运动员需要学习不同的技巧。诸如此类的情况,当人们开始以新的方式练习技能时,他们的技能表现通常会下降。但随着不断练习,技能表现又会开始提高,新的运动方式就产生了。

3. 负迁移发生的暂时性

负迁移效应并不会持续出现在技能学习的所有阶段,通常只在早期阶段产生影响,这就是负迁移的暂时性。在技能学习的早期阶段,学习者技能水平的性质更加具有一般性(泛化动作),因而会更容易受到以前动作经验的干扰。负迁移效应可以通过练习来克服,究竟需要多少练习取决于个人能力和任务本身的难度。另外,教学方式也很重要。一个人在技能学习早期经历负迁移效应可能会削弱其继续学习新技能或以一种新的方式来执行旧技能的兴趣,因此体育教师、教练员和康复师需要让学习者意识到负迁移的暂时性,这一点是很重要的。此外,体育教师、教练员和康复师要意识到一项技能的哪些方面最容易受到负迁移的影响,并在这些方面给予学习者特别的指导,从而把负迁移的影响减小到最低程度。

(二)负迁移发生的原因

依据当前的研究进展,至少有三种原因可以解释负迁移的发生。了解负迁移的理论基础有助于体育教师、教练和康复师在设计学习或训练方案时能够尽可能避免负迁移的发生,也将有助于学习者提前了解他们在学习中可能遇到的因负迁移导致的困难。

1. 旧技能形成的感知-动作耦合发生改变

每项技能都有其特定的执行方式。当掌握一项技能时,人们就学会了在感知到特定任务刺激后产生相应的反应动作,也就是说会在情境的感知特征与运动系统之间形成感知-动作耦合(perception-action coupling)。这种耦合成为技能的记忆表征的一部分,当一个人在情境中感知到熟悉的特征,运动系统就会快速响应,做出记忆中熟悉的动作。这种感知-动作耦合可以使技能被快速的执行,但当熟悉的情境需要的是与所学内容不同的反应动作时,这种耦合关系就会导致问题的出现。例如,学习者已习得的技能是看见红灯后向右转,而正在学习的技能要求看见红灯后向左转,在学习初期,学习者看见红灯后经常还是会右转而出错,这就说明,当新技能需要将已习得的感知-动作耦合改变时,这种转变是困难的,在一定程度上会对新技能的学习产生影响,需要进行练习来克服。

2. 产生认知混淆

导致负迁移的另一种原因可能是认知混淆。例如,习惯左舵右行的司机在被要求右舵左行的地区驾驶汽车时,虽然驾驶动作没有变化,但无疑会使驾驶员产生暂时的困惑。这里需要注意的是,问题不在于肢体控制,操作者知道如何驾驶汽车,这个问题与不熟悉的位置所造成的混淆有关。

3. 新旧技能间内在协调模式的对抗

负迁移产生的原因也可从动态系统理论的角度来解释。正如本章前面所提到,技能中特有的协调趋势(task-specific coordination tendencies)也是可以在任务之间迁移的技能构成成分之一。Zanone 和 Kelso(1992,1997)将这类协调趋势称为内在协调模式(intrinsic dynamics),并认为学习新任务的难易程度取决于学习者已形成的内在协调模式与新任务所需的内在协调模式是矛盾还是相同。当两个任务的内在协调模式之间相互矛盾,如已习得的双手对称运动与正在学习的双手非对称运动之间双手协调模式是相互矛盾的,这时就会使正在进行的双手非对称运动的学习变得更加困难,即产生负迁移。

这种对负迁移的解释还可以用于对回溯式负迁移现象进行理解,可以认为,回溯式负迁移是指以前稳定的协调模式在获得新的协调模式后变得不稳定。必须强调的是这个概念很重要,因为它表明任何新的学习都会影响与新任务相关的一系列已习得行为。例如,Corbetta 和 Bojczyk(2002)的研究中,婴儿在坐和爬行时出现从双手触达进步到单手触达,而向直立行走过渡期间会从单手触达回归到双手触达模式。Chen 等(2007)的研究表明在向步行过渡期间,婴儿的坐姿表现会暂时退步。这两项研究结果都表明,当学习步行这项新技能时,个体此前已习得的、与步行相关的全部协调趋势将会被重新组织,以适应新的步行技能。

第三节　双侧迁移

熟练地使用不同侧四肢的能力能够使人们在许多日常生活和运动技能方面更具有优势,如何设计训练方案以最好地达到这种熟练程度呢? 要回答这个问题,我们必须理解一种被称为双侧迁移的现象。

一、什么是双侧迁移

本章的前两节介绍了学习迁移,也知道其具有方向性。学习迁移不仅会发生在技能之间、情境之间,在同一机体的不同肢体之间也会发生迁移。当我们学会使用一侧肢体操作某种技能时,使用另一侧肢体完成同一任务就会更容易(Haaland et al.,2003;Senff et al.,2011;Stöckel et al.,2011;Teixeira et al.,2003),这种发生在两侧肢体间的学习迁移称为双侧迁移,也称为交叉迁移(cross-transfer)。

在科学研究中,为确定是否发生了双侧迁移,最经典的实验设计如表11-1。

表11-1　确定是否发生双侧迁移的经典实验设计

锻炼对象	前测	技能学习	后测
优势侧肢体	X	X	X
非优势侧肢体	X		X

注:X表示锻炼对象进行该步骤。

这种设计能够帮助研究者确定:锻炼一侧肢体是否可以对另一侧肢体产生影响,即发生双侧迁移。需要指出的是,在此实验设计中,接受技能学习锻炼的肢体并不是固定的,优势侧和非优势侧都可作为锻炼对象。无论是哪一侧参加了锻炼,研究者都会比较每侧肢体前测和后测之间的差异。参加锻炼的一侧肢体应取得更大的进步,但未锻炼过的肢体也应获得明显进步,当这样的结果发生,表明已经发生了双侧迁移。

二、双侧迁移发生的原因

与正迁移和负迁移相同,双侧迁移发生的原因也可以从认知和运动控制两个角度来进行解释,这两方面因素在双侧迁移过程中均被涉及。

(一) 认知因素

认知角度的解释认为,当使用一侧肢体练习一项技能时,学习者会获得有关该项技能的重要认知信息,如这项技能的目标是什么,以及如何实现它。当之后用未经练习的另一侧肢体操作技能时,先前获得的认知信息会立即应用进来,从而使未练习一侧肢体的技能操作表现得到提高。一些研究结果为这一认知角度的解释提供了支持,在这些研究中发现无论练习是在身体上进行还是在精神上进行（想象练习），双侧迁移的程度都是相同的，由此推测，运动和认知成分之间的相互作用可能是双侧迁移发生的原因（Kohl et al.，1983；Chamberlin et al.，1993）。

这种认知角度的解释可以与桑代克提出的共同要素说联系起来，"如何实现目标"这个认知信息就是一种技能要素。我们可以认为一侧肢体操作技能和另一侧肢体操作同样的技能在本质上是不同的。例如，用右手和用左手把球扔向目标是两个完全不同的任务，但无论使用哪只手投球，它们的一些技能要素是相同的。这里包括投掷时的对侧上下肢相反原则（arm-leg opposition principle）、用眼睛持续盯紧目标等，这些元素都代表了如何成功地将球扔向目标，与使用哪侧上肢并没有关系。依据这样的观点，如果一个人使用右侧上肢可熟练操作某项技能，那么当使用左侧上肢操作这项技能时，则不再需要重新学习"如何实现目标"这一技能要素了。此时，这个人左侧上肢操作这项技能的水平要比那些从未进行过右侧练习的人更高。

（二）运动控制因素

产生双侧迁移的运动控制因素可用运动程序理论、动态系统理论来解释。依据本书前面章节中所讲的一般运动程序，操作技能的肌肉或肢体属于技能的一般运动程序中的一个参数，通过调节参数使人们在特定条件下实现动作目标。这意味着，使用单侧肢体学习一项技能的过程中就会建立该技能的一般运动程序，随后，未经练习的对侧肢体执行该技能时一般运动程序已习得，只是将对侧肢体的参数应用到该程序即可。

动态系统理论中关于内在协调模式的阐述也可解释双侧迁移的发生。该理论认为技能学习是"独立于效应器"（effector independent）的，也就是说，当学习运动技能时，所学到的技能的协调动力学特征不涉及参与练习一侧肢体的具体情况，也就不仅仅只适用于练习该技能的一侧肢体。

此外，神经系统传出路径上的活动也能说明双侧迁移与运动控制有关。肌电图（EMG）证据显示，当一侧肢体进行运动时，另一侧肢体存在亚阈值电活动（Hicks et al.，1983），表明任务的运动成分可在大脑的两个半球之间迁移。未进行运动的肢体肌肉存在电活动，说明中枢神经系统已将指令发送到这些地方。功能性磁共振成像证据显示，用右手学习包含 12 个手指动作的序列技能后，使用左手来操作这项技能，当左手技能表现良好时，大脑皮质的补充运动区（supplementary motor area，SMA）比用左手表现不良时更活跃。当使用经颅磁刺激（TMS）阻断 SMA 激活时，则未发生双侧迁移。SMA 主要与机体随意运动的控制有关，因此也就说明运动控制与双侧迁移的发生存在关系。

三、双侧迁移的对称性

双侧迁移涉及两种情况，当先使用 A 侧肢体练习技能，再使用 B 侧肢体练习技能时，发生从 A 侧到 B 侧的迁移；当先使用 B 侧肢体练习技能，再使用 A 侧肢体练习技能时，发生从 B 侧到 A 侧的迁移。由此引出关于双侧迁移的一个更有趣的问题：这两种情况的迁移量是否相近？如不相近，说明某侧肢体首先练习技能时会有更大的迁移量，即发生不对称的双侧迁移；如相近，说明无论先练习哪一侧，迁移效果都是一样的，即发生对称的双侧迁移。

关于这个问题,目前普遍接受的结论认为双侧迁移是非对称的。研究这个问题的理论意义是可以更深入地了解两侧大脑半球在运动控制中不同的作用,实践意义是可以帮助体育教师、教练或康复师设计练习方案,可选择迁移量更大的方向作为练习顺序。

第四节　技能迁移的应用

第十一章
拓展阅读

从实践的角度来看,迁移原则对于建立有效的运动技能学习环境具有重要的意义。技能迁移原则可应用于诸多领域,如教育课程开发、教学方法、体育赛前训练方案,以及康复治疗方案的设计和实施等。在具体应用中,把握的主要原则就是促进正迁移和双侧迁移的发生,减少负迁移带来的影响。

一、正迁移的应用

（一）设计特异性技能练习

对技能的练习应尽可能与实际情况相似,以促进正迁移。要想提高练习的特异性,在设计和执行练习方案时应考虑如下几个方面。

1. 分析动作技能

鉴于正迁移的发生是基于技能之间的相似性,因此,有效分析技能的能力对于设计促进学习的教学策略是必不可少的。通过分析技能的四个组成部分,可以确定技能之间的相似程度,进而评估正迁移的潜力。

（1）基本运动模式（fundamental movement pattern）:上篮的最后三步和跳高的步骤颇为相似。精通上篮的学习者在学习跳高时,如在指导时将上篮和跳高结合起来,将会促进正迁移。

（2）任务的策略和概念化成分:"传切配合"是篮球项目当中的基本战术策略之一,进攻球员将球传给队友后向篮下切入,再接回队友的回传球上篮得分。已经熟练掌握篮球项目中这一策略的学习者在学习同样会使用到这种策略的新技能时,会十分有利。当然,这个过程中教学者应为学习者指出新旧技能中这一策略的相似之处。类似的策略还有许多,在许多健身活动和康复治疗中都会使用到的通过骨盆倾斜或移动头部位置来调节平衡的策略也能够在技能间迁移。

（3）感知要素（perceptual element）:激流皮划艇和激流漂流在动作方面并不具有相似性,但这两项活动都需要人们能够读懂水流信息以选择最佳路线,也就是说用于感知线索的视觉搜索策略在这两种技能中是非常相似的。因此,已经熟练掌握激流漂流项目中这一策略的学习者在学习同样会使用到这种策略的激流皮划艇技能时,会发生正迁移。

（4）时间和空间要素:许多技能要求执行者要确保器械在正确的时间和正确的位置与击打对象相遇,如壁球、网球等球拍运动。熟练掌握壁球中击球时机、击球位置的学习者在学习同样会使用到这种能力的网球技能时,会发生正迁移。

2. 了解学习者的技能学习经历

每个人都有过去的学习经历,这些经历会影响新技能的学习。了解学习者有哪些类型的经验,可以在教学中用来与新技能进行比较。当尝试使用正迁移时,应确保所需基础技能和概念化成分已被学习者充分学习。如果一个人的基础技能掌握得不成熟或不正确,那么试图迁移的内容将不会有效传递,迁移产生的效果也可能适得其反。

3. 为学习者指出新旧技能异同点

教学者一旦确定了已经学习的技能和即将学习的技能之间的异同,应指出给学习者帮助其建立技能之间的联系。然而笼统的阐述往往是不够的,也会容易产生误解,教学者必须明确指出两种技能在哪些方面是相似的,哪些方面是不同的。例如,只说直排轮滑和滑冰相似是不够的,直排轮滑和滑冰起跑时的推进方式是相似的,但停止方式非常不同。对于直排轮滑来说,"制动装置"位于鞋靴的后部,需要将鞋靴后部向前推才能停止。滑冰时停止的方式与之不同,且有多种方式,冰球运动员会通过双脚平行转向一侧来停下来,花样滑冰运动员可能会简单地将冰刃挖入冰中并拖动它以停下来。

4. 类比方法在指导技能时的使用

技能的教学者在对新技能进行解释的时候,可以将新信息与学习者熟悉的模型相关联,进而简化新技能的概念。这样,学习者根据这样形象解释,就无须再去学习理解一些基本的规则,会更快地在脑海中形成如何执行一项新技能的心理意象。例如,为了教授网球拍的正确握法,教练经常要求学生与球拍"握手"。这个类比将抓握球拍的方式与熟悉的握手联系起来,增强了学习者对握拍任务的心理意象。

5. 最大化练习与实际技能操作情境之间的相似性

以上几点都是对技能的分析,除此之外,练习时技能的操作情境与实际情况的相似性也有利于正迁移发生,进而增强练习效果。例如,篮球运动员在比赛时需要能够从多个角度、多种情况下准确地将球投进篮球筐,上楼梯这个动作同样适用于跨过障碍物或踏上自动扶梯等情况。因此,设计各种与技能的实际操作环境高度相似的练习,举一反三,提供在各种情况下使用新学到技能的练习机会,能够最大化正迁移效果。

6. 评估学习者的技能学习情况,及时调整方案

方案执行中,应阶段性对学习者技能掌握情况进行评估,确定以迁移为重点的教学设计是否还适合学习者当前阶段的技能学习。迁移对于初学者比对于中级或高级水平的学习者更有益。对于网球发球技术的初学者来说,比较排球发球与网球发球的各方面不同就可以帮助他们建立对网球发球技能的心理意象,从而达成对技能的初步尝试。然而,一旦学习者对网球发球技能有了一定的了解之后,排球发球与网球发球之间所能进行的迁移就很小了,这时候再花时间去促进迁移就会得不偿失,学习者必须专注于网球发球技能更特异性的细节要点来提高技能水平。

(二) 决定技能学习顺序:先基本、简单技能,后复杂技能

回顾我们从小到大学习数学的顺序,就是关于迁移原则应用于技能学习顺序的一个实际例子。从小学甚至幼儿园开始,教师按照特定的顺序教授数字识别、数字书写、数值识别、加减乘除,这里面每个概念都是基于之前的概念进行学习的,而当遇到除法问题时,我们首先学会的是如何用加、减和乘来解决问题,之后才学习和理解了除法。并且,我们不会在学习基本算术之前先去学习线性代数,也不会在学习三角函数之前先学习几何。

这同样适于体育教学、运动训练或康复治疗领域方法的设计和实施,在对技能的学习进行排序的时候应该考虑到技能迁移的原则,即学习者应该先掌握基本的、简单的技能,然后再掌握以这些基本技能为基础的更复杂的技能。例如,游泳教练在教授学生划水动作时,会先进行陆上训练,而后到水中训练,陆上训练到水中训练会发生正迁移。棒球教练教授击球手技能时,会先让队员击打球座上的球,而后再练习击打移动的球。换句话说,技能学习应该有一个合乎逻辑的进程。教学者应该通过确定该技能的学习对其他技能的学习有何益处来决定何时引入该技能。如不使用这种方法,那么人们再回过头来学习必备的基本技能时就会浪费时间。

本书前面章节中所介绍的金泰尔运动技能分类就是以正迁移原则为基础进行的分类,展示了迁移原则在技能学习中的应用。该分类列出 16 类技能,并且依据技能本身的组成和操作情境的难易程度进行排列,这样人们就能知道在完成更复杂或更困难的任务之前必须先掌握的技能是什么,进而安排学习某项技能的步骤。这一方法在临床康复过程中有助于选择适当的功能活动顺序。康复师确定患者的功能缺陷后,可以参考分类类别来为康复方案选择合适的功能活动,之后从某一难度开始逐级增加活动的复杂性。在体育教学和运动训练中学习或提高运动技能时也会用到这一思路。例如,冲浪教练在教学生如何在冲浪板上划水和站起来之前,可能首先会使用相对简单的陆地练习,然后再在水中尝试这些技能。

此外,一些技能的分解练习中也会应用到迁移原则。在指导技能学习时常用的两种方法有整体练习法和分解练习法,当技能复杂性较高、序列较长时,可以考虑分解练习法,如武术套路动作、体操套路动作、演奏乐器、伸手拿茶杯等。一项复杂的技能可以有几种分解方式,这并不像听起来那么简单,因为有一些因素会使得将学习到的分解动作整合到整个技能时变得困难。那么选择哪种分解方式来练习更有效?这时候就应充分考虑技能迁移原则,从而使分解动作之间、分解动作与整个技能之间发生尽可能多的正迁移。

（三）评估练习条件的有效性

一个人在练习中的表现往往会高估或低估其实际学习的内容,对于任何想要确定教学方法、训练或治疗方案有效性的体育教师、教练或康复师来说,学习者在迁移测试中的表现可帮助他们评估练习或指导的有效性。需要注意的是,只有通过迁移测试确定学生、运动员或患者目标技能的表现,才能知道练习或指导的有效性。所谓目标技能,是指在制订教学、训练或治疗方案时计划让学习者掌握或提高的特定技能,或是计划让学习者在特定情景下操作的技能。对于运动队教练员来说,要测试的目标技能通常是运动员或运动队准备参加的比赛。对于教师和康复师来说,必须确定学生或患者将需要执行的技能或情境。对于体育教师来说,目标技能可能是在技能测试或比赛中的表现;对于舞蹈老师来说,目标技能可能是独奏会或音乐会的表演;对于康复师来说,目标技能可能是在家中的日常生活活动或在工作场所的工作活动。

（四）辅助设备、模拟器和仿真环境的设计与使用

一些技能的执行具有危险性,或是操作环境不常见,在练习这些技能时使用一些辅助

设备、模拟器或采用虚拟现实技术模拟特殊的操作环境被认为是可行的。辅助设备是辅助学习者完成任务或起保护作用的设备。例如,康复师最初可能会使用体重支持系统来帮助正在重新学习走路但在站立时无法支撑自己体重的患者。模拟器是模仿环境、车辆、机器或仪器的设备。例如,在体育运动中使用到的棒球、垒球、网球、乒乓球、篮球的发球机。虚拟现实技术模拟真实环境的过程是利用计算机三维制图技术实现的,可使学习者犹如身临其境,获得与真实环境中一样的操作体验,如模拟比赛场地、观众欢呼等。

使用这些手段练习的优点在于,可以在初学危险技能时降低技能难度,在不用担心出错而导致事故的情况下练习,降低技能对注意的需求;可在相对真实的情境中自由安排练习时长和强度;可以任意调节技能操作情境的特征,尽可能与真实情况相似,哪怕是并不常见的情况。因此,为达到理想的训练效果,在设计和使用辅助设备、模拟器和仿真环境时,要考虑模拟练习与真实情况下要执行的任务之间技能组成部分、操作情境及认知处理特征上的相似性,遵从迁移原则,以最大化练习的正迁移效果。

(五)心理练习中也存在迁移的应用

身体练习不是建立有效练习条件的唯一途径,心理练习也是其中不可或缺的一部分,向技能习得产生正迁移。心理练习是指在不进行外显身体动作的条件下,在头脑中对技能进行认知排练的方法。它的形式可以是思考某项运动技能的程序,也可以是对某项技能或技能的一部分进行视觉或动觉表象。

在动作技能习得的研究当中,心理练习的作用与身体练习和无练习相比,介于两者之间,证明心理练习效果虽不及身体练习,但对于技能习得也是具有促进作用的,也可产生正迁移效应。关于心理练习,更有价值的发现是,单纯身体练习与身心结合练习对技能学习影响差异并不显著,但身心相合练习的方法中身体练习的数量仅是单纯身体练习中练习数量的一半,这对于不方便进行过多身体练习,却仍想要达到很好的技能学习效果的人来说,如受伤的运动员,是有重大意义的。此外,在康复领域的一些研究中也表现出,心理练习不仅有利于新技能的习得,还可以有效地促进技能的再学习和技能操作的改进。

关于心理练习能够促进动作技能学习和操作的解释之中,有两种说法得到普遍的认可,即神经肌肉假说和认知假说。神经肌肉假说认为,与动作操作有关的运动神经通路在心理练习过程中被激活。认知假说认为,心理练习可以使学习者在没有实际操作压力的情况下,练习到"解决问题"等技能的认知加工活动。

二、双侧迁移的应用

双侧迁移在体育教学和运动训练过程中应用广泛,人体某一侧肢体取得的动作技能学习效果和控制能力,可迁移到对侧,对另一侧肢体具有显著的加强和补足作用。例如,乒乓球、羽毛球和网球等项目的运动员训练时也会安排采用非优势手持拍练习,此举可强化动作程序,优化动作信息在"效应器"部分的处理过程,从而进一步提高优势手持拍打球的各种动作技能。

另外,当学习者所处的状态是一侧肢体受伤或因疾病失去活动能力时,在伤侧肢体康复期间也可以利用双侧迁移。康复初期可使用健侧肢体对目标技能进行练习,依据双侧迁移原则,学习效果可向对侧受伤肢体迁移,使伤侧肢体在不进行显性活动的情况下依然可获得技能学习,康复后期伤侧肢体可进行适当活动后,方可使用患侧练习以避免代偿情况的发生。

第十一章习题　　　第十一章参考文献

第十二章

示范、指导与追加反馈

【导　读】

如果让你向他人传授某项动作技能,你将会使用哪些方法让学习者更快、更好地领悟和掌握这项技能? 你可能会亲自对动作进行示范或者让他去观看录像,你也可以通过语言对他的动作进行指导,并提供给他一些有关动作的反馈信息。但是,你真的了解并能够合理使用这些手段来进行动作技能的教学吗? 你是否明确在使用这些手段时应该注意哪些问题? 你又能否知道如何搭配组合这些常用手段来丰富教学方式、促进技能学习?

刚刚我们提到的示范、指导和追加反馈是动作技能教学中经常用到的手段,合理、科学地使用这些方法可以有效提高动作技能的学习效果。本章将对动作技能示范、指导和追加反馈的基本概念、类型、影响因素等内容进行介绍,并强调相关理论在动作技能教学实践中的应用。

【学习目标】

1. 了解示范的基本概念及其作用。
2. 理解示范的影响因素,并能够在动作技能的教学实践中加以应用。
3. 了解指导的基本概念。
4. 理解指导的策略,并能够将其应用于动作技能的教学实践。
5. 了解追加反馈的基本概念及其作用,并能够区分不同类型的反馈形式。
6. 理解追加反馈的内容、频率与时机,并能够将其与动作技能的教学实践相结合。

【思维导图】

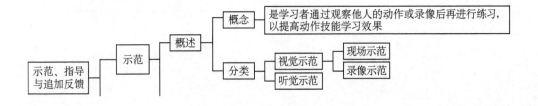

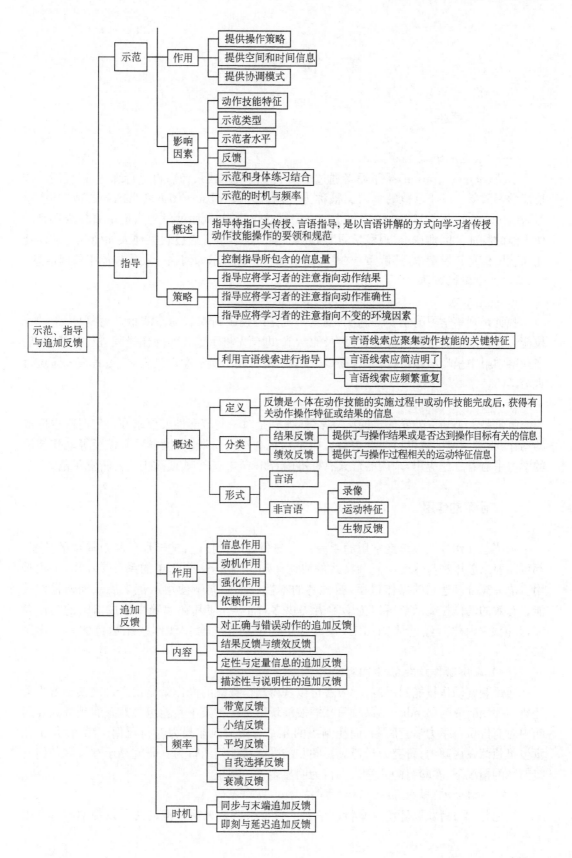

第一节 示　范

一、示范概述

（一）示范的概念

示范（demonstration）是学习者通过观察他人的动作或录像后再进行练习，以提高动作技能学习效果。基于示范的学习又被称为"观察学习"（observational learning）或"模型学习"（modeling），两者都表达了通过示范来展示动作技能，从而使学习者能够直接观察到动作技能的特征。区别在于"观察学习"侧重于"学"，是学习者通过观察他人如何执行动作技能来获取信息；"模型学习"侧重于"教"，是指导者通过演示如何执行动作技能来传递信息。

（二）示范的分类

1. 视觉示范

视觉是观察学习的主要信息源，视觉示范是通过眼睛观看动作演示，以获取所学动作技能。视觉示范通常有两种方式：①录像示范，即预先将示范者的操作过程进行录像，随后在观察学习中呈现给学习者；②现场示范，即示范者现场演示操作过程，学习者在一旁进行观察学习。

2. 听觉示范

听觉是人类获取外界信息的第二来源，尤其是对一些节奏性或要求在一定时间内完成的动作，听觉示范的效果可能会更好。听觉示范在演奏乐器、体操、舞蹈、田径等动作技能的学习中有着广泛应用，采用的形式有标准的音乐节奏、口令式或敲击式的听觉示范。

二、示范的作用

示范是动作技能教学最常用的手段。大部分的动作技能，甚至那些相对简单的技能，都可能要求肢体和身体产生复杂模式的协调运动。例如，一个简单的系鞋带动作，都很难用言语去充分表达它的操作过程，教学者的本性也都倾向于使用示范来展示如何操作技能。有效的动作技能示范可以为学习者提供多种信息，使其在大脑中形成清晰的动作表征，并使之"内化"，经过认知加工，建立起正确的动作概念。动作技能示范的具体作用如下。

（一）提供动作技能的操作策略

通过观察动作技能的示范，学习者可以获得动作技能的操作策略信息。观察学习中最经典的一项研究为Bandura等（1961）的"波波玩偶实验"，其中实验组的儿童看到成人在房间中对充气玩偶暴力拳打脚踢，而控制组的儿童看到成人非暴力对待玩偶。随后，每个儿童被单独留在房间内，研究人员通过视频监控来观察他们的行为。研究显示在没有任何直接鼓励的情况下，实验组的儿童攻击行为明显多于控制组。

（二）提供动作技能的空间和时间信息

视觉是学习者获取环境空间特征信息的首要来源。观察示范动作可以使学习者获得直观的动作空间信息,这些信息有助于学习者动作技能的规范性练习。特别是涉及动作序列时,现场示范或录像示范都可以向学习者提供更多的肢体空间位置信息。例如,学习广播体操时,这些动作想用言语描述出来非常困难,但是示范就能很好地展现出动作的空间信息。

　　许多动作技能带有一定的动作节奏性、时机性特点,而与言语指导相比,技能操作的时间信息更容易通过示范进行学习。因此,观看舞蹈或者篮球运球这些节奏性的动作技能时,学习者对动作时间节奏的理解可能比言语指导要深刻。

　　(三) 提供动作技能的协调模式

　　学习者通过观察学习可以获得并使用协调运动模式中那些相对不变的特征信息,来发展和形成自己的技能操作模式。有两类研究证据支持了这一观点:一类来自运动的视知觉研究;另一类来自示范对复杂动作技能的学习影响研究。

　　运动的视知觉研究发现个体判断运动形式只需要使用各部分间相互关系的信息,不需要使用其具体特征。红外动作捕捉技术的应用证实了这一观点,该技术是在个体关节点上放置反光标记点,通过拍摄个体运动的过程,记录相应反光点的运动轨迹。最后由受试者对反光点的运动进行观察识别,开展对动作技能视知觉问题的研究。使用红外动作捕捉技术进行的一系列研究为我们理解示范提供了两个重要结论:第一,个体不需要看到整个身体或肢体的运动,就可以快速、准确地辨认出不同的运动模式;第二,个体用于区别不同运动模式的最关键信息,并不是某个运动的具体特征,而是运动中两个组成部分间相对不变的时机关系。据此研究者认为,在协调运动中,各部分间相对不变的关系才是观察学习的关键信息。

　　示范对复杂动作技能学习影响的研究也显示个体通过示范获得了动作技能的协调模式。Schoenfelder-Zohdi(1992)的研究让受试者在滑雪模拟器上完成障碍滑雪训练,测试内容为把一个踏板放在一组由松紧带拴着的轮子上,受试者需要像障碍滑雪运动一样有节奏、快速地将踏板推到弯曲轨道的左、右两侧(图 12-1)。受试者身上粘贴反光标记点记录

第十二章
拓展阅读 1

图 12-1　在滑雪模拟器上完成障碍滑雪练习
(Schoenfelder-Zohdi, 1992)

下肢运动学特征,并随机分为示范组(观察熟练者操作技能)和对照组(只被告知任务的操作目标),研究发现获得示范的受试者在练习过程中可以更早形成协调的动作模式(图 12-2)。

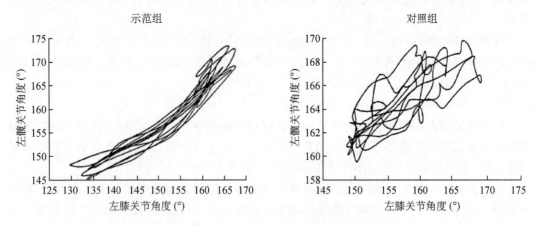

图 12-2　示范组与对照组在练习第 1 天左膝与左髋关节的角-角图(Schoenfelder-Zohdi，1992)

三、示范的影响因素

一个好的示范可以有效提高动作技能的学习效果,使学习者获得动作技能的特征信息,形成动作表象。因此,指导者在设计和进行动作技能的示范时,也要考虑以下因素对于示范效果的影响。

(一)动作技能特征

动作技能特征是影响示范效果的重要因素,不同任务特征的观察学习效果不同。动作技能所包含的信息量及新异性决定了观察学习的效果:信息量越多,可能超出学习者注意和短时记忆的有限容量,示范效果越差;新异性越低,可能无法引起学习者的学习兴趣,示范效果越差。

(二)示范类型

在动作技能示范中,现场示范和录像示范是最常使用的两种方法。与录像示范提供操作情境的二维信息相比,现场示范提供的信息量更为丰富。但是,根据信息加工理论和动作技能学习阶段理论可知,信息量越大,学习者信息加工负荷也就越大。而处于动作技能学习初期的学习者注意资源和记忆容量都非常有限,在没有提示和指导的条件下,初学者往往无法有效对技能操作的关键信息进行加工,即现场示范所提供的大量信息可能影响初学者的学习效果。因此,初学者对录像示范和现场示范的观察学习效果可能并不会出现显著差别,而随着学习者逐渐掌握动作技能,现场示范或许可以为其提供更多的学习帮助。

(三)示范者水平

根据示范者掌握动作技能水平的不同,可将示范划分为学习型示范和熟练型示范。

1. 熟练型示范

熟练型示范是指由专家进行示范,将正确、熟练的动作技能展示给学习者的一种示范方式。在日常动作技能的教学中,大多时候会采用熟练型示范。许多专家也坚信示范时应该尽可能正确、熟练地展现动作技能,这可能源于:①运动的视知觉研究认为学习者感知和利用的信息与相对不变的动作模式有关,那么观察学习所获得的技能操作质量也应与示范的质量有关;②学习者在观察学习中还获得了示范者解决动作问题所使用的策略,学习者在最初操作技能时也会尝试去模仿这一策略。

2. 学习型示范

学习型示范是指由初学者示范动作,将正在学习的动作技能展示给其他学习者的一种示范方式。学习型示范的方式主要有两种:一种是将学习者进行配对,一方为示范者,另一方为观察者,经过一段时间或几次练习后双方互换角色;另一种是利用自我观察的方法让初学者观看自己技能操作的录像回放。尽管理论认为示范者应该是能够熟练操作技能的个体,但是一些研究却显示学习型示范可能比熟练型示范更有利于动作技能的学习,尤其是在学习者和示范者均处于学习初期时最为明显。Pollock 等(1992)研究了一项计算机追踪任务,一部分受试者在练习任务前接受了学习型示范或熟练型示范,另一部分受试者没有进行任何示范。研究发现相比于无示范组,学习型示范或熟练型示范都产生了较好的学习效果,但是学习型示范和熟练型示范之间却不存在差异。王晓波等(2009)通过实验探讨学习型示范和熟练型示范对动作技能观察学习的影响,36 名受试者随机分为学习型示范组、熟练型示范组和对照组。采用计算机追踪任务,对三组被试分别进行了 10 min 后保持测试、24 h 后保持测试和迁移测试。结果显示,在保持测试和迁移测试中,学习型示范组和熟练型示范组的绩效均显著好于对照组;在 10 min 后和 24 h 后保持测试中,学习型示范组和熟练型示范组之间没有显著性差异;而在迁移测试中,学习型示范组的绩效显著好于熟练型示范组。这一研究表明,对于计算机追踪任务的观察学习而言,学习型示范的观察学习效果好于熟练型示范。

以上研究结果表明,学习型示范可能产生与熟练型示范相近的效果,且在一些案例中可能更有利于促进学习。由熟练者展示的动作技能有利于学习者建立正确的认知表征,这种表征不仅可以指导动作执行,也可以作为一种知觉参照标准,与实际操作产生的知觉进行比较,进而修正和完善动作。但是,动作技能的学习本质上也是发现问题、解决问题的过程,熟练型示范可能无法提供错误的动作技能信息及如何纠正这些错误。学习型示范可能展现出错误的动作模式,学习者通过观察可以从中解决一定的认知问题,从而促进动作技能的学习,而学习效果也主要取决于学习者自身发现问题和解决问题的能力。

综上,熟练型示范可以提供动作技能的整体观,强化正确的动作形式,而学习型示范可以改善对技能学习很重要的认知过程。因此,为了达到示范学习效果的最佳化,在动作技能的教学过程中可以将学习型示范和熟练型示范有机结合。

(四)反馈

闭环理论强调了反馈的重要性,观察学习是利用反馈信息学习动作技能的重要途径。反馈能够激发学习者的学习兴趣,使其更为积极地参与到动作技能的学习过程中,从而促进学习效率的提高。尤其是在进行学习型示范时,反馈更是非常必要的。由初学者进行动作示范时往往会呈现出很多问题,此时观察学习者还不能很好地自我察觉和纠正这些问题,需要借助指导者提供正确的反馈来帮助解决问题,提高示范的学习效果。因此,一个好的示范不是只强调动作的观察和模仿,其关键在于学习者能够观察动作、接受反馈、纠正错误,并主动参与到解决问题的活动中。

（五）示范和身体练习结合

动作技能的学习不仅包括操作策略、规则等认知层面的学习,也包括力量、协调等肌肉层面的学习。示范对于认知层面具有较好的学习效果,身体练习则是针对肌肉层面的学习。在日常动作技能的教学和训练中,通常将身体练习和示范结合使用能够获得更好的学习效果,其原因可能在于:①充足的观察学习能够让学习者提取示范者多种有效操作策略和技巧,再结合足够的身体练习,学习者便能够将通过观察提取的信息在操作过程中筛选、整合,从而获得更为有效且适合自己的操作模式;②观察学习和身体练习相结合的学习方式可以使学习者从不同的视角(第三者和自己)来学习动作,使得对动作技能的认知表征更为清晰、准确;③两种学习方式的交替使用与只进行身体练习相比,学习方式的多样化更能激发学习者的学习动机,使其更为积极地参与到动作技能的学习过程中。

（六）示范的时机与频率

示范是传递技能操作信息的有效手段,学习者处于不同学习阶段时从观察学习中获得的信息也是不同的,因此示范在整个学习过程中都扮演了重要的作用。尤其是学习初期,学习者在实际练习前进行观察学习对动作技能运动模式的形成是有重要作用的,且在练习过程中学习者也应尽可能频繁地进行观察学习。Weeks 等(2000)通过学习排球发球技术对示范的频率和时机进行了研究。受试者总共需要完成 10 次录像示范的学习和 30 次发球练习,其中先观察后练习组要求所有受试者先完成 10 次观察学习后,再进行 30 次的发球练习;观察和练习穿插组要求所有受试者完成 1 次观察学习后,进行 3 次练习,共重复 10 次;观察和练习结合组要求所有受试者完成 5 次观察学习后,进行 15 次练习,共重复 2 次。在练习后的 5 min 和 48 h 进行保持测试,测量学习者排球发球技术的形态得分和准确性得分。研究最终显示观察和练习结合组、先观察后练习组的学习效果要明显好于观察和练习穿插组,这也进一步说明了在练习前进行示范的重要性(图 12-3)。

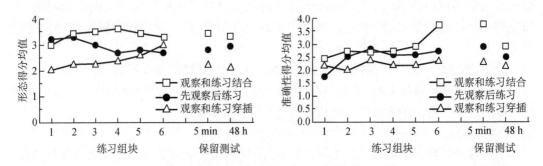

图 12-3　不同示范频率与时机对排球发球技术的形态和准确性得分的影响(Weeks et al.，2000)

第二节　指　　导

一、指导概述

(一) 指导的概念

指导(instruction)：特指口头传授、言语指导，是以言语讲解的方式向学习者传授动作技能操作的要领和规范，是动作技能教授过程中常用的教学方法。

(二) 指导者的知识类型

指导者的知识结构和学习者是有区别的。动作技能大多属于程序性知识，学习者通过长期练习建立了肌肉发力时间、发力顺序等运动程序，但是这些程序性知识很难用言语描述出来。而指导者则必须能够把程序性知识转化为陈述性知识，将某些动作技能的操作信息通过言语描述传授给学习者。因此，好的学习者并不一定能够成为一名优秀的指导者。例如，在乒乓球运动中，许多世界顶级的运动员已经具备了高超的技能，但他们对完成这些技能所涉及的动作要领、发力顺序、球的空气动力学知识等相关信息并不十分了解。而教练必须深刻理解这些知识，这样才能发现运动员在练习中的问题，并给予必要的指导。在中国国家乒乓球队里就有一位"总设计师"——吴敬平，他是队里真正能把理论和实践结合在一起的技术型教练。他为了能够让自己所带的队员取得优异成绩，潜心学习、钻研技术，甚至重回大学课堂进修力学相关课程。他每天都在思考如何将自己所学的理论知识套用在队员身上，并进一步付诸实践，最后为我国带出了马琳、王皓、樊振东等多名世界冠军。

二、指导的策略

高效的指导要求能将学习者有限的注意引向重要的环境线索，提醒学习者动作操作的关键部分，激励并促进学习者的操作，提高动作技能的学习效果。在实践过程中为了更好地发挥指导的作用，还需要考虑以下策略。

(一) 控制指导所包含的信息量

由于注意资源和记忆容量的有限，在指导动作技能学习时，应控制指导所提供的信息量。在练习过程中，学习者在一个时间点所接受和处理的信息量就可能非常庞大，这些信息不仅包括动作技能的总体目标，还有肌肉发力模式和时序、多关节协同、注意环境特征、保持平衡和控制姿态、对他人运动的预期和反应、操纵设备等。即使一个简单的动作技能每秒都可能需要反馈上千条信息，而复杂动作技能的要求更是成倍增加。尤其对于初学者而言，学习者短时记忆容量有限，在练习初期动作技能的操作也需要占用非常多的注意资源，此时过多的指导信息量往往会使学习者不知所措，进而阻碍动作技能的学习。因此，指导的基本原则应是简明扼要，可以将学习者的注意聚焦于有限的信息上，同一时间点包含一条或者两条信息为宜。在练习初期，指导者应当提供操作该技能所需最基本的信息。而随着练习深入，指导者可以提供更为细化的信息来引导学习者改进基本的动作模式。

（二）指导应将学习者的注意指向动作结果

指导的一个重要功能就是将学习者的注意指向、集中在利于操作的关键信息上，动作技能操作熟练的一个表现就是操作者能够在操作过程中有效分配有意注意。越来越多的研究也证实将注意指向动作结果的操作效率要好于将注意指向动作过程本身，即把注意集中到动作本身的"内部注意焦点策略"并不能有效地促进动作技能的操作和学习。相反，学习者的注意集中在动作的结果的"外部注意焦点策略"更能有效地促进动作技能的操作和学习。有两类研究验证并支持了这一观点，这些研究显示可以通过两种指导的方法将学习者的注意指向动作结果。

第一种方法是建立"发现学习"的情景，即通过言语指导将学习者的注意集中在动作技能的目标上，在学习者练习时来发现如何通过身体活动来达到该目标。沃尔夫（Wulf）博士最早在练习"力量型顺风转向"的新技能中发现，专注于帆板的运动比专注于自己身体的运动更加有效。在练习中偶然发现的现象也引发了她的好奇心，她想知道相比于关注身体本身，关注动作的效果是否会带来更好的运动表现和学习效果。为了验证这一猜测，Wulf 设计让受试者在一个滑雪模拟器上完成为期 3 天的障碍滑雪训练（图 12-2）。研究结果显示受试者将注意放在滑雪器的踏板上而不是脚上时，能达到最佳的运动表现。尽管这一结果让 Wulf 非常兴奋，但在她第一次试图发表这项研究结果时就遭到了审稿人的质疑和退稿。Wulf 在遭到质疑后也没有放弃，再次重新设计新的实验来进一步验证她的发现，并带着确凿的实验证据再次拜访曾经退稿的杂志社，在她开始学习帆板运动的 2 年后相关研究结果才得以发表。虽然在那时这些研究发现似乎微不足道，且应用起来非常有限。但是，距 Wulf 里程碑式的研究已经过去 20 多年，外部注意策略所带来的有益现象源源不断涌现出来，并且在动作技能训练和教学中的应用也愈发广泛。数据显示，自 1998 年至今已经完成了大约 160 项关于内部注意和外部注意的原创研究。由此可见，Wulf 帮助建立了运动学习领域有史以来较完整的研究叙述之一，相关学者用一项又一项严谨、精确的研究揭示了指导、意图和行动之间的相互作用。

第十二章
拓展阅读 2

第二种方法是利用言语类比，即通过言语指导将学习者的注意引向动作结果所形成的表象画面。隐喻、类比的方法是通过言语描述强调两个事物之间的相似性，通过强调与已知事物的相似性，帮助学习者更好地理解那些之前从未遇到过的事物。Wulf 等（1999）在一项研究中指导大学生学习击打高尔夫球进入 15 m 远的圆形目标区域，其中一组受试者被告知在每次摆动击球时要将注意集中在手臂的摆动运动上，而另一组受试者被告知在每次摆动中将注意集中在杆头的运动轨迹上，并将球杆的运动类比为钟摆。研究结果显示将注意指向球杆运动的受试者在练习及 24 h 后的保持测试中均表现出较高的击球准确性。

（三）指导应将学习者的注意指向动作准确性

对于既要求准确性，又要求速度的动作技能学习而言，指导者应该通过指导让学习者注意其指向动作操作的准确性方面，这种指导策略能够兼顾速度和准确性，从而取得更好的学习效果。Blais（1991）采用系列追踪任务，要求受试者控制类似方向盘的仪器，将面前显示器上的指示器快速而准确地移动到目标位置。研究将受试者分为三组，每组获得的指导内容分别为强调操作准确性、强调操作速度和既强调速度又强调准确性。实验结果表明，强调速度组表现出最快的操作速度；强调准确性和速度组虽然获得了较快的操作速度，但却以牺牲操作准确性为代价;强调准确性组的操作准确性最高,同时受试者也表现出最小的平均响应时。这一实验也再次证明在学习速度-准确性动作技能时,指导应先将学习者的注意指向动作准确性,再强调动作速度。

（四）指导应将学习者的注意指向不变的环境因素

动作技能学习初期的目标就是寻找和熟悉成功操作技能时那些没有发生变化的环境因素,以使学习者在操作技能时能够从环境背景中选择那些规律性的因素,并加以有意识的关注。因此,在动作技能的教学中,指导者可以通过指导使学习者察觉到这些特征,有针对性地将学习者的有意注意集中于操作环境中那些不变的因素上,以提高动作技能的学习效果。例如,网球教练可以告诉学员发球时拍头击球的角度不同可以带来发球类型的变化,这些是学员在预测对手发球类型时应该注意的环境信息。但是,也有观点认为这些规律性的环境因素应由学习者在练习时通过内隐学习获得,外显的指导方式可能使学习者将更多的注意资源指向记忆这些规律,并寻找这些规律的出现,此时有限的注意资源可能影响动作技能的操作。

（五）利用言语线索进行指导

言语线索(verbal cue)是简短精练的词语、短语,可以将学习者的注意引向重要的环境线索,或是提醒学习者技能操作的关键特征。例如,在指导网球运动员击球练习时,教练说"看球"就可将学习者的视觉注意引向环境线索,而提示"屈膝"就提醒了学习者基本的动作特征。向学习者传达有效信息,并降低注意需求的有效方式就是提供言语线索,而在实际动作技能的学习过程中提供言语线索的方式很多。

在实践中应用最普遍的是结合示范进行线索指导,即在做动作示范的同时进行言语提示,以补充视觉信息,引导注意指向动作的关键部分。例如,Janelle 等(2003)的一项研究发现非足球运动员采用熟练型示范结合言语和视觉线索的指导方式,会比其他几种练习方式有更适宜和准确的传球。

另一种方式是指导者直接提供言语线索,帮助学习者在操作技能时将注意聚焦于动作或环境的关键特征。例如,在 Masser(1993)的研究中有一组学生每次做头手倒立之前,教练会说"肩膀越过你的手指",以强调操作该技能关键的动作特征。获得言语线索的学生在练习后 3 个月仍能保持该技能,而未获得言语线索的学生在练习后 3 个月再次操作该技能的绩效下降。

此外,还有一种方式是学习者在操作技能时,使用言语线索来提示自己操作技能的关键动作特征。例如,在 Cutton(1993)的一项研究中教练要求网球初级班的学生在每次击球时大声说出 5 个言语线索:"准备"提示来球的准备;"球"提示将注意集中在来球上;"转身"提示击球时的身体位置;"击球"提示将注意集中在击球上;"头向下"提示击球后头的固定位置。与没有获得言语线索的学生相比,获得线索提示的学生更好地学习了网球击球动作。

总之,不论采用哪种形式,言语线索最终希望达到的目的就是两个方面:将学习者的注意引向特定的环境因素,或引向技能操作的关键特征。精心设计和呈现的言语线索可以显著提升动作技能的学习效果,但并不是所有的言语线索对动作技能的学习都可以起到积极影响。在设计言语线索时,指导者应该考虑以下几个方面的内容。

1. 言语线索应聚焦动作技能的关键特征

指导者在提供信息的时候应避免超过学习者有限的注意容量。因此,使言语线索行之有效的最重要因素在于以简明扼要的方式传达指导信息。为了限制学习者所接收到的指导信息量,指导者必须将线索指导聚焦于那些与动作技能操作和学习有关的关键特征上。有时,在动作技能的练习过程中,指导者会告诉学习者应该关注环境中的哪些特征,这样可以帮助学习者校准视觉注意的焦点,从而捕捉最关键的加工信息。此外,应让学习者在多种不同情境中练习,指导学习者在变换的情境中把握自身动作的关键元素,从而提高技能操作的应变性。

2. 言语线索应简洁明了

言语线索包含的信息应该是简单易懂、可以直接被理解的,这些信息可以直接将学习者的注意引向动作和环境中的关键特征,而不再需要额外的加工处理过程。一般情况下,使用那些描述动作形式的词语(如拉、击打、扭转等)通常可以帮助学习者理解言语线索的意图。在技能学习初期(认知阶段),言语线索包含 2 个或 3 个提示词汇对学习者已经足够了,超过这个数量后,学习者可能会对不同提示的要求感到困惑。当学习者逐步进入到学习中期(联结阶段)时,可以加入额外的言语线索来引导学习者的注意指向新的动作技能特征。但一定要注意,附加的言语线索不能使学习者产生犹豫或者困惑,并且也应控制数量。在大多数情况下,超过 7～9 个言语线索的提示词就不太可能对学习效果产生益处了。

3. 言语线索应频繁重复

在练习过程中,频繁重复相同的言语线索有助于使学习者建立提示词与关键线索之间的密切连接。尤其在技能学习初期,在出现特定动作时就进行频繁的口头提示,可以强化诱发事件或环境特征与正确响应之间的关联。当学习者逐渐建立了这种联系后,指导者可以逐渐降低言语线索的频率,并鼓励学习者自己根据相关提示来回忆和操作技能。

第三节 追 加 反 馈

一、追加反馈概述

(一) 定义

反馈是个体在动作技能的实施过程中或动作技能完成后,获得有关动作操作特征或结果的信息。根据信息来源的不同,反馈可分为任务间内在反馈(task-intrinsic feedback)和追加反馈(augmented feedback)(图 12-4)。

1. 任务间内在反馈

任务间内在反馈是个体操作动作和学习动作技能时通过视觉、听觉、本体感觉、触觉等自然而然获得的各种感觉信息,它不需要借助任何外界的特殊设备和装置,又被称为感觉反馈(sensory feedback)。例如,篮球运动员投篮后可以看到投出的球是否命中,可以感觉

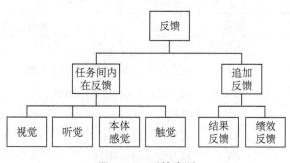

图 12-4 反馈类型

到自己身体姿态的变化、肌肉发力的大小等,这些都属于任务间内在反馈。除非存在某种感官缺陷,否则对于个体来讲任务间内在反馈是始终存在的。

2. 追加反馈

追加反馈是个体在操作动作和学习技能时,借助外界帮助或特殊装置获得的信息,有时又称为外在反馈(extrinsic feedback)。例如,完成体操比赛后,运动员在大屏幕上看到自己的比赛成绩,教练对刚才的动作评价说"做得很好"等,都属于借助外界才能获得的追加反馈。

(二) 追加反馈的分类

根据反馈所提供信息的不同,追加反馈可以分为结果反馈(knowledge of results,KR)和绩效反馈(knowledge of performance,KP)两类。

1. 结果反馈

结果反馈提供了与操作结果或是否达到操作目标有关的信息。结果反馈所描述的内容包括两个方面:①操作的结果,如教练员告诉运动员刚才百米跑的成绩是 10 s;②是否达到操作目标,如向练习腿部伸展的患者提供追加反馈,康复师可以设置一个蜂鸣器在患者达到运动目标时产生蜂鸣声。

2. 绩效反馈

绩效反馈提供了与操作过程相关的运动特征信息。绩效反馈描述的内容是为什么学习者完成的动作是正确的或是不正确的。例如,网球教练对球员说"刚才击球的时候没有充分转体"。

表 12-1 列举了一些关于结果反馈和绩效反馈的例子,从中可以知道,与结果反馈关注操作结果或目标不同,绩效反馈注重操作过程中动作操作和运动形式的特征,而这些特征与运动目标的实现是息息相关的。因此,绩效反馈受到更多教师、教练等实践工作者的青睐,但这并不意味着指导者在实际的教学和训练中不使用结果反馈。事实上,有些经验丰富的指导者会将结果反馈和绩效反馈有效地结合起来。例如,田径教练告诉运动员"你刚才的 100 m 成绩为 11.3 s"(结果反馈),并指出"如果能在落地前将腿充分抬高折叠,增加步幅,你的成绩还可以提高"(绩效反馈)。又如,在学生完成一套健美操动作后,教师说"你刚才完成得很好"(结果反馈),并指出"不过需要在每个动作结束时加强制动,以提高力量感"(绩效反馈)。

表 12-1　结果反馈与绩效反馈示例

运动情境	分类	示例
网球教练告诉学生	KR	这个正手击球你打得很好
	KP	这个正手击球动作向后挥拍不充分
康复师告诉患者	KR	你今天独自站立的时间比昨天长了 2 min
	KP	在站立的时候,尽量将重心放在两腿之间
在汽车模拟器上 学习驾驶	KR	在驾驶一段时间后,模拟器呈现的错误次数
	KP	在驾驶过程中,蜂鸣器提示换挡时踩离合器没有到底
200 m 跑	KR	跑步后,在电子大屏幕上看到自己的成绩
	KP	观看自己跑步时技术动作分析图
舞蹈演员	KR	看到评委的最后评分
	KP	观看自己表演的录像
射击运动员	KR	看到自己射击的环数
	KP	观看刚才射击时,心率的波动曲线

（三）追加反馈的形式

1. 言语形式

言语形式是将追加反馈的信息口头传达给学习者,是在实践中最广泛使用的追加反馈形式。例如,教练告诉运动员的百米成绩。但是,有时候可以用言语表述的信息通过其他方式进行传达时,我们也可以将其看作一种追加反馈的言语形式。例如,教练给运动员展示秒表上的百米成绩。

2. 非言语形式

非言语形式是将追加反馈的信息通过言语以外的方式传达给受试者,通常在反馈信息数量较多、比较复杂或者抽象、很难用言语描述时,往往会采用非言语的形式提供追加反馈。常见的非言语形式包括:①录像,通过回放录像来帮助操作者了解每一个动作操作的情况;②运动特征,将经过影像解析后的动作技术分析图展示给操作者;③生物反馈,将一种与生理过程(心率、血压、肌电、脑电)有关信息采集后提供给操作者。

二、 追加反馈的作用

（一）信息作用

在动作技能学习中,追加反馈能提供与操作相关的信息,帮助学习者了解操作中出现的错误,以及导致错误的原因及改善方式,最终实现动作的精确控制。当执行一个动作技能时,尤其是对于初学者而言经常会难以理解其动作所产生的大量任务间内在反馈,不知道这些感觉信息的具体含义。想要获得动作技能,学习者必须获得足够的信息来帮助自己了解在执行动作时发生了什么,操作中哪里出现了错误,什么原因导致了错误。但是由于经验不足学习者往往很难利用自己的任务间内在反馈来准确解释这些问题,而追加反馈最显著的功能就是为学习者提供解释这些问题的信息。

（二）动机作用

追加反馈在动作技能学习中可以激励学习者付出更多的努力，坚持更长的时间，保持学习兴趣，加强练习的趣味性，并持续向目标靠近。学习者经常利用追加反馈来比较动作绩效与其制订的练习目标，进而改正动作技能操作。当这样的改正促进技能提高时，学习者认为练习是有效的，并会受到鼓励，为进一步完善动作而努力。反之，追加反馈所传递的信息显示学习者技能并没有得到改善时，可能会产生一个负面影响，导致学习者气馁，甚至放弃技能的学习。追加反馈的另一个动机作用体现在可以激励学习者在训练或康复过程中付出更大的努力，从而增加练习的有效性，Annesi(1998)的研究中指出追加反馈对于体能测试的结果有显著的提升作用。

（三）强化作用

追加反馈的强化作用体现在行为之后给予个体的奖赏和惩罚。在由某刺激引发的行为之后，伴随愉悦体验或奖赏将增加该行为在类似情境中出现的可能性；反之，如果在行为之后，伴随不愉快的体验或惩罚将减少该行为出现的可能性。动作技能练习过程中一个主要的指导目标就是使学习者继续保持正确的操作，改进不正确的操作。在动作技能操作后提供的追加反馈便具有强化作用，用以增加目标行为出现的可能性，或减少非目标行为出现的可能性。

在动作技能的教学过程中，三种强化类型扮演了重要的作用：正强化、惩罚、负强化。

正强化是在行为之后的愉悦体验或奖赏。正强化可以指出学习者正确的操作（如"这次击球时向后引拍的动作非常充分，做得很好"），也可以提供一个关于操作正确性的整体评价（如"做得很好，继续保持"）。

惩罚是告知学习者不要做什么来降低学习者出现不正确行为的可能性。惩罚也可以针对特定的操作（如"下次不要出现多余的躯干扭转"），或是提供一个动作表现的整体评价（"这次不如之前表现得好"）。

负强化是对于惩罚的消除，与惩罚不同，负强化可以带给学习者相对愉快的体验。例如，在学习者练习过程中，指导者首先通过惩罚来减少非目标行为，而在之后的几组练习中不提供负面的追加反馈，学习者会将这种惩罚的撤销认为是一种奖励。

学习理论认为正强化对于技能学习有最佳的促进效果，负强化次之，惩罚最差。虽然在实际教学过程中要将三种强化方式结合使用，但还是应将正强化作为主要的追加反馈手段。

（四）依赖作用

追加反馈通常是学习者首选的信息来源，但有时也可能对于动作技能的学习带来一定的阻碍作用。例如，频繁提供追加反馈会阻碍对其他重要内在反馈信息的加工，使学习者在练习中无法利用任务内在反馈信息形成自身的错误觉察能力，导致练习效果下降，而不利于动作技能的学习。同时，当学习者在练习过程中过于依赖追加反馈，而在绩效测试时又无法获得追加反馈，这种负面影响会更为明显。

三、追加反馈的内容

通过追加反馈，可以激励学习者付出更多努力，并使学习者获知操作目标是否实现、如何纠正错误动作等重要信息。但在不同动作技能的教学实践中，为了达到更好的学习效果，指导者在提供追加反馈时还要考虑以下几方面的内容。

（一）对正确与错误动作的追加反馈

提供追加反馈时应该指向操作中出现的错误，还是正确的部分，是在动作技能教学实践中经常遇到的问题。一方面，学习者在动作技能学习初期操作错误比较多，而且无法觉察自己操作中出现的错误，更不知道如何去纠正这些错误。因此，指导者可以通过提供有关学习者操作错误的追加反馈来帮助他们确定操作中的错误，建立正确与错误操作的判断标准，纠正这些操作错误。另一方面，指导者提供基于正确操作的追加反馈可以使学习者在今后执行技能时重复相同的操作模式，从而巩固他们正确的动作行为，并激励学习者向着目标进步。

在动作技能的教学实践中，选择对正确还是错误动作提供追加反馈应该基于教学目的。如果是为了帮助学习者建立对错误动作的觉察和校准系统，就应该针对操作中出现的错误及纠正方法提供追加反馈。如果为了巩固正确的动作操作，激励学习者继续努力，就应该针对操作的正确方面提供追加反馈。

（二）结果反馈与绩效反馈

在动作技能学习中，指导者可以提供结果反馈与绩效反馈，以促进学习者动作技能的获得。但是，哪一种反馈类型对动作技能的学习更有效，也是在教学实践中会面临的问题。调查显示动作技能的教学中大部分都采用绩效反馈，但现有研究无法确定结果反馈与绩效反馈哪个更好，二者有不同的适用范围。

当处于以下情境时，结果反馈可能更利于学习：①学习者需要用结果反馈来验证自身对任务间内在反馈的评价；②学习者无法根据任务间内在反馈确定动作技能操作的结果；③学习者需要结果反馈激励自己继续练习；④需要建立一个发现式学习的练习环境来鼓励学习者自己积极参与到解决问题的过程中；⑤需要结果反馈来确保学习者在练习技能时采用了外部注意策略。

当处于以下情境时，绩效反馈更利于动作技能的学习：①动作操作必须具备特定的运动特征，如体操技巧和跳台跳水；②需要提高或纠正包含复杂协调模式的动作技能；③动作的最终目标是产生特定的运动学、动力学或肌肉活动特征；④学习者使用任务内在反馈完全可以确定操作结果，即结果反馈是多余的。

（三）定性与定量信息的追加反馈

定性或定量信息与追加反馈提供信息的精确度有关。定性追加反馈（qualitative augmented feedback）提供了与操作结果或特征的性质和质量相关的信息，定量追加反馈（quantitative augmented feedback）则提供与操作结果或操作特征相关的数字信息。例如，在指导网球击球练习时，教练说"屈肘幅度再小一些"就是提供了定性追加反馈，而"屈肘幅度小10°左右"就是一个典型的定量追加反馈。

在技能教学中到底选择定性信息还是定量信息的追加反馈，其原则是只有学习者可以理解和使用的信息才是有用的信息，才能对动作技能的学习产生作用。在学习阶段早期，即使得到定量的信息，学习者仍然主要注意定性的信息，并且也只能使用定性的信息。这种注意焦点有助于初学者将注意集中于他们的动作操作，同时还能对操作结果或操作特征是否接近目标进行简单有效的评估。而在学习者获得基本的动作技能后,定量信息对他们更有用,这些信息可以帮助他们纠正错误操作,不断完善动作技能。

（四）描述性与说明性的追加反馈

描述性和说明性与追加反馈所提供的信息侧重点有关。描述性追加反馈（descriptive augmented feedback）仅对操作结果进行描述,不对错误原因或纠正方法进行解释。说明性追加反馈（prescriptive augmented feedback）既指出操作错误的同时,也说明纠正错误的方法。例如,在指导篮球运动员防守时,描述性追加反馈为"你对别人变向动作的反应太慢了,所以才会被对手的假动作骗到",而说明性追加反馈可以为"因为你一直盯着球导致你对别人变向动作的反应变慢,下次将你的注意放在对手的身上才不会被他的假动作骗到"。

在提供追加反馈时,是仅对操作结果进行描述,还是对结果进行进一步说明,也是动作技能教学实践中要解决的问题。对于初学者而言,其本身还无法确定如何纠正动作,所以提供说明性追加反馈更有用。一旦学习者足够了解如何改进特定的错误,描述性追加反馈可能也会产生一定帮助。因此,在动作技能学习初期,指导者应该更多提供说明性追加反馈,当学习者有足够的知识和能力去确定和改正错误动作时,描述性追加反馈往往就足够了。

四、追加反馈的频率

追加反馈的频率反映了动作技能学习过程中提供追加反馈的频繁程度,可以用绝对频率和相对频率来表述:绝对频率就是在多次练习中反馈呈现的次数;而相对频率则是反馈呈现次数占总练习次数的百分比。例如,在 10 次操作练习中每次都提供 1 个追加反馈,则绝对频率就是 10,相对频率是 100%。

调查发现频繁的追加反馈不利于动作技能的学习,这可能源于以下几个原因:①每次练习后提供追加反馈,会使学习者面临过多的信息,可能造成注意资源的超负荷;②当学习者在每次练习后都获得追加反馈时,可能对追加反馈产生依赖作用,当学习者需要在无追加反馈的条件下独立操作时,将会导致动作表现下降;③在练习中以较低频率提供反馈时,促使学习者在没有追加反馈的练习中积极解决问题的认知活动,这会鼓励学习者探索新的学习策略,建立自身的动作技能操作的指导体系,从而促进动作技能的学习。

在某些情况下,学习者得不到追加反馈,或是得到较少的追加反馈也可能会阻碍进一步学习动作技能。因此,追加反馈的频率与学习的保留效果可能存在一种倒 U 形的关系。同时,最佳追加反馈频率也可能受到其他变量的影响（图 12-5）。例如,①学习阶段,初学者可以从相对较高的追加反馈频

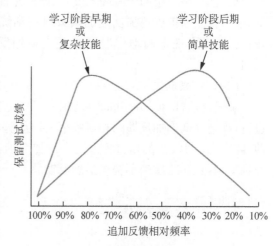

图 12-5　追加反馈的频率与学习的保留效果（Edwards, 2011）

率中获得更好的学习效果,而有经验的学习者所需要的最佳反馈频率更低;②技能复杂性,学习者在操作复杂技能时可以从相对较高的追加反馈频率中获得更好的学习效果,而在学习简单技能时所需要的最佳反馈频率更低。

为了有效控制追加反馈的频率,相关学者们提出了以下几种策略。

(一)带宽反馈

带宽反馈(bandwidth feedback)的核心是指导者根据操作目标,制订一个可以接受的绩效范围。如果学习者的操作绩效处于这个范围内,那么就认为是可以接受的,不需要提供追加反馈。反之,如果学习者的绩效超出这一范围,就需要向其提供追加反馈,以帮助学习者进行纠正。例如,练习手臂侧平举动作时,预设可以接受的肩关节外展角度为 $90° \pm 5°$,学习者第一次练习时外展 $82°$,超出预设范围,需要提供追加反馈;第 N 次练习时外展为 $92°$,在预设的范围之内,则不提供追加反馈。

(二)小结反馈

小结反馈(summary feedback)是在练习若干次后,指导者一次性将之前每次练习的操作情况反馈给学习者,小结反馈的次数间隔可以由指导者自行确定。例如,教练在指导网球击球动作时,确定每练习 5 次提供 1 次小结反馈,则学习者练习完 5 次击球动作后,教练将前 5 次练习时每次的动作表现分别进行反馈。

(三)平均反馈

平均反馈(average feedback)与小结反馈类似,只是在练习若干次后提供反馈时,不再详述每次练习的具体情况,而是概况地描述已完成练习的大致情况。同样以指导网球击球动作为例,确定每练习 5 次提供 1 次平均反馈,则学习者练习完 5 次击球动作后,教练将前 5 次练习时的动作表现进行总结,整体反馈给学习者。

(四)自我选择反馈

自我选择反馈(self-selected feedback)是学习者根据自己的需要决定是否获得外界提供的反馈,如果学习者觉得不需要就不提供反馈,需要就提供。在自我选择反馈的相关研究和实践中,展示出两个有趣的发现:第一是使用自我选择反馈时,追加反馈的相对频率很低,学习者要求提供追加反馈的次数只占到练习次数的 $7\% \sim 11\%$;第二是学习者往往会在自己感觉出现正确动作时要求提供追加反馈,而感觉动作没有做好时反而较少要求反馈。

(五)衰减反馈

衰减反馈(faded feedback)是在练习初期以 100% 的相对频率提供追加反馈,随着练习进行,逐渐降低追加反馈的相对频率,直至完全不提供追加反馈。例如,在 100 次练习中的前 20 次先以 100% 的相对频率提供追加反馈,第 2 个 20 次相对频率变为 75%,按这个递减规律到最后 20 次时不提供追加反馈。

五、追加反馈的时机

追加反馈的时机指在练习过程中或练习结束后提供追加反馈的时间点。追加反馈的时机主要涉及两个问题:①练习过程中,还是练习结束后提供追加反馈;②如果在练习结束后提供追加反馈,是即刻提供好,还是延迟提供好。

（一）同步与末端追加反馈

同步与末端追加反馈所涉及的问题是在练习过程中还是练习结束后提供追加反馈。同步追加反馈(concurrent augmented feedback)是在个体操作动作技能或运动过程中提供的追加反馈,而末端追加反馈(terminal augmented feedback)是在个体完成动作技能操作或运动后提供的追加反馈。

多数研究显示,同步追加反馈不利于动作技能的学习。这可能源于同步追加反馈容易使学习者在操作技能时获得太多信息,超出个体的应对能力,且同步追加反馈容易让学习者忽略重要的任务间内在反馈信息,形成对追加反馈的依赖。

也有少数研究显示,同步追加反馈可以促进动作技能的学习。这类结果通常出现在动作操作的任务间内在反馈信息缺失,或很难理解和使用这些内在信息的任务中。此时同步追加反馈可以作为任务间内在反馈信息的补充,帮助学习者理解和应用该信息执行动作。

总之,大多数情况下,同步追加反馈不利于动作技能的学习,除非提供的同步追加反馈可以使学习者的注意集中在动作的关键特征上,或是任务间内在反馈很难用于动作技能的操作上。

（二）即刻与延迟追加反馈

学习者练习结束后应该即刻获得追加反馈,还是应该延迟一定时间,这涉及练习与反馈间隔的问题。根据追加反馈提供的时间点,可以将相邻两次练习之间的间隔划分为两部分(图 12-6):反馈延迟间隔(feedback delay interval)与反馈后间隔(post feedback interval)。练习第 n 次与第 $(n+1)$ 次之间的时间间隔称为练习间间隔(inter-trial interval);从练习第 n 次结束即刻到提供追加反馈第 n 次的时间段称为反馈延迟间隔;提供追加反馈第 n 次即刻到练习第 $(n+1)$ 次开始的时间段称为反馈后间隔。

图 12-6 追加反馈间隔示意图

研究显示完成操作后即刻提供追加反馈不利于动作技能的学习,提供追加反馈之前应该存在一定的时间间隔。因为,在完成练习后学习者自身可以通过任务间内在反馈获得与技能操作有关的信息,这些信息的加工处理需要一定时间(一般为 3~5 s,与任务难度有关)。学习者如果在练习后过早地获得追加反馈,将干扰学习者对任务间内在反馈信息的处理,这些分析处理过程对学习者形成察觉错误能力是至关重要的。反馈延迟间隔的时长存在一定的适宜值,但这个值并不固定,可能受到任务难度、学习者技能熟练程度、年龄、视觉反馈等多种因素的影响。

同样,学习者获得追加反馈之后,也需要一定时间的认知活动(3~5 s)来处理和比较自身感觉信息与外部指导信息,并制订动作计划,进而巩固或修正技能操作。因此,指导者在提供追加反馈之后也需要间隔一段时间再让学习者进行下一次练习,研究显示几秒的反馈后间隔会比追加反馈后立即进行练习有更好的学习保留效果。反馈后间隔的时长也有一定的适宜值,如果反馈后间隔过短,会使重要的反馈信息缺乏充足的时间进行加工处理;如果反馈后间隔过长,可能发生遗忘的现象使已制订的动作计划策略失效。

第十二章习题　　第十二章参考文献

第十三章

练习的条件

【导　读】

　　技能练习的根本目的是提高练习者的技能操作能力,以便在未来的各种操作情境中取得优异的表现。例如,篮球运动员需要在训练和比赛中根据不同的情境成功完成一些特定的运动技能(三步上篮、投三分球和罚篮);中小学学生在体育课上刻苦练习,希望能够在体育测试中取得更好的成绩;舞蹈演员需要在不同环境下完成表演(如舞台、舞会和比赛等场地);伤病患者利用康复治疗和训练手段来适应未来生活的需要。根据这些技能完成情境的要求,教师、教练和医生等指导者在学习与训练中需要考虑合适的练习条件,以保证相应的技能在未来实际操作情境中能够得到更好的表现。

　　一种有效的练习方式能够让学习者在练习过程中体验到技能操作的多样性,而技能操作的多样性主要体现在操作情境变化和技能变化上。在练习中,设置情境变化或技能变化时需要考虑以下几个问题:首先,根据练习者的实际情况,技能的哪些方面需要做出变化;其次,在练习中,相应练习的最适重复次数(练习量)需要根据实际情况作出计划;最后,变化的练习形式应该如何组织。本章将就这些问题进行讨论。

【学习目标】

1. 掌握练习变异性(多样性)的基本概念。
2. 理解练习变异性对学习的影响及实施原则。
3. 掌握改变练习环境背景特征的原则。
4. 掌握变换练习法的组织方式与原则、背景干扰效应的概念与意义。
5. 了解练习的变异性与特异性的异同点。
6. 掌握过度学习概念与意义、了解其应用及缺点。
7. 掌握练习分布方式的原则,理解集中练习与分散练习的概念。
8. 掌握安排练习课的长度和分布的原则。
9. 理解技能复杂性和技能组织性相关概念。

10. 掌握整体、分解练习法的概念及分类,理解其应用原则。

【思维导图】

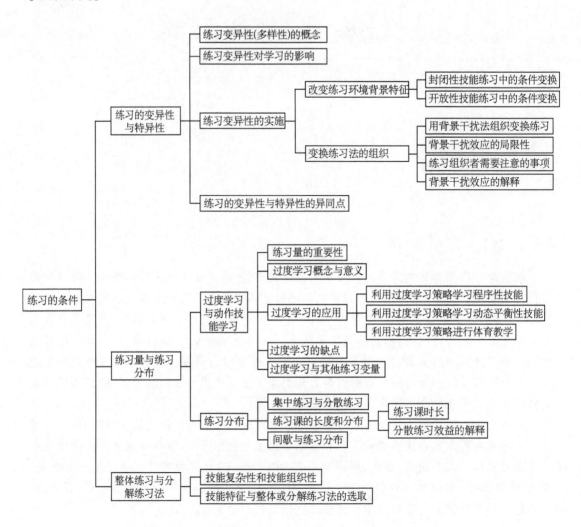

第一节　练习的变异性与特异性

一、练习变异性（多样性）的概念

动作技能学习理论普遍强调练习变异性对于提高技能学习效果的重要作用。

在相关理论的叙述中,练习变异性(practice variability)是指练习者在练习一种技能过程中体验到的动作特征和情境(背景环境)特征的变化。在施密特提出的图式理论(schema theory)中,提出了一个重要假设:一项技能在未来能否得到成功完成,取决于练习者在练习中体验到的动作特征和情境(背景环境)特征变化的多少;练习中体验到的变化越多,其在未来成功完成相应技能的概率越大(Schmidt，1975)。从体育运动专项的技能学习角度来讲，就是在练习中体验到更多的动作特征和情境(背景环境)特征变化，有助于提高运动技能的学习与发挥。

二、练习变异性对学习的影响

假设你在练习罚篮，想要提高命中率。那么你觉得每次都在罚球线位置的练习效果好？还是变换不同的位置的练习效果好？

在练习的过程中，动作和操作情境(背景环境)的变化能够提高学习者在未来测试和比赛条件下的操作能力和操作成绩，这也是运动技能学习的重要影响因素。也就是说，在多样化的动作和操作情境中，练习者可以提高一项技能的操作能力，同时也可以提高对新环境的适应能力。从学习迁移的角度来看，练习中引入动作和操作情境的变化，可以看作提高了从练习到测试情境正迁移的效果。

在教学实践中，可以通过比较技能在不同练习条件下的保持测试或迁移测试的成绩，来验证练习变异性有利于技能的学习与操作这一结论。在对比分析中，练习可安排为一组只采用一种特定的形式进行技能练习，即固定练习法(constant practice)；另一组则采用多种变化形式进行技能的练习，即变换练习法(variable practice)。在此类对比中发现，练习形式变化多的练习安排比变化少的练习安排产生的学习效果要更好，这也是图式理论的主要观点之一。

一项涉及动作技能的实验证明，变换练习法产生的学习效果远高于固定练习法(Shoenfelt et al.，2002)，且不同的变换练习法之间也有明显的差别。在此研究中，篮球学习者在练习前均为对篮球技术不熟悉的大学生，在 3 周的练习中练习篮球罚篮动作，以提高罚篮的命中率。练习者在练习前随机分为四组，其中固定练习组(A 组)只在罚篮线的固定位置上进行练习，经过 3 周练习后学习者的罚篮准确性得到一定的提高，但在最后一次练习课 2 周后测试成绩又回落到了前测水平。另外三个变换练习组的学习者在多个不同的练习位置进行罚篮练习：其中一组(A1 组)在罚球线前 0.6 m 和罚球线后 0.6 m 两个位置进行顺序随机的练习；另外一组(A2 组)在罚球线上、罚球线前 0.6 m 和罚球线后 0.6 m 三个位置进行顺序随机的练习；最后一组(A3 组)在罚球线两个端点位置和罚球区顶部位置进行顺序随机的练习。需要注意，三个变换练习组中只有一组包含了在罚球线位置的投篮练习。在经过相同时间练习之后，变换练习组的学习者较固定练习组的罚篮准确性得到了更大幅度的提高，而且在练习结束后 2 周的测试中成绩高于前测水平，其中 A2 组和 A3 组的成绩提高更为明显(图 13-1)。

练习的变异性提高了练习中出现错误的概率，但居然有助于技能学习水平的提高，为什么？

事实上，这种暂时的现象与最后的效果并不矛盾。例如，在足球或冰球的传接球练习中，在初学阶段逐渐提高难度(如要求按照不同路线跑动中传球、加入拼抢和拦阻人员)会在一定阶段造成传接球成功率降低的情况；但经过一定时间的练习之后，练习者能够更好地掌握传接球动作技能，并能够在不同的对抗环境中表现更好。有研究表明，在学习初始阶段出现错误较多的练习者能够得到更好的最终学习效果。

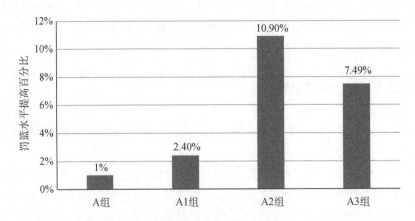

图 13-1　固定练习组(A 组)与三个变换练习组(A1、A2、A3 组)在 3 周练
　　　　习后的提高百分比(Schoenfelt et al. , 2002)

三、练习变异性的实施

在练习计划中确定练习变异(变化)的程度,应对未来技能操作的实际情境特征有足够的了解,这里的情景特征指的是技能操作的环境背景特征和操作情境要求的技能特征。如果从迁移的角度来看,以竞技体育为例:以比赛条件为依据设置练习环境,那么在练习情境和比赛情境之间,操作技能、操作背景和操作认知程序等特征相似性较高,这样有利于技能在各情境间的迁移。

(一) 改变练习环境背景特征

当学习者操作技能时,总会倾向于以熟悉的环境背景特征(如平时训练的环境背景)下的操作习惯进行新的操作,但实际所面对的环境特点可能跟熟悉的环境特点有所差异,直接套用习惯操作可能会导致动作的失误。例如,考虑到网球落地弹起的高度速度等因素,习惯了在法网红土场上打球的网球运动员,可能就不会习惯在温网草场地上打球。

金泰尔指出,某些操作背景对于决定动作的运动特征[调节条件(regulatory conditions)]具有重要作用,而另外一些操作背景[非调节条件(nonregulatory conditions)]则对其没有影响(Gentile, 2000)。

在步态分析中发现,不同的路面有不同的特征,这些路面因素可看作影响步态的调节条件。在水泥路面的行走和跑步时的步态动作特征不同于冰面、沙滩或塑胶跑道,即使同样是水泥路面,步态动作特征也会因道路是否拥挤而有所差别。诸如此类的调节条件会因操作背景不同而有所变化,因此在练习条件中加入类似条件的变化是非常必要的。与此类似,红土场和草场地能够影响网球落地后的弹起高度速度等因素,进而影响动作的运动特征,也属于调节条件的范畴。

而是否有观众、场地是否空旷等因素可以看作非调节条件,虽然这些因素不会直接影响动作形式,但在特定情况也可能影响动作表现。依旧以步态分析为例,路径周围的环境(如建筑、树木和空地等)等非调节条件尽管不会直接影响运动形式,但在特殊情况下这些因素也能影响人完成动作的成功程度。与调节条件一样,非调节条件也会因操作背景的不同而发生变化,因此在练习中让练习者体验此类条件的变化也是很有必要的。

1. 封闭性技能练习中的条件变换

在封闭性的动作技能练习中,决定需要变换的内容前应先判断比赛(测试)情境中的调节条件是否存在练习间变异性(intertrial variability,指组间调节条件是否保持一致)。如果封闭性技能的调节条件中很少有练习间变异性(如径赛中的跑道材质规格等因素),且非调节条件也可能很少出现变化。此时封闭性技能在练习时应该保持调节条件不变,但非调节条件应该根据测试情境的要求进行改变。如果封闭性技能的调节条件中出现练习间变异性(如径赛中的风向、分道等因素),这就意味着在练习中两种条件都应该变换(表13-1)。

表 13-1　两种封闭性技能变换练习条件的分析

练习间变异性的调节条件	无练习间变异性的调节条件
高尔夫七杆击球:	篮球罚篮:
目的:七杆之内入洞	目的:罚球入篮
不变的调节特征:	不变的调节特征:
击球次数限制(七杆)	篮圈高度、距离等
高尔夫球本身特征:材质、形状等	篮球本身特征:材质、形状等
可变的调节特征:	可变的非调节特征:
	可罚篮次数
击球目标、距离及球的位置	得分对于比赛的重要性
	观众噪声等
可变的非调节特征:	
球洞的数量	
领先或落后情况	
天气状况	
练习环境应接近比赛中的可变调节特征与非调节特征	练习环境应接近比赛中的非调节特征

2. 开放性技能练习中的条件变换

因为开放性技能的操作背景是不断变化的,所以开放性技能的任何一次操作背景特征都是唯一的,技能学习者必须根据情景的即时变化做出不同动作与之相适应。也就是说,操作者需要调整此前相对固定的动作程序来实现操作目标。例如,在网球比赛中,对手每次发球后网球的运动特征(运动方向、速度等)都会有所不同,那么在接发球时就要考虑对固定的动作程序做调整,如动作幅度、节奏和速度等特征都需要根据实际情况来决定。于是,除了改变非调节条件外,开放性技能的练习还需要让练习者体验调节条件的变化,在不断尝试新情境的过程中提高技能操作水平。

(二)变换练习法的组织

在明确了练习的变异性对技能学习的积极作用之后,我们在指导练习课时,还需要考虑应该如何组织练习的变化形式。以下实例阐述了教练和教师是如何通过改变组织形式使练习条件发生变化的。

一名小学体育教师设计投篮练习的教学单元,这个教学单元计划学时为 6 次课。在练习设计中,学生体验 3 种变化的投篮姿势:高手投篮、低手投篮和肩上投篮。那么在 6 次练习课上他应该如何安排 3 种不同姿势的练习呢?表 13-2 呈现了 3 种可能的安排计划:第一种方案将练习课分为 3 个阶段,每一种投篮姿势连续练习两次课[组块练习(blocked practice)];第二种方案以随机方式练习每一种投篮姿势[随机练习(random practice)],5 min 为 1 个练习单元,单元内只进行 1 种练习,这样每次课就包含 6 个练习单元,练习每种姿势的总时间相同但不规定 3 种姿势练习的顺序和次数;第三种方案为序列练习法(serial practice),在每次练习课上,要求学生按照同样的次序连续练习每种姿势各两次(每次 5 min)。

表 13-2　6 天投篮教学计划 3 种不同的练习方式(组块练习、随机练习和序列练习)的教学安排

练习方法	练习时间	教学日程					
		1	2	3	4	5	6
组块练习法	30 min	全部高手	全部高手	全部低手	全部低手	全部肩上	全部肩上
随机练习法	5 min	低手投篮	高手投篮	肩上投篮	高手投篮	低手投篮	肩上投篮
	5 min	高手投篮	肩上投篮	高手投篮	肩上投篮	高手投篮	高手投篮
	5 min	低手投篮	肩上投篮	肩上投篮	肩上投篮	低手投篮	肩上投篮
	5 min	肩上投篮	低手投篮	低手投篮	低手投篮	肩上投篮	低手投篮
	5 min	低手投篮	高手投篮	低手投篮	高手投篮	低手投篮	低手投篮
	5 min	高手投篮	高手投篮	高手投篮	高手投篮	高手投篮	高手投篮
序列练习法	5 min	高手投篮	高手投篮	高手投篮	高手投篮	高手投篮	高手投篮
	5 min	低手投篮	低手投篮	低手投篮	低手投篮	低手投篮	低手投篮
	5 min	肩上投篮	肩上投篮	肩上投篮	肩上投篮	肩上投篮	肩上投篮
	5 min	高手投篮	高手投篮	高手投篮	高手投篮	高手投篮	高手投篮
	5 min	低手投篮	低手投篮	低手投篮	低手投篮	低手投篮	低手投篮
	5 min	肩上投篮	肩上投篮	肩上投篮	肩上投篮	肩上投篮	肩上投篮

组织变换练习的问题在体育教学过程中经常出现。学习者在练习或学习一项技能的多种变化形式时都要涉及变换练习的问题。例如,在棒球击球手练习时,需要考虑针对不同运动速度和幅度的飘球与下沉球的击球练习;在康复训练中,患者可能需要练习抓取不同尺寸、不同重量和不同形状的物体;在舞蹈练习中,舞蹈演员可能需要练习舞步的节奏变化或舞步某些特殊环节的变化等。所有这些练习情境都涉及了同样的组织问题:在练习时间允许的范围内,如何组织练习计划中的各种变化形式?

1. 用背景干扰法组织变换练习

通过应用背景干扰效应,可以有效组织安排变换练习。在练习情境中操作不同的任务和技能时可以产生干扰,而背景干扰的变化可以通过改变练习计划来实现。

背景干扰是指操作背景中技能的变化形式对操作产生的干扰。

背景干扰效应是指相对于低背景干扰练习条件,高背景干扰练习条件对技能学习能够产生更为积极的作用。

当背景干扰多的练习方案产生的学习效果（一般以保持和迁移测试成绩为准）优于背景干扰少的练习时，就可以说出现了背景干扰效应。在背景干扰效应被提出之前，传统观点认为干扰因素容易阻碍学习的顺利进行，也就是说低背景干扰应比高背景干扰更有利于学习。然而，巴廷对背景干扰效应的研究与传统观点截然相反（Battig，1979）。有必要指出的是，在练习过程中安排相对更多、更复杂的背景干扰在短期内有可能对学习产生暂时性消极影响（尤其是初学阶段），但长远来看背景干扰最终会对学习产生长久的积极作用。因为经过高背景干扰练习，学习者保持和迁移测试的成绩均优于在低背景干扰条件下的学习者。

以网球中的发球技术为例，在实践训练中要求学习者练习平击球（A）、侧旋球（B）和上旋球，在练习中分为三组：组块练习组（练习顺序为 AAA…BBB…CCC…）、序列练习组（练习顺序为 ABC…ABC…ABC…）和随机练习组。在 3 周的训练后，随机练习组在发球的准确性高于序列练习组，序列练习组高于组块练习组，序列练习组的动作完成程度（如发上/侧旋球的旋转角度）高于随机练习组，随机练习组高于组块练习组。

在训练实践中，低背景干扰练习有一个较为明显的消极作用：这种练习方式忽略了如何在新的操作背景下（没有练习或经历过的操作背景下）成功完成技能操作。例如，羽毛球中的搓球技术的应用，就需要考虑运动员的位置、与球网的距离、击球方向等因素，而单一的定点定向的搓球练习（低背景干扰）则忽略了这些实践中需要考虑的因素。很多背景干扰实验也都证明，在组块练习条件下的保持测试（操作背景不变）成绩与随机练习条件下的成绩相当；但如果对两种练习条件做迁移测试（操作背景改变），会发现组块练习条件下的测试成绩将大幅下降，而随机练习条件下（高背景干扰）则不会出现类似的问题。也就是说，低背景干扰练习（如组块练习）会使练习者对固定的练习背景产生依赖，会降低其适应新的练习情境的能力。

有研究（Goode et al.，1986）选取没有羽毛球运动史的大学生练习在右侧发球区的发球技能，发球方式共分为三种类型，即长球、短球和大力发球，练习为期 3 周。低背景干扰组 1 周内只练习一种发球（组块练习组），随机练习组在每次练习中随机选择练习发球的种类。测试结果表明背景干扰效应的存在：随机练习组的保持和迁移测试成绩都要优于组块练习组。特别是迁移测试，在将发球位置改为左侧发球区后，随机练习组的操作基本没有技能衰退现象，而组块练习组则不能很好地适应这一新的操作情境。

而高水平棒球击球手通过练习击打不同类型的投球（Hall et al.，1994），也能够有效地提高击球水平。击球手根据两种练习方式分为两组练习——组块练习组和随机练习组，击球手练习击打快球、弧线球和上升球。组块练习组中，运动员每天只练习击打一种类型的球，而随机计划组每天则练习击打三种投球，击球种类的选择是随机的。在模仿比赛情境设计的击球测试中，随机练习组的击球手表现水平要优于组块练习组。

这两个案例说明，在技能的学习中背景干扰效应不仅存在于初学者当中，在熟练个体的技能学习中同样存在。除这些案例外，其他很多案例也都证明在技能学习中存在背景干扰效应，如篮球投篮、网球击球、排球发球等。

2. 背景干扰效应的局限性

在证明背景干扰效应对技能学习有积极作用的同时，人们也发现这一效应并不是在所有动作技能学习情境中都存在。因此，究竟有哪些因素会影响（尤其是限制）背景干扰效应的发挥是一个值得讨论的话题。在探究这个问题的过程中,任务特征和学习者特征成为众多讨论中的焦点。

在早期的研究讨论中,任务特征被认为是背景干扰效应最主要的限制因素。不同类型的一般运动程序较同一类型的更容易产生背景干扰效应。例如,当一个人学习的动作技能在实际应用中需要对一般运动程序做出修正来改变动作的特征(如幅度、速度、节奏等),高背景干扰练习产生的学习效果应该好于低背景干扰。另外,在考虑运动技能在应用时需要根据环境背景等因素而有所变化,在练习中变化特征复杂(如随机练习)比变化特征单一(如序列练习)的练习更容易出现背景干扰效应。

诸多学习者的特征也是限制背景干扰效应产生的因素。在相关的因素中,年龄(考虑到理解能力、记忆力和注意的年龄差别)和技能水平(初学者与熟练者的差别)是最可能产生影响的因素。在研究中当被试者为儿童时,大量的背景干扰不能提高学习效果。对于儿童而言,背景干扰量低的练习计划可能产生更好的学习效果。在技能水平方面,低熟练程度的大学生在网球课上经过组块练习后,正手和反手击球的保持测试成绩更好,而高熟练程度的大学生的操作成绩则没有差异。

实际体育运动中的动作技能往往比较复杂,难度较大,掌握基本动作技能也需要通过更多的练习和操作才能实现。在无背景干扰效应的条件下,初学者对动作技能的掌握需要更多的练习时间。动作技能学习实践中也要求背景干扰的数量要由低到高循序渐进,而不是直接采用高背景干扰的方式。

理想困难假说和挑战点假说表明,在实践过程中,在适当的练习难度水平上不断挑战练习者,这样可以创造一个最佳的练习环境。所以在练习(教学训练实践)中,随着练习者技能水平的提高,练习环境应该逐渐变得更加困难,也就是说背景干扰要逐渐提高。

对于中高水平的练习者,练习中的背景干扰应适当升高还是降低? 对于初学者或者儿童呢?

诸多学习者特征也是影响背景干扰效应的因素,其中年龄和技能水平是最可能产生影响的因素。在研究中当受试者为儿童时,大量的背景干扰并不能提高学习效果。布莱德的综述研究指出,对于儿童而言,背景干扰量小的练习计划可能产生更好的学习效果(Brady,1998)。在技能水平方面,赫伯特、莱丁和索尔曼的研究发现,低熟练程度的大学生在网球课上经过组块练习(相对背景干扰量较低)后,正手和反手击球的保持测试成绩更好,而高熟练程度的大学生的操作成绩则没有差异(Hebert et al.,1996)。这些现象也印证了理想困难假说(Bjork et al.,2006)和挑战点假说(Guadagnoli et al.,2004)的诸多观点。

尽管目前的研究一致认为,与任务和学习者本身相关的特征可以影响背景干扰效应发挥作用,但今后仍需更多的研究来鉴别和确定这些特征及其影响作用。总之,某些因素会在动作技能学习的情境中影响背景干扰效应产生的作用,但现在学界还无法明确地说明哪些特征是影响因素,以及影响因素的具体作用。

3. 练习组织者需要注意的事项

根据现有对背景干扰效应影响因素的了解,练习组织者应该如何更好地组织练习呢?

对于练习组织者而言,让学习者学习一项技能的多种变化时,最好选择一个包括中等到高背景干扰的练习计划(表13-3)。但在练习开始后,应该随时做好针对个体调整练习计划的准备,因为很多学习者很可能不适应较为复杂的背景干扰。例如,一些个体可能需要设置数量较少的背景干扰,一直到他们习得了技能变化的基础动作为止。然而,练习组织者应该通过保持和迁移测试成绩来判断操作难度,进而调整练习计划,而不应该把练习过程中练习者的绩效作为判断和调整的依据。

表 13-3　练习情境中背景干扰的数量的变化区间与相对应的练习任务变化方式

	背景干扰的数量		
	高	中	低
练习任务变化方式	随机进行或顺序进行	随机重复或顺序重复	无重复

4. 背景干扰效应的解释

为什么会出现背景干扰效应?

现今关于背景干扰效应最有说服力的假说有两个:理解后重组假说(elaboration hypothesis)和动作计划重建假说(action plan reconstruction hypothesis)。

理解后重组假说:背景干扰效应的产生与练习者对技能变化的记忆再现、理解后的重组有关。在随机练习中,采取的操作策略比组块练习更多。同时,因为在随机练习中,练习者在记忆中保留了练习过的所有的技能变化(在不同环境背景下技能练习的特点),并将这些变化进行比较加工,所以练习者能够清晰地区分不同的技能变化。在练习中这些认知活动的参与使学习者获取了对不同环境背景下技能的记忆再现,使技能在测试过程中更容易回忆起来。

动作计划重建假说:高背景干扰有利于练习是因为在新的练习尝试中,干扰因素需要练习者重建动作程序。由于技能形式变化后的干扰使练习者无法利用原有练习中产生的动作程序,这时练习者必须重建新的动作计划。而在组块练习中,练习者每次只需采用相同或只有细微调整的动作程序,即不需要动作程序的重建,但一旦进入组块练习并未涉及的环境背景,原有的动作程序可能无效。

不管是用哪种假说还是用两种假说的结合来解释背景干扰效应,我们可以确定的是,与练习者有关的两个重要特征与背景干扰效应产生是相关的。一个特征是练习中高背景干扰比低背景干扰需要更高强度的注意,这也是理解后重组和动作计划重建两个假说都需要的。Li 和 Wright(2000)的研究证明了随机练习比组块练习需要更高强度的注意,本研究结果更好地解释了高水平的生理激活与高背景干扰的相关性(Husak et al., 1991)。另一个特征是参加组块练习的练习者倾向于高估自己练习中的成绩。保持测试前,研究人员在练习过程中的不同时间让受试者预测自己学习成绩,参加组块练习的受试者对操作成绩的预期比随机练习的受试者更好。

四、 练习的变异性与特异性的异同点

强调练习变异性与强调练习特异性,是否有矛盾?

关于学习迁移与练习特异性的相关假说,认为最佳测试成绩取决于练习情境特征与测试(如正式比赛、表演等)情境特征的相似程度,即练习特异性。

练习特异性假说与练习变异性假说在概念上有所区别,其中练习变异性强调的是练习

特征(动作和情境)变化的重要作用而练习与测试(如正式比赛、表演等)的相似性。但很多研究和实践表明,不同的练习和测试情境特征与两种假说都有关系。

在练习特异性假说中,与练习和测试情境特征相关的信息有:①可利用的感知信息;②技能操作的环境背景;③认知加工的要求;④操作者身体、心理和情绪状态。

在练习变异性假说中,不仅与练习和测试情境中技能操作的运动特征有关,与操作情境特征也是相关的,特别是当操作背景中一项技能要求有多种变化操作的情况下,也就是根据不同的外界环境需要及时调整技能动作。例如,因网球红土场地和草坪场地的落地弹起高度和速度不同,网球正反手击球时的动作细节(挥拍轨迹、速度、击球高度等)需要有所调整。

练习变异性和背景干扰:施密特在他的图式理论中提出练习变异性的假说,指出练习变异性与一般运动程序的参数变化有关,并认为一个动作技能经过多种情境变化的练习后,在不同操作情境下操作成绩要高于只经历一种固定的情境练习的操作成绩(Schmidt,1975)。

背景干扰与技能练习中是否有多种变化有关,尽管背景干扰在学习中对一般运动程序的影响仍存在一些疑问,但是许多研究人员已经用研究结果证明了这种影响的存在。根据练习变异性假说和背景干扰效应的研究结果,可以作出如下推测。

(1)比只在单一固定情境练习技能,在多种变化的情境下练习技能能产生更好的学习效果。

(2)在多种变化的情境下练习技能时,高背景干扰练习计划(随机和序列练习计划)比低背景干扰练习计划(组块练习计划)产生的学习效果更好。

第二节　练习量与练习分布

教师、教练在工作中需要根据学习时间确定练习者学习某项技能的总练习量,一次练习课中每项技能需要练习单元的数量及每个练习单元投入的时间等计划。关于学习一项技能究竟需要多大练习量的问题,传统观点认为练习越多则练习者的进步就越大,在一定程度上许多实践也证明了这一点:一个舞蹈演员对舞步略显生疏,舞蹈教师则往往会鼓励他花更多的时间反复练习,直到熟练为止;高尔夫球教练指导学习者提高击球入洞的准确性时,采用的方法也大多是让球重复做击球练习。虽然这种方法看似合理,但近些年的研究结果却恰恰与人们这种传统的观点相反——大量练习并不是提高技能完成水平的最佳选择。

在确定了学习技能的练习时间后,教师和教练还需要确定不同技能在一次练习和整个练习中的练习时间。此外,在一个练习单元中,每项技能的练习时间及技能练习之间的时间间隔、每个练习单元的时长及两个练习单元的时间间隔等练习计划都是练习组织者在练习开始之前应该作好的前期工作。

例如,一名体育老师需要组织排球的教学计划,首先要确定的是每次训练课的教学计划中涉及的技能教学、技能练习和其他练习分别所需要的时间。如果能够事先确定在教学单元中对某项练习投入的总时间和所占课时,接下来就可以确定此项练习在每节课上占用的时间。同样,一名康复师需要确定一个练习单元中患者每项练习所需要的时间、两项练习之间的休息时间、下一个练习单元的练习时间等。另外,还要指导患者如何制订计划在家中进行指定的康复练习。

一、过度学习与动作技能学习

(一)练习量的重要性

练习量对学习动作技能有着至关重要的影响,特别是在以达到专业水平为目的的技能学习中,练习量有着决定性的作用。总体而言,以达到专业水平为目的时,练习量一定程度的提高比练习量小更有益,但不同的练习阶段所需要的练习量则有所不同。在本节中,我们将集中讨论如何确定在不同练习阶段所需要的练习量。

大多数情况下,合理的练习量对实现特定的技能学习目标有着重要意义。尽管有时可利用的练习时间是有限的,但充分利用练习时间、制订合理的练习量仍然是非常必要的。在前面的案例中,教师、教练或康复师需要解决的主要问题之一是对练习时间的严格控制,因此在本节中,我们主要讨论如何有效地利用练习时间,制订练习计划。

(二)过度学习概念与意义

过度学习(overlearning)是指超过实现特定操作标准所需练习量以外的附加练习。

在对过度学习的研究中,研究人员对练习量与实现特定操作目标的关系进行了深入的探讨。过度学习是指超过实现特定操作目标所需练习量以外的附加练习。教师、教练或康复师大多通过以下步骤来实施过度学习策略:首先建立操作标准,其次确定练习者达到标准需要的练习时长,最后在整个练习安排中拿出部分时间进行额外练习。

从理论的角度来看,制订额外练习对动作技能学习和巩固是非常有价值的。如果将动作程序看作运动学习的基础,那么,额外附加的练习有助于强化技能的一般运动程序。从动力学的观点来看,额外附加的练习是练习者提高技能操作水平过程中,调节和控制操作稳定性的有效途径。

德里斯科尔、威里斯和库博对 15 项与过度学习有关的研究进行了回顾和分析。综述的结论表明,动作技能学习中过度学习对保持测试有积极影响(Driskell et al.,1992)。对 50%～200%额外练习量的研究也表明,测试成绩会随着额外练习量增加而成比例地提高。虽然德里斯科尔等的综述让我们对与技能学习有关的过度学习研究状况有了全面了解,但其中并没有评价过度学习在特定类型动作技能学习中的作用(Driskell et al.,1992)。技能学习的研究表明,某些类型的技能与过度学习的一些显著特征相关。

(三)过度学习的应用

1. 利用过度学习策略学习程序性技能

过度学习策略对程序性动作技能的提高效果尤其明显。程序性技能是由认知因素和运动因素联合构成的一种技能类型,此类技能包含一系列相对简单的动作,并按照一定的顺序和节奏来组成程序性技能。这类技能在职业技术、工业和军事领域中极为常见。例如,邮递员将信件分类放入相应的信箱、收集计算机线路板的元件、打字员打文件都属于程序性技能的操作。

图 13-2　一定程度的过度学习有助于相应
技能的掌握与保持

在程序性技能操作过程中,操作者忘记某一动作部分后会影响整个动作程序的顺利完成。各国军队热衷于训练士兵组装和拆卸枪械的能力(图 13-2),而士兵只在短期培训中学习装卸枪械的技术,而培训结束后,在没有任务要求的情况下不做操作(非日常操作)。在对这项技能的操作测试中,士兵在测试中的操作成绩较培训末期出现了较大幅度的退步。为了解决这一问题,外军研究机构人员建议,利用过度学习的训练策略(过度训练)可以有效提高士兵装卸枪械的技能并延缓之后的技能消退(Schendel et al. , 1982)。

研究人员将两种过度学习的训练计划与没有过度学习的训练情景进行了对比:以掌握能够一次正确装卸枪械所需的训练量为基础训练量,第一种过度训练计划的训练量多出100％;第二种过度训练计划同样包括100％的额外训练量,只不过附加练习安排在培训期与 8 周后保持测试之间进行。没有过度训练的控制组要求士兵持续练习,直到能够一次正确装卸枪械为止。保持测试结果表明,经过过度训练的两组,成绩比控制组更好,并且两组过度训练的效果没有显著性差异。根据研究结果,研究人员建议采用第一种过度训练计划,因为这种训练计划的成本低、时间短。

2. 利用过度学习策略学习动态平衡性技能

梅尔尼克利用过度学习策略对一项涉及认知因素,但比装卸枪支要稍简单的动力平衡技能的学习进行了研究(Melnick,1971)。虽然这项研究是多年以前进行的,但它仍然是目前文献中仅有的一项利用过度学习策略学习动力平衡技能的研究。除了验证实现操作目标所需练习量之外的附加练习是否有益的问题外,梅尔尼克在研究中还提出了最佳额外练习量的新假设。实验中,被试学习在一个稳定性测量仪上保持平衡,测试标准是在 50 s 内至少保持平衡 28 s。在达到标准后,各组分别依照下列练习量进行附加练习:附加初始练习量的 0％(无附加)、50％、100％和 200％。然后所有被试者在练习结束后 1 个星期和 1 个月参加两次保持测试。

实验结果表明,额外练习有利于提高保持测试的成绩,所有在达到操作要求后进行附加练习的练习者,保持测试成绩均要高于无额外练习的练习者。然而,实验中出现的更有趣的现象:随着额外练习量的增加,保持测试成绩的提高幅度出现了一个收益递减点,在保持测试中 50％额外练习与 100％和 200％额外练习导致操作成绩提高的幅度没有显著性差异。由此可见,虽然附加练习有利于技能学习,但当附加练习量超过一定范围后,就不能再提高操作成绩了。

3. 利用过度学习策略进行体育教学

经研究证实,用增加练习量的方法进行技能教学存在"收益降低"的现象。戈德伯格和格尼的实验在相关的研究中最具代表性:在体育课中,五年级学生学习足球技术,教学目标是帮助学生提高掌握这些技术的水平。以凌空射门技术为例,其中一组学生依照位置轮换的形式进行练习,教师将整个班分成 5 组,每组在一个指定位置上练习,练习持续 5 min,然后轮换到下一个位置进行练习;另一组练习时在每个指定位置上充分利用 25 min 练习。这样的练习持续两个课时,练习一个星期后对学生的这项足球技术进行测试。

研究结果表明,两组实现正确操作所需尝试次数存在差异。第一组学生正确操作技术需要尝试的平均次数比第二组多 7 次,但两组间在成功操作的得分上并没有显著性差异。在限定教学单元时间的条件下,集中练习的形式更有利于学习者学习动作技能,因为这种形式能使时间得到更有效的利用(Goldberger et al., 1990)。

（四）过度学习的缺点

尽管过度学习策略有利于技能学习,但很多研究和教学训练实践都表明过量的额外练习将对学习产生消极影响。额外练习量在超过一定范围之后,就不能再继续提高保持测试和迁移测试的成绩。过量练习与适量练习相比,导致更差的保持和迁移测试成绩的原因有以下几点:第一,可能学习者在大量练习之后就出现了厌倦,由此导致学习者的注意降低。第二,与运动程序理论和动力模式理论所强调的练习变异性作用有关。根据以上原因,持续练习相同的动作会导致回忆动作和迁移动作的能力降低了。

过度学习是什么? 体育训练中常说的过度训练又是什么?

过度学习指的是超过实现特定操作标准所需练习量以外的附加练习,一定的过度学习有助于提高学习效果,但过量的过度学习对学习效果有阻碍作用。而过度训练是指运动员由于疲劳的连续积累而导致机体出现功能紊乱或病理状态的训练和比赛,过度训练是一种训练与恢复、运动与运动能力、应激与应激耐受性之间的失衡状态,可看作某种程度过量的过度学习。

（五）过度学习与其他练习变量

对于学习者而言,即使他/她已经能够正确操作一项技能,继续练习仍然是有益的。继续练习可以提高练习者在未来情境中操作此技能的能力。然而,对过度学习策略的研究证实,影响动作技能习得最重要的变量并不是练习量。练习量只有与其他变量共同作用才能产生最佳的技能学习效果。事实上,我们已经了解了很多与练习有关的变量,如追加反馈和练习变异性等。从这个角度来看,练习量只是在一定程度上有利于技能学习,要创造一个最佳的学习环境,教师和学习者还必须重视其他练习变量的作用,在制订练习计划时既要考虑练习量的因素,还要注意将练习量与其他练习条件变量相结合,使学习环境达到最佳。

二、练习分布

由于与各种应用背景直接相关,练习分布(练习间隔)问题一直是动作技能学习研究领域的热点。学习者在练习期间所需的休息是练习计划的重要组成部分,也是构成练习环境的重要因素之一。至今仍没有定论的问题是,集中练习和分散练习相比,究竟哪种练习能够达到更好的动作技能学习效果。迄今为止,部分研究者认为分散练习更好,而另一部分研究者在对分布策略的教学方法进行研究以后,坚持认为两种练习方法对学习效果的影响没有太大差异。

虽然早期的争议集中在练习的时间间隔问题上,但练习分布的研究还包括每个练习单元的练习量和练习单元间休息量的问题。另外一个值得关注的问题是以下两种练习计划究竟哪一种更合理:①练习单元的时间短,但练习计划持续的时间长;②练习单元的时间长,但练习计划持续的时间短。

(一)集中练习与分散练习

集中练习法(massed practice):是指练习单元之间或练习次数之间的休息时间非常短的一种练习方法。

分散练习法(distributed practice):是指练习单元之间或练习次数之间的休息时间相对较长的一种练习方法。

研究人员引用集中练习法和分散练习法这两种练习方法时,只是利用大体休息时间的长短来界定练习分布计划,这也意味着这两种练习方法可以有更多更客观的解释。这两种练习方法最显著的区别在于,集中练习包含更长的练习时间,同时休息时间比练习时间短(甚至没有休息时间)。尽管对集中练习和分散练习的界定有些模糊,但区分它们的定义还是非常必要的,因为很多情境中都需要用到这两个概念。

当练习总量一定时,集中练习计划包含练习课的数量比分散练习少,但集中练习计划中每次练习课包含的练习量更多、练习时间更长。分散练习计划则将总练习时间分布在更多的练习课当中,所以练习课的实际练习时间比集中计划的练习课要短。为了确保总练习量相等,分散练习计划需要更多的练习课作为保障。

从练习的休息间隔角度区分这两个概念时,集中计划在练习之间几乎没有休息或者只有很短的休息间隔,而分散练习中练习间的休息间隔则要长得多。虽然两种练习方式有很多的客观解释,但多数情况下研究人员使用这些概念并不总是用来形容练习计划,特别是对于那些操作时间不足 1 s 的非连续性技能。因此,这些概念在某些情境下并不具有普遍适用性。

(二)练习课的长度和分布

许多教学和康复训练情境对时间长度都有专门的限制,所以在作相应计划时需要关注的一个重要问题是如何充分利用固定的练习课时间和课间。在大多数临床应用中,由于健康护理机构的严格控制,患者只能在有限的练习课中接受治疗。在体育教学和运动训练中,安排教学和训练课的灵活性一般也比较低。例如,在学校体育教学中需要在限定的时间内完成一门体育专项课程(如一个月或半学期),那么练习计划就必须与这个时间限制相适应。同样,如果一名运动员计划参加 1 年以后的国际赛事,那么整年的训练计划就需要按照这个时间限制进行调整;另外,如若发生国际赛事的举办时间出现调整(如推延至 2021 年举办的 2020 年东京夏季奥运会),那么运动员的训练计划也需要进行相应的调整。也就是说,外部限制决定着可以用来进行练习的时长,而教师、教练或康复师就需要根据可利用的时间,安排练习课的数量和每次练习课的时长。

1. 练习课时长

虽然没有足够的研究来界定最佳练习课的数量和长度,但现有研究已经能充分证明分散练习的有效性。有实验将少量的长时间训练课与频繁的短时间训练课进行了比较,大部分研究结果表明频繁的短时间训练课所产生的学习效果更好。

巴德利和朗文的一项研究支持这一结论,研究中制定了一个训练计划来培训邮局工人操作邮件分拣机,按照实验要求,60 h 的总训练时间以四种不同的方案进行了分配。最分散的训练计划需要工人训练 12 周,而最集中的训练计划只需 3 周就能完成培训。研究结果发现,分散练习课的训练计划可以使练习者更好地掌握所学技能并且达到要求的动作速度;之后的保持测试也显示,集中训练组的操作成绩最差,不同程度的分散组并没有明显区别(Baddely et al.,1978)。

最近越来越多的研究都得到了分散练习更有利于动作技能学习的结论,安妮特和皮奇研究发现,在一项电脑游戏的学习中,每次练习包括射击 10 个单独呈现的移动靶。与每天进行一组 10 次练习的计划相比,每天分两组进行练习,每组 5 次练习计划的学习效果更好。研究人员通过训练结束 1 天以后的测试来评价学习效果,分散计划组不仅在测试中击中的数量更多且误差也更小(Annett et al.,1985)。鲍奇和克劳肖在打字任务学习的实验中报告了类似的结果:打字员按照两种练习计划学习 12 项技能。第一种练习计划将 60 min 的练习时间分为 35 min 和 25 min 两次练习课,中间有 10 min 休息;第二种计划只有一次 60 min 的练习课。结果表明第一种练习计划学习技能所需要的时间短,且在测试中出现的失误也更少(Bouzid et al.,1987)。

2. 分散练习效益的解释

至少有三种原因可以解释为什么分散练习课比相对集中的练习课产生更好的学习效果。

第一,集中练习计划可能使练习者产生疲劳,因此对学习产生消极影响。尽管还没有实验评价练习者的疲劳程度,但疲劳状态会对技能学习产生明显的消极影响。

第二,在集中练习计划中,如果练习持续的时间超过一定量后,可能会降低练习者对练习的认知努力程度。集中练习可能导致练习过程中技能操作过于重复,使练习变得单调、令人厌烦。这样,练习者会逐渐降低每次尝试中的认知努力程度,认知努力的减少必然会降低学习效果。

第三,与记忆巩固,即长时记忆储存过程有关。记忆巩固假设认为,要在记忆中储存学习者所学技能的相关信息,大脑必须产生经过某些神经生化过程。这些过程需要在一定时间内不进行同样技能的附加练习,允许大脑将一些不稳定的记忆表征转化为相对持久的记忆表征。与集中在一天或几天内进行的练习相比,跨越数天的练习分布为记忆巩固过程提供了更适宜的机会。

(三)间歇与练习分布

目前,大量关于练习分布的研究都涉及了间歇时间长短的问题。在研究中遇到的问题仍然与练习分布概念的界定有关。

为了详细说明前面出现的概括性定义,集中练习应被定义为尝试间隙的休息时间非常短或根本没有休息时间的相对连续的练习方法;分散练习是指在练习中尝试间隙或两组尝试之间的休息时间相对较长。虽然上面两个概念中"非常短"和"相对较长"的两个说法有些不太明确,但这使得人们能够从理论研究和实际应用角度最大限度地概括这两个定义。

关于练习分布(练习间隔)问题的争论主要围绕两个问题展开:第一,与练习操作和学习效果有关,许多研究集中练习和分散练习的实验中没有包含保持或迁移测试;第二,研究人员没有考虑两种练习计划很可能对不同类型的技能产生不同的影响。

回顾两个关于分散练习的研究综述,可以确定哪种练习计划更有利于动作技能学习(Donovan et al. ,1999;Lee et al. ,1988)。综述结论认为,要确定与间歇时间长短有关的练习分布的作用,任务类型是一个重要的变量。相关研究提供了更加明确的证据,他们提出练习分布计划是否能够导致更好的学习效果取决于技能是连续性技能(continuous skill)还是离散型技能(discrete skill)(Lee et al. ,1998,1999)。根据集中练习和分散练习的效果对比研究,学习非连续性动作技能时,分散练习比集中练习的效果更好,而在学习非连续性动作技能时,集中练习的效果要更好。

第三节　整体练习与分解练习法

在进行动作技能教学时,需要事先确定练习方法,如从技术动作的开始到结束完整地进行练习,还是将技能分成若干个环节或部分后分别进行练习,这对技能学习过程和学习效果有着至关重要的影响。假设一名体育老师准备进行网球发球的教学,大部分网球教材将发球技术动作分解为6~7部分(图 13-3):握拍、预备姿势、挥拍后摆、抛球、挥拍前摆、触球和跟随动作。这就需要教师选择是将发球技术作为一个连续的整体进行练习,还是将发球技术动作分解后单独练习各个构成部分。

图 13-3　网球发球中的分解部分

一、 技能复杂性和技能组织性

组织性(organization):是指构成复杂动作技能中的各部分动作之间的关系。

20 世纪 60 年代初,对整体练习法和分解练习法的研究有了重大突破,内勒和布里格斯提出的假设认为,技能的组织性特征(如对不同环节协调的要求)和复杂性特征(如动作涉及的环节数目与简单动作数目的多少)可以作为选择整体练习法和分解练习法的依据(Naylor et al. ,1963)。利用这个假设,指导者可以决定在各种技能学习中,应当使用整体还是分解练习法。

复杂性(complexity):是指构成一项技能的构成部分、元素的数量及技能需要信息加工的数量。

复杂性高的技能,其构成元素、数量较多,且注意需求量较大。也就是说,复杂性高的技能由大量动作元素构成,并且需要较多的注意,特别是对于初学者而言(如舞蹈表演、网球发球等)。复杂性低的技能由较少的动作元素构成,同时需要注意相对较低(如射箭、端水杯等)。

技能组织性是指技能各个构成部分之间的关系。当技能的动作元素在空间上和时间上都相互依存时,就可以说这项技能具有较高的组织性。对于一项高组织性技能而言,每一个动作的时空操作特征都高度依赖于前一个动作的时空操作特征。因为高组织性技能的这一特征,练习者很难对这类技能的单个动作进行单独练习。篮球跳投就是组织性高的技能中的一个例子,跳投技术每一个环节的操作都要依赖于前一个环节的操作。虽然球出手时的手臂动作可以进行分解练习,但跳起后手臂在空中的位置及出手的时机都必须与其他技术环节联系在一起,如起跳的方向和高度等。如果构成技能各个动作的时空关系相对独立,就可以说这项技能具有较低的组织性。因此,练习者就可以单独练习构成技能的任何一个独立动作,因为它的时空操作特征并不是由前一个动作决定(如游泳的上、下肢动作等)。

二、 技能特征与整体或分解练习法的选取

根据内勒和布里格斯的假设,评价技能复杂性和组织性的水平,确定它们之间的关系可以帮助教师、教练或康复师选择合适的练习方法。如果技能具有较低的复杂性但组织性较高,选择整体练习法较为合适。也就是说,如果学习的技能相对简单,但技能由少量动作元素构成、各元素高度相关时,采用整体练习法最为有效。例如,投掷器械(标枪、篮球等)和高尔夫球击球入洞等都具有这些综合特征。另外,对于高复杂性和低组织性特征的技能,学习时可以采用分解练习法。例如,网球发球技术、开车时换挡等都具有类似的特征。

如果要确定一项技能包含哪些复杂性和组织性的综合特征时,首先应该对该技能进行分析。技能分析需要解决的主要问题是技能的构成成分及成分间时空操作特征的相互依赖程度,然后确定技能复杂性和组织性两方面的哪些特征能够最好地表现这项技能。

(一)分解练习法

分解练习法包含多种不同的实施方法,在选择分解练习法后,还要注意利用学习迁移的原理:需要考虑技能各部分之间、技能各部分与整体技能间的正迁移效果。

怀特曼和林特恩将分解练习法分为三种常用的方法(Wightman et al., 1985)。

部分分解法(fractionization)是指对于包含上肢或下肢等不对称协调性动作的技能,先进行单个肢体动作练习的方法。

分割法(segmentation)是指把技能合理地分成若干个部分,分别练习局部动作,在掌

握前一部分动作的基础上,将其与下一部分的动作联合起来练习,以完成整个技能的学习。这种方法也可以称为渐进部分法(progressive part method)和连锁法(chaining method)。

简化法(simplification),这种方法是整体练习法的一种变形,它将整个技术动作或是技术动作各个部分的难度降低,练习到有一定基础后,再按照标准动作进行练习,直至掌握全部动作。

1. 部分化练习法:练习不对称肢体协调性技能

在前文讨论过的许多动作技能都对上、下肢的协调性控制有较高的要求,以实现特定的动作效果。协调性是指上肢和下肢在空间和时间上协同运动的能力,如手臂(如蝶泳和蛙泳)或双腿(如爬泳中的打腿动作或越野滑雪的腿部动作)进行时空对称协同运动的协调性。对于部分和整体练习法而言,就意味着技能具有较高的组织性。因此,对这类技能采取整体练习法学习更有优势。当学习任务要求手臂或双腿同时做不同空间、时间上的运动时(即不对称协调),教师或教练将更多地使用分解练习法。

动作技能中对双手的对称协调性需求比较常见。例如,多种乐器的演奏都涉及手臂的同时运动,如小提琴和手风琴的演奏,每种乐器的演奏都需要双侧手臂同时作形式不同的运动,动作技能中如网球、乒乓球发球同样具有双手协调的特征。那么,在学习此类技能时是采取分解练习法更好还是整体练习法更好呢? 这个问题的答案一直存在争议,因为双方都有支持自己观点的证据(Walter et al., 1994)。如果采用分解练习法,最佳选择应该是采用部分化练习法。

对于双手的不对称协调的技能,部分化策略的实施方法是在双手操作技能之前分别单独练习每侧手臂的动作。因为双手不对称协调技能的操作中,双侧手臂操作的复杂性和难度很可能有很大的差距,所以采用这一练习策略时需要回答的问题是练习手臂的顺序是否会对学习产生影响? 例如,两只手臂协调操作同一个动作时,可能要求一侧手臂动作准确性比另一侧要高,或者一侧手臂所做的运动由更多的动作构成。研究结果(Sheawood, 1994)表明,在部分化练习中,应该从操作更难、动作更复杂的一侧手臂先开始练习。

2. 分割练习法:渐进法

虽然在学习技能时单独练习技能的各个部分是有益的,但这样的练习常常会导致学习者在掌握所有分解动作后不能顺利操作完整的技术。克服这个困难的一个办法就是采用分割练习法。这种练习方法在将各个动作部分整合到一起并形成完整的技术之前,并不是在独立练习各个部分。练习者把一部分动作(如部分A)作为独立单元进行练习,接下来练习另一部分(部分B),在部分B的动作掌握后,再结合部分A一起练习。这种方法使每一个独立部分逐渐联结成整体。随着练习的继续,学习者最终可以完成整套技术学习。

蛙泳的练习计划中经常采用分割分解法(渐进部分练习法)。蛙泳技术可以分为两个相对独立的部分:腿部打水动作和手臂划水动作。因为蛙泳学习的难点在于上下肢动作的配合时机,这就导致学习者在整体练习时降低对整体技术动作投入的注意。先单独练习一部分动作,这样可以使学习者的注意集中在部分肢体动作上,因学习者只需单独学习部分技术动作,而不需要关注上下肢动作如何配合。单独练习结束后,可以让学习者尝试将两部分的技术动作结合在一起练习,此时则应把注意集中在上下肢动作的协调配合上。

分割分解法最显著的特点就是它集中了分解练习法和整体练习法两种方法的优势,分解练习法的优势在于降低了技能练习时所需要的注意需求,使学习者可以集中注意练习技能的某个部分或环节,而不是相对更为复杂的整体动作;整体练习法的优势则在于能够训练整体技能的协调性和配合性。分割分解法集两种练习法的长处于一身,这样技能操作时的注意便可以得到控制,同时将完整技能的各个部分逐步地融合到一起。使学习者可以在各部分技术联结的过程中把注意放在时间和空间上的协调配合,完成整个动作技术的操作。

3. 简化法:降低任务难度

对于复杂性技能,简化分解法可以使技能或技能某些环节的难度降低。简化分解法在技能练习的实际应用中有多种应用方式,这里讨论其中最常用的六种方法,每一种方法都是针对特定类型的技能学习而设计的。

方法一:在学习包含实物操作的技能时,简化技能最常用的方法是降低操作对象的难度。例如,在学习抛三球杂技的技巧时,可以先用丝巾球或沙包进行练习。这样抛物运动的速度相对较慢,使学习者有更多的反应时间来完成动作技巧。然而,学习者在抛接替代物的练习中,必须遵循抛球的一般规律。在抛球技巧熟练以后,学习者可以很容易地将其迁移到难度更大的物体抛接中。

方法二:另外一种降低任务难度的方法是在不改变动作目标的基础上,通过降低注意需求来实现。这一策略降低了任务复杂性,进而使任务的难度降低。

例如,给学习者提供辅助学习设备,使练习者练习目标技能的同时降低操作注意。在学习障碍滑雪的实验中,进行障碍滑雪模拟任务练习时,使用滑雪杆的练习者比没有使用滑雪杆的练习者产生的学习效果更好。原因是滑雪杆的支撑降低了任务中保持平衡所需要的注意,练习者可以把更多的注意集中在动作的协调配合上。值得说明的是,由滑雪杆支撑条件下的操作迁移到正常操作后,并没有导致操作水平的明显降低。

方法三:对于有明显节奏性特征的技能,通过提供听觉伴奏的方法实现简化的目的,这时适宜的节奏伴奏可以促进此类技能的操作。例如,音乐伴奏有助于帕金森病患者纠正练习走路时出现的步法紊乱:实验研究人员为患者提供了听力辅助设备,并把节拍器声音与乐器演奏的乐曲融合在一起。与没有使用这种装置的患者相比,使用伴奏装置的患者行走时的步速、步长和步频都有极大改善。此外,他们在后来没有辅助设备的条件下行走时,步态等特征与辅助时没有差别。

方法四:简化分解法对于学习既要求速度又要求准确性的复杂性技能非常有效。在学习者第一次练习一项技能时,降低速度要求可以起到简化练习的作用。

这种方法强调技能构成元素之间的相对时间关系和空间操作特征:相对时间是固定协调模式中不变的特征,而且操作者可以很容易地控制总体速度。因此,学习者可以在变化总体速度的过程中,掌握各个动作部分所用的相对时间比例。通过练习慢速的技能,学习者将掌握动作过程的相对时间特征。

方法五：与前面讨论过的部分练习法的渐进策略有关，它涉及任务渐进的次序。学习者在练习技能时，按照由易到难、从简单到复杂的顺序进行练习，直到掌握整个技术为止。例如，根据第一章中金泰尔对动作技能的分类，教练可以利用类似的方式指导青年棒球手练习击打投球：先练习击打固定高度球架上的静止球，而后练习击打不同高度球架上的静止球，接下来练习击打发球机抛出固定轨迹的棒球，最后击打投手利用不同方式投出的球（如不同的旋球）。

在体育教学的研究中，经常涉及任务渐进策略（task progression strategy），在实践中任务渐进策略也是进行准备活动时经常采用的方法。赫伯特等的研究表明，由易到难的任务渐进策略有利于学习者掌握网球的发球技术（Hebert et al.，2000）。实验中把练习发球的位置由近到远设置在四个区域：球网、本方发球区标志线、本方发球区内和底线，由近到远渐次提高训练难度。研究发现，除了能够对技能学习产生积极影响外，任务渐进策略还可以提高不同技能水平的学习者学习技能的成功率。

方法六：利用模拟器和仿真环境也可以作为简化技能特征的技术手段。这种方法有很多的优势：①学习者在练习时不需要像在真实环境中过多地关注操作失误或者意外事件可能带来的后果，可以降低学习者的心理压力。②练习的组织者在这种操作环境中可以更容易地控制某些特定的操作环节，而在真实环境中要难得多。③练习者可以进行比在真实环境中时间更长、强度更大的练习。

模拟器是模仿车辆、机器或者其他器械的模拟设备。在体育运动领域，模拟器应用范围也很广泛，如棒球的发球机、网球的发球机和篮球的篮板球机等，这些模拟器可以用于真正器械操作前的培训和某些需要降低注意的练习情境中。

对模拟器的研究大多集中在将模拟器作为辅助设备培训驾驶员（Fisher et al.，2002）和飞行员（Stewart et al.，2002），而很少有关于模拟器在体育领域应用的研究。总的来讲，研究结果普遍支持模拟器作为训练设备对于学习者的积极作用，特别是当模拟器的仿真度较高时，更容易产生正迁移的效果。

模拟器与真实设备之间的相似性包括两种设备对操作要求的相似性、两种设备操作环境之间的相似性、两种设备需要认知加工特征的相似性。在现实中体验仿真环境，可以使练习者获得与真实环境高度相似的操作场景。

4. 注意调节法：整体练习中包含分解练习

有时在练习中把技能机械地分成若干部分是不可取，也是行不通的，但这并不意味着学习者在练习整个技术的过程中就不能着重练习某些重要环节。在练习整体技术的过程中，练习者可以把注意集中在技能的某些重要部分上。这种方法汲取了分解练习法和整体练习法各自的优点，既强调技能重要部分的练习和提高（分解练习法），也强调技能各部分的衔接（整体练习法）。

注意理论和研究证据都支持这种注意调节法：在凯纳曼的注意模型中，注意分配策略的一个重要因素被称为瞬时意图（momentary intentions）。瞬时意图指的是，在操作任务时，练习者能够根据需要、有意识地将注意集中在操作的特定方面（Kahneman，1973）。这种注意资源利用方式的存在，使人们可以在操作整个技能的过程中将注意指向技能的特定部分。

　　不同的研究发现,注意指向的方法可以用于在整体练习情境中建立分解练习环境,并且接受这类策略指导的学习者比其他的学习者的学习更有效。但遗憾的是,在运动学习和教学法的研究中,很少有关于此类分解练习法的介绍和探索。因此,对这种练习法的研究和应用应该引起运动训练工作者的关注。

第十三章习题　　第十三章参考文献

第十四章

运动表现的测量与评价

【导　读】

在教授学生学习运动技能时,该如何评价学生学习的效果和对技术的掌握情况? 在评价研究对象的运动表现和姿势控制时,我们可以从哪些角度对动作进行分析? 要定量并有效地评价运动表现,我们就要掌握科学的测量方法和手段。本章将介绍评价动作准确性的不同误差分析方法,以及常用的运动学、动力学、生物电参数的测量方法,并介绍几个评价运动表现的实验方法。

【学习目标】

1. 了解测量与误差的概念。
2. 掌握反映动作准确性的几种不同的误差表示方法。
3. 了解常用的运动学、动力学、生物电参数的测量方法。
4. 掌握几个评价运动表现的实验方法。

【思维导图】

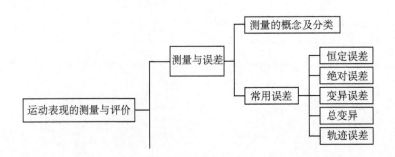

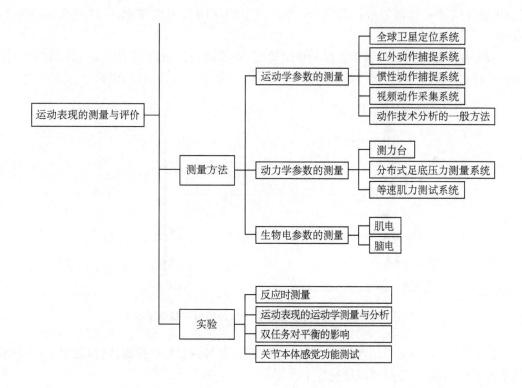

第一节　测量与误差

一、测量的概念及分类

测量是按照某种规律,用数据来描述观察到的现象,即对事物作出量化描述,测量是对非量化实物的量化过程。体育教师在运动技术教学时,可通过对学生的运动表现进行测量来定量评价教学的效果和学生对技能的掌握情况。例如,针对学生的铅球投掷技术,可以直接测量铅球投掷的远度以评价技术水平的高低,可以测算铅球出手高度、速度、角度等参数分析影响投掷远度的因素,还可以根据学生肢体动作来评价技术,从而指导改进技术动作、提高运动成绩。动作表现的测量与评价通常包括运动学、动力学及生物电信号的测量与分析。

二、常用误差

反映运动表现水平高低的一个重要特征就是动作的准确性,也就是完成的动作在时间和空间上是否达到预先设定的目标。每一次动作操作与目标之间的差距就是误差。篮球投篮是否投进篮筐,射箭是否射中靶心,棒球挥棒能否击中球,体操舞蹈动作肢体的运动轨迹是否与预先编排的动作轨迹一致等都涉及动作的误差问题。误差的存在是必然的、普遍的,因此我们需要对误差进行研究,分析其产生的原因及表现规律,以达到减小误差的目的。

假如你要测试两名受试者投掷动作的准度,要求他们分别朝 50 ft(1 ft＝30.48 cm)外的目标线投掷 5 次沙包,投掷结果如图 14-1 所示。那么二人谁投得更准呢?

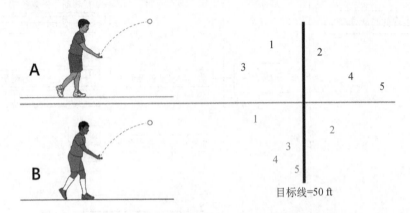

图 14-1　两名受试者向距离 50 ft 外的目标线投掷沙包

图 14-1 表示两名受试者(A、B)尝试向距离 50 ft 外的目标线投掷沙包,数字 1～5 表示依次投掷的落点,具体投掷成绩见表 14-1。

表 14-1　两名受试者的投掷结果

	次数	X_i	T	X_i-T	$|X_i-T|$	$(X_i-M)^2$	$(X_i-T)^2$
受试 者 A	1	46	50	−4	4	19.36	16
	2	52	50	+2	2	2.56	4
	3	39	50	−11	11	129.96	121
	4	55	50	+5	5	21.16	25
	5	60	50	+10	10	92.16	100
受试 者 B	1	40	50	−10	10	54.76	100
	2	54	50	4	4	43.56	16
	3	48	50	−2	2	0.36	4
	4	46	50	−4	4	1.96	16
	5	49	50	−1	1	2.56	1

下面我们通过误差分析来讨论两名受试者投掷动作的准确性。表 14-1 给出了用以反映动作准确性的几种不同的误差计算方法。

1. 恒定误差(constant error, CE)

恒定误差又称常误,指测得值(X_i)和真值或目标值(T)之间的差值。通常采用计算多次测量的恒定误差之和,然后求平均数来表示,计算公式如下:

$$CE=\Sigma(X_i-T)/n$$

受试者 A 第一投投了 46 ft,距离目标 50 ft 少了 4 ft,误差−4,第二投 52 ft,比目标值多了 2 ft,误差＋2 ft,依此类推,受试者 A 的 5 次投掷的 CE 值为＋0.4 ft,B 的为 －2.6 ft,因此基于恒定误差,受试者 A 的投掷相对目标的误差更小。由于误差具有方向性,在数值上有正负之分,因此 CE 可以判断人在技能操作的过程中产生操作偏差的倾向性。

2. 绝对误差(absolute error,AE)

绝对误差是指测得值和真值或目标值之间的绝对差值。通常采用计算多次测量的绝对误差之和,然后求平均数来表示,计算公式如下：

$$AE = \Sigma |X_i - T| / n$$

采用此方法计算,受试者 A 第一投的误差为 4,第二投为 2,依此类推,受试者 A 的 5 次投掷的 AE 值为 6.4 ft,B 的为 4.2 ft,与 CE 的评价结果不同,基于 AE 的结果,受试者 B 投掷的误差更小,该方法不考虑误差的倾向性。

3. 变异误差(variable error,VE)

变异误差是指反映动作误差的内部变异,计算公式如下：

$$VE = \sqrt{(\Sigma(X_i - M)^2 / n)}$$

其中 M 是多次测量值的均数,VE 反映测量值的离散程度,VE 越小,离散程度越小,说明动作的稳定性越高。由于 VE 计算没有考虑目标值,因此其不能反映动作的准确性,只能体现稳定性。受试者 A 的 5 次投掷的 VE 值为 7.3 ft,B 的为 4.5 ft,可见受试者 B 投掷动作的稳定性更好。

4. 总变异(total variability)

总变异(E)是以目标值为中心的测量值的总的变异量,计算公式如下：

$$E = \sqrt{(\Sigma(X_i - T)^2 / n)}$$

E 既反映了测量结果距离目标的准确度,同时也反映了结果的离散程度。很多学者倾向于采用 E 来评价测试的准确性。基于 E 的评价,受试者 B 的动作准确性更佳。

5. 轨迹误差

对于连续性运动技能操作,动作的准确性往往体现在随着时间的变化,肢体的运动轨迹与目标位置的一致性。轨迹误差常通过均方根误差(root mean square error,RMSE)来计算：

$$RMSE = \sqrt{(\Sigma(X_i - T_i)^2 / n)}$$

RMSE 的计算和 E 的计算类似,由于目标位置随时间在变化,在计算时首先将时间分成相等的时间间隔,如将 10 s 分成 100 个 100 ms,X_i 和 $T_i (i = 1,2,3,\cdots,100)$ 分别表示 i 时刻的测量值与目标值。RMSE 所代表的实际含义近似于两条轨迹曲线之间的面积(图 14-2),RMSE 越大表示两条曲线越不一致,动作误差越大。

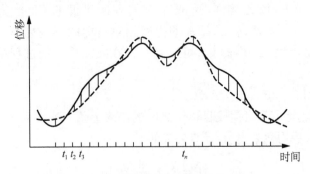

图 14-2　轨迹追踪任务中的位移曲线

实线为目标轨迹，虚线为运动轨迹

第二节　测量方法

一、运动学参数的测量

(一) 运动学的概念及主要参数

运动学是指从几何的角度描述和研究物体位置随时间的变化规律的力学分支。物体的运动在空间和时间等方面所表现出的差异特征称运动学特征，包括位移、角位移等空间特征，时长、频率等时间特征，速度、加速度等时空特征。通过对运动员完成动作过程的运动学特征进行采集与分析的过程便是动作技术的运动学分析。

(二) 运动学参数的主要测量方法

运动学数据采集的方法有很多种，根据设备的价格、结果反馈的速度、精度、信息量，以及适用场景的不同，具有各自的优缺点。除了秒表、皮尺、量角器等最基本的测量手段外，常用的测量手段还包括以下几种。

图 14-3　红外动作捕捉系统采集体表标志点轨迹坐标

1. 全球卫星定位系统

全球卫星定位系统能够实时提供运动员的位置、速度、加速度等信息，对于分析长距离项目，如马拉松、越野滑雪，将运动员看成一个质点后，能够对不同阶段的配速和速度节奏特征进行分析。但该系统，民用的精度不高，大概为 $5\sim10\,m$，且由于信息屏蔽不适合在室内使用。

2. 红外动作捕捉系统

红外动作捕捉系统是目前实验室环境下常使用的运动学采集手段，在运动员身体的关键部位粘贴特殊的反光标志点后（图 14-3），多个动作捕捉相机从不同角度探测标志点，可以实时获取这些点在空间中的坐标,进而进行运动学参数的计算和分析。该系统具有测量精度高、信息量大、数据处理速度快的优点,但也存在粘贴标志点对人体运动有一定干扰,标志点易被遮挡、测量范围有限等不足,不适合在比赛时使用。

3. 惯性动作捕捉系统

基于惯性传感器的动作捕捉系统,通过在身体的重要环节佩戴集成加速度计、陀螺仪的惯性传感器来获取人体运动信息(图14-4)。该系统具有采集范围大、不受光照、背景环境干扰的优点,也不存在被肢体遮挡的问题。但佩戴装置对人体运动有一定干扰,由于测量噪声和游走误差,惯性传感器难以长时间地对人体姿势进行精确跟踪。

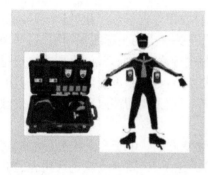

图 14-4　惯性动作捕捉系统

4. 视频动作采集系统

在实际比赛和训练中,使用最多的运动学数据获取手段是视频动作捕捉,因为它可以在对运动员不产生任何干扰的情况下采集数据。同时硬件的成本相对较低。

摄像机最主要的部分就是镜头,镜头由凸透镜构成,根据凸透镜成像的光学原理,如图14-5所示,设物距为 u,焦距为 f,像距为 v,则 $1/f$ 等于 $1/v$ 加上 $1/u$。由于使用最长的望远镜焦距不超过 $150\,\mathrm{mm}$ 左右,而物距则可达 $10\sim50\,\mathrm{m}$ 左右,因此 u 远远大于 v,这时可近似认为 $1/u$ 等于 0,所以上式可简化成:$1/f$ 等于 $1/v$,即 f 等于 v,这就是说,镜头的中心到焦点的距离(或者说到底片的距离)就可以认为是焦距。

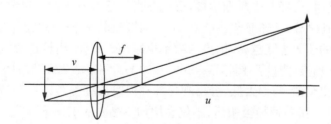

图 14-5　镜头的物距、焦距和像距

从图中不难看到图像和实物之间的比例就是焦距与物距之比,即按三角形相似关系可得:K 等于 u 比 f,等于图像长度比上实际长度。K 为放大倍数,它对于摄影测量是非常重要的参数。如果我们事先知道放大系数和图像尺寸,物体尺寸就可以计算出来。为了获取

放大系数 K 的值,就必须进行二维标定。可以用两种方法获得放大倍数 K 的值。第一种是在拍摄现场记录下焦距 f,测量从镜头到运动物体之间的物距 u,u 比 f 即为放大倍数 K。另一种方法便是把固定长度的比例尺放在运动平面内,使比例尺与摄影机主光轴垂直。在拍摄运动物体之前或之后,拍摄比例尺。应注意,固定住摄影机位置不动,摄影机主光轴发生变化,比例系数将发生变化。经过投影放大后的底片图像可测得其图像尺寸,这时,比例尺尺寸比图像尺寸便是放大倍数 K。摄影记录下来的影像资料是一组连续的动作图片。因此,在每两张图片之间人体各部位会产生位置的变化,测量其长度就是位移数据。拍摄频率的倒数是每两张图片之间的时间间隔,即运动时间,位移除以时间即可得到两相邻图片上各点的运动速度。

对于拍摄好的视频,我们需要通过专门的处理软件对图像进行数字化处理。基本过程就是将人体运动影像置于坐标系中,然后测量关节点及关键点的坐标数据,再以这些坐标数据为基础计算所需要的其他运动学数据。在对视频进行数字化处理时,早期主要通过人工识别人体关键部位的标志点,工作量大、结果反馈速度慢,数据精度受限于处理人员的经验水平。随着大范围空间标定技术及人工智能的发展,目前人工智能自动识别已经使数据处理的速度大幅度提高。

我们来具体介绍一下常用的平面定点定机摄像测量方法。由于它是将摄像机固定在三脚架上,在摄像机的空间位置、摄距、机高、取景范围、焦距、光圈等按规定选用合适并固定不变的条件下,拍摄人体和物体的平面运动,所以称此种测量方法为平面定点定机摄像测量。此方法的优点是简单易行、不影响人体的运动。其缺点:一是只能测出人体和物体在垂直于摄影机主光轴平面上的运动参数,所以此方法只适用于人体和物体在一平面上或主要在一个平面上的运动项目。二是测量的平面范围较小,对运动范围大的项目,只能选择其某一运动段落进行拍摄,如跑步的一个复步等。拍摄中的注意事项,首先是焦距与摄距,原则上只能使用中、长焦距镜头拍摄,而不能使用广角镜头拍摄,光学透镜固有的透视失真的属性,也就是所谓的镜头畸变,会导致拍摄画面的边缘出现变形,因此我们需要通过调节拍摄距离和焦距,让拍摄对象清晰,且尽可能位于画面中央 2/3 的位置。此外,摄像机需要安放在平分拍摄宽度且主光轴垂直于运动面的平面上。如果场地条件允许,摄像机应安放在人体主要运动环节一侧,如跳远的起跳腿、标枪的投掷臂一侧,尽量避免主要观测环节被肢体遮挡。同时,最好不要逆光拍摄,避免曝光不足看不清拍摄对象。摄像机的拍摄频率,有常速和高速之分,常速通常是指 25 Hz。拍摄频率的选择与被测体的运动速度有直接的关系,被测体的运动速度越高,拍摄的频率也越高。例如,测量走、举重等速度较慢的运动可采用 50 Hz 拍摄,测量百米跑需要 100~200 Hz,测量高尔夫球击球瞬时速度则需要达到 300 Hz 的拍摄频率,频率太低,会出现连球在何时离杆都难以识别清楚。相反,如果不需要高速拍摄而采用高速拍摄的话,不仅会增加不必要的工作量,还会出现因降低分辨率而降低录像解析精度的现象。另一个摄像机的重要参数是快门速度,它通过控制光线进入相机时间长短来决定感光片有效曝光时间,快门速度越慢,拍摄运动的物体就越模糊,容易出现严重的拖影现象。但是如果速度太高,画面就会很暗。通常拍摄走的动作,快门采用 1/125 s,而网球发球需要 1/1 000 s 的快门速度才不会出现球拖影的情况。此外,控制镜头进光亮的装置还有光圈,它的读数越小,进光亮越大。如果光线不满足需要,还可适当调节增益增加画面的亮度,但随之带来的副作用就是噪点增多。

5. 动作技术分析的一般方法

基于获取的运动学参数进行动作分析,首先要了解动作技术的一般过程,需要划分动作技术的范围及动作阶段。例如,我们试图分析越野滑雪运动员传统式上坡双杖推进技术的动作特征对成绩的影响。首先该动作属于周期性运动,可以把一个动作周期可以定义为雪杖着地到雪杖再次着地的过程,它又可以由雪杖着地到雪杖离地的撑杖阶段和由雪杖离地到雪杖再次着地的回摆阶段两部分组成(图 14-6)。

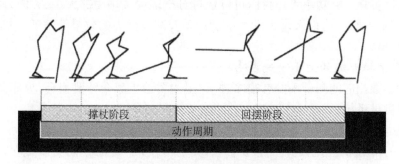

图 14-6 越野滑雪动作的周期划分

其次要明确动作技术所要达到的目的,通常就是提高成绩。越野滑雪的目的就是缩短完成比赛的时间。明确动作技术的目标后,下一步,可以根据力学原理或采用相关或回归分析,针对目标逐层次确定可能的影响因素(图 14-7)。比赛距离是个常数,完成时间则由周期速度决定。速度等于滑幅和滑频的乘积。滑幅由撑杖距离和回摆距离构成,滑频的倒数就是周期,它由撑杖时间和回摆时间组成。例如,通过数据的相关性分析,发现影响运动员周期速度的主要是滑幅而不是滑频。进一步分析,影响速度的是回摆距离。之后再更详细地分析影响回摆距离的动作技术细节。结果发现影响运动员回

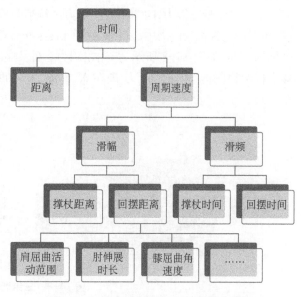

图 14-7 决定越野滑雪成绩的基本因素

摆距离的技术主要在上肢,撑杖阶段肘伸展活动越大,伸展时长越短越有利于提高回摆距离,回摆阶段肩外展和肘屈曲活动越大,越有利于提高回摆距离,进而提高周期速度。基于此,建议在今后的训练中,运动员应加强上肢肌肉力量,尤其是肩关节、肘关节力量,进一步充分发挥肩关节、肘关节活动的作用。

二、动力学参数的测量

(一)动力学的概念及主要参数

在运动表现的分析研究中,不仅需要掌握各种动作在时间、空间上所表现出来的差异特征,而且更需要了解产生这些差异的内在原因。这就要用人体运动动力学参数来进行分析。动力学是研究作用于物体的力与物体运动之间关系的力学分支。动力学参数涉及力、冲量、力矩、冲量矩、功、功率等。我们可以通过分析运动员用力的大小、方向,用力的稳定性及动态力的变化速率,以及增大动力的利用率及减少阻力的效果等角度,对运动员的技术动作进行分析。

(二)动力学参数的主要测量方法

动力学参数相应的测量手段有很多种,这里主要给大家介绍测力台、分布式足底压力和等速肌力测试系统。

1. 测力台

人对地的作用力是分析运动的重要参数,其中用得最广泛的测量仪器就是三维测力台。其内部的测力传感器,能够测量人体作用在其表面的力的大小、方向和作用点。以某品牌压电式测力台为例,四个角上的石英晶体力传感器分别对 X、Y、Z 轴方向的作用力敏感。因此每个角均可测量三维力,四个角的三维力进行组合,可计算出总的三维力的大小、方向及作用点,作用点通常称为压力中心(center of pressure, COP)。三维测力台在设计时已确定了其坐标的方向,如图 14-8 所示,标注在测力台的中心位置。当外力 F 作用于测力台上时,能够直接给出的力学参数有:力 F 在 X、Y、Z 方向的分量 F_X、F_Y、F_Z;以及压力中心的坐标 A_X、A_Y。

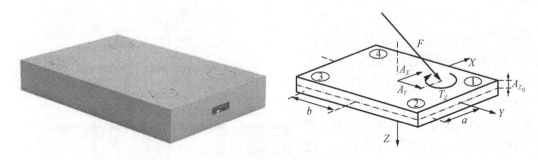

图 14-8 三维测力台

图 14-9 显示的是测力台测得的慢跑时的地面反作用力。垂直方向的力呈典型的双峰曲线,两个峰值通常被称作碰撞力峰值和主动力峰值;前后方向的力为正值时,方向向后,是制动力,负值时朝前,是推动力,分别对应着下肢的前蹬和后蹬阶段。要提高跑步速度,很重要的一点就是要适当减少制动力,增大推动力。而强调扒地的技术要领主要就是为了增大着地角,从而减小制动力。碰撞力峰值及到该峰值的时间和力的加载率,还可以用来评价运动鞋及下肢动作的缓冲效果。

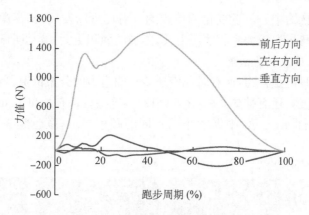

图 14-9　跑步时的地面反作用力

通过在鞋底安装小的测力台(图 14-10)，我们可以分析跳台滑雪运动员在起跳离台瞬间的蹬地力，力的冲量决定了运动员在离台瞬间的速度，进而影响飞行的远度。还可以测量落地时的冲击力，过大的冲击载荷易引起下肢关节的损伤。

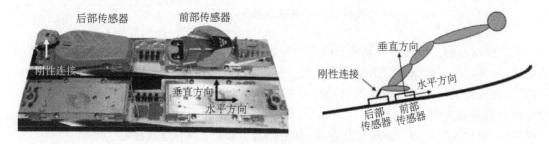

图 14-10　滑雪板足底测力装置

测力台还可以测试动作的稳定性，如射击、射箭动作的稳定性等。这里就需要用到另一个重要指标，压力中心的位置变化。压力中心是作用在测力台所有力的合力的位置。这些力依赖于脚的位置和人的姿势控制。压力中心既可以用 X、Y 坐标随时间变化的形式呈现，也可以以直观的位置俯视图展示。在图 14-11 中我们可以看到射箭运动员在日常训练

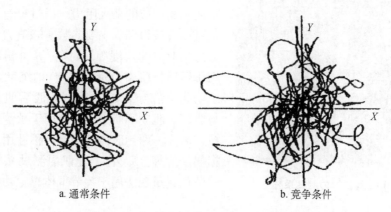

a. 通常条件　　　　　　　　　　b. 竞争条件

图 14-11　射箭运动员足底压力中心轨迹

及比赛条件下足底压力中心位置变化的俯视图。对比可以发现,比赛竞争条件下,由于紧张,动作稳定性下降,导致压力中心轨迹更长,围成的面积更大,波动明显。

2. 分布式足底压力测量系统

测力台测得的只能是合力,而有时我们还希望知道力的分布情况。常用的分布式压力测量系统,有平板式的,还有鞋垫式的(图 14-12)。这些设备有的在 1 cm² 的面积上分布了好几个传感器,将测得的力值,根据大小以不同的颜色显示,颜色越深,表示该区域受力越大。

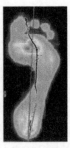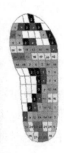

图 14-12 分布式足底压力测量系统

目前这一测量方法在运动鞋的研究已经有广泛应用,不仅可以为运动员设计特定的运动鞋,还可以为患者设计特殊的康复用鞋。例如,糖尿病足在压强高的地方容易造成局部溃烂,通过足底压力测试系统可以设计足底压强更加均匀的鞋,从而避免患者的脚溃烂。短道速滑运动员滑行时的足底压力结果,可为运动员改进技术动作,提高蹬地用力效果提供建议,研究发现优秀运动员在转弯时,左足外侧中部是人体最重要的压力承载区。

3. 等速肌力测试系统

等速肌力测试系统也广泛应用于体育领域。它可以测试等长或等速情况下单关节

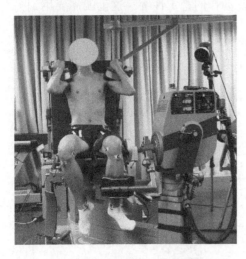

图 14-13 等速肌力测试系统

的力矩。等速条件又可以分为向心收缩和离心收缩两种。采用等速肌力测试系统测试肌力时(图 14-13),仪器所提供的阻力与肌肉收缩的实际力矩输出相匹配,即整个关节活动中每一时刻都能承受相应的最大阻力。通过等速测力仪的测试可以直接得到的主要参数有峰值力矩、功率、最大力矩对应的角度等。目前,等速测试已经广泛用于运动员肌肉力量的评定、训练和运动器官系统伤病防治与康复上。例如,股后肌群离心肌力与股四头肌向心肌力比常被用于预测股后肌群的拉伤风险。两侧肢体的力量对称性用于预测下肢损伤风险等。此外,等速肌力测试系统还可通过关节位置重现法用于关节本体感觉功能评估。

三、生物电参数的测量

（一）生物电的概念及主要类型

生物电是指生物的器官、组织和细胞在生命活动过程中发生的电位和极性变化。生物电是生命活动过程中的一类物理、物理-化学变化，是正常生理活动的表现，也是生物活组织的一个基本特征。目前，已利用各种电子设备对健康人和患者在体表无创的情况下进行心电图、脑电图、肌电图、视网膜电图、胃肠电图等检查，成为发现、诊断和估量疾病进程与治疗效果的重要手段。其中，肌电和脑电已被广泛应用于动作技能评估和姿势控制研究。

（二）生物电参数的主要测量方法

1. 肌电

骨骼肌在兴奋时，会由于肌纤维动作电位的传导和扩布而发生电位变化，这种电位变化就是肌电。我们用适当的方法将骨骼肌兴奋时发生的电位变化引导、放大并记录所得到的图形就是肌电图。肌电图就是被记录的肌膜动作电位。肌膜动作电位的必然结果是骨骼肌的兴奋-收缩耦联，所以肌电图代表着肌肉的收缩。

采集肌电信号的电极主要有两种：一种是针电极；另一种是表面电极。用针电极采集肌电时需要将电极插入受试者的肌肉内，既适用于表层肌肉也适用于深层肌肉，记录的是运动单位电位，且肌肉之间的信号干扰小，但会造成一定程度的损伤。而在体育科学研究中一般用表面电极采集肌电信号。这种方法在记录时将电极贴于皮肤表面即可，测试起来就比较舒适、方便。但它测得的信号是众多运动单位肌电信号的重合，不同肌肉的信号可能相互影响。目前体育领域使用的大多数都是无线表面肌电信号采集系统（图14-14），其主要由电极、前置放大器、信号发射器、信号接收器、主放大器、数模转换器、计算机构成。

图 14-14　无线表面肌电信号采集系统

影响表面肌电信号的因素：一是测试局部的组织特性，包括皮肤及皮下脂肪的厚度、温度、生理变化等，较厚的皮下脂肪会使肌电幅值变小，因此不同受试者之间肌电信号进行对比时，必须考虑这些非肌肉本身的因素。二是相邻肌肉组织、心电信号、呼吸系统电信号对测试部位肌电信号的串扰，特别是心电的频率与肌电重合较多，在测量胸部及上肢肩部肌肉肌电时，常会受到心电的干扰。三是测试电极放置位置不同也会导致信号强弱的区别，靠近肌腱和肌腹边缘的信号较弱，因此电极一般放置于肌腹中部。每次测试电极粘贴位置都不可能完全一致，所以得到了肌电信号结果也不可能具有绝对可比性。四是外界电磁环境中的杂音，如无线电广播，常使肌电图基线增宽或干扰肌电信号的记录。此外，电极的质量和内部放大器的杂音干扰也会对肌电信号产生影响，会使基线增宽。

表面肌电信号采集的一般步骤：第一步需要确定电极安置点，通常是所测肌肉肌腹部分隆起最高处。第二步备皮，用75％的医用酒精擦拭电极安放处的表面皮肤，必要时采用砂纸打磨，使皮肤电阻减至5 000 Ω以下。皮肤完全干燥后，将电极顺着肌纤维的方向贴在皮肤上。保护固定连线，连接电极、发射器。第三步采样保存。由于我们采集的通常都是运动中及不同姿势下的肌电信号，如果没有外部设备帮助判断动作形式和动作阶段，只有肌电信号几乎是无法分析动作技术的。因此，我们常常需要将肌电与摄像机、红外运动捕捉系统、测力台等其他设备进行信号同步采集（图14-15）。

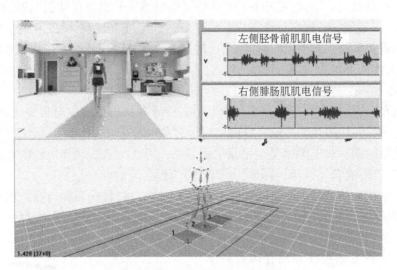

图14-15　多系统信号同步采集

　　前面我们提到了肌电信号中夹杂着许多干扰信号，所以对其进行处理，第一步就要对采集到的信号进行滤波处理。表面肌电信号的主要频率集中在2～500 Hz，因此通常采用带通滤波法进行处理。因为肌电信号有正有负，且它们都反映了肌肉收缩的情况，在求平均值或积分的时候，会出现正负抵消的现象，因此需要对信号进行整流，其中半波整流就是将负值直接去掉，全波整流则是将负值部分翻正成正值即可。肌电信号的分析主要分为时域分析和频域分析。时域分析是最直接的肌电信号分析方法，用于刻画时间序列信号的振幅特征，将肌电信号表达成记录点的电位-时间曲线。主要指标包括峰值、平均肌电值、均方根振幅（RMS）及积分肌电（iEMG）。平均肌电值和均方根振幅都反映的是一定时间内肌电的平均水平，可表示该信号的中心趋势或集中程度，但不能反映肌电的变化情况。积分肌电是指肌电图曲线所包络的面积，在一定程度上反映了一定时间内肌肉中运动单位的放电总量。

$$\mathrm{RMS}=\sqrt{\frac{1}{N}\Sigma X_i^2}$$

其中，N为采样点数；X_i为采样后每一点的肌电信号值。

$$\mathrm{iEMG}=\int_{N_2}^{N_1} X(t)\mathrm{d}t$$

其中，N_1为积分起点；N_2为积分止点，$X(t)$为肌电曲线；$\mathrm{d}t$为采样的时间间隔。

　　频谱分析就是确定一个序列的正确的频域表示过程，针对肌电信号，主要基于傅里叶变换,获得平均功率频率和中位频率。平均功率频率是所有频率成分功率的平均值对应的频率;中位频率是把功率谱曲线分成功率或面积相同的两部分的频率。

处理后的肌电数据,我们就可以用于判断肌肉是否收缩、收缩持续时间、激活顺序等。为了让不同人、不同时间的测量具有可比性,还需要对指标进行标准化处理。通常的做法是将相应的肌电参数比上规定姿势下肌肉最大等长收缩时的参数值。例如,当标准化后的肌电幅值超过 10%,且持续时间超过 50 ms 时,我们可以认为肌肉开始激活。我们还可以根据标准化后的肌电信号分析肌肉的参与程度,如根据不同动作下的腹肌肌电的均方根振幅,找到更有效的锻炼腹肌的方法。随着疲劳程度的加深,肌电信号的频谱左移,即平均功率频率和中心频率降低。肌肉工作的负荷强度越大,疲劳的程度越大,频率降低越明显,这些肌电参数的变化可以用于辅助分析肌肉是否疲劳。

2. 脑电

脑电波是一种使用电生理指标记录大脑活动的方法,大脑在活动时,大量神经元同步发生的突触后电位经总和后形成的。它记录大脑活动时的电波变化,是脑神经细胞的电生理活动在大脑皮质或头皮表面的总体反映。头表脑电图具有高时间分辨率、多模式评估、成本低、无创及便于操作等特点(图 14-16)。

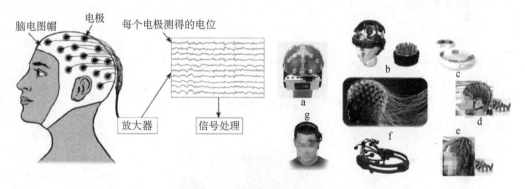

图 14-16 头表脑电信号采集系统

脑电的信号主要有四个重要的波段(图 14-17)。

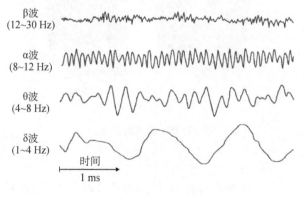

图 14-17 脑电的波段

δ波:频率范围为 1～4 Hz,与我们深层次的放松和恢复性睡眠相关,是最慢的脑电波。研究表明δ归因于人体诸多无意识的身体功能,如调节心血管和消化系统。人在极度疲劳和昏睡或麻醉状态下,可在颞叶和枕叶记录到这种波段。

θ波:频率范围为 4～8 Hz,普遍存在于人们精神恍惚或者是催眠状态。在成年人意愿受挫或者抑郁及精神病患者中这种波极为显著。

α波:频率范围为 8～12 Hz,是有意识的思维(β)和潜意识(θ)之间的"频率桥梁"。它是正常人脑电波的基本节律,如果没有外加的刺激,其频率是相当恒定的。人在清醒、安静并闭眼时该节律最为明显,睁开眼睛(受到光刺激)或接受其他刺激时,α波即刻消失。

β波:频率范围为 12～30 Hz,是人们在清醒中最常见的高频波。它在认知推理、计算、阅读、沟通及思考等有意识的状态产生。当精神紧张和情绪激动或亢奋时出现此波,当人从噩梦中惊醒时,原来的慢波节律可立即被该节律所替代。

第三节 实　　验

一、反应时测量

1. 实验目的
比较简单反应时、选择反应时和辨别反应时的区别。

2. 仪器设备
EP2004 型心理实验台及 EPT202-5 反应时装置(图 14-18)。

图 14-18　反应时测量仪

3. 实验流程
(1) 通过实验台选择简单反应时程序,设置实验次数为 5 次,刺激类型为光,选择刺激颜色(以蓝色为例),受试者将手指放在起始按键,开始测试后,当看到蓝色次激光呈现后,手指离开起始键无须做其他反应,接着再次按住起始按键,重复上述操作直至实验结束,通过实验台导出测试结果,取 5 次的平均反应时间。

(2) 通过实验台选择反应时程序,设置实验次数为 5 次,刺激类型为光,受试者将手指放在起始按键,开始测试后,看到某颜色的次激光呈现后,手指离开起始键尽可能快地按住相应颜色按键,接着再次按住起始按键,重复上述操作直至实验结束,通过试验台导出测试结果,取 5 次的平均反应时间。

(3) 通过实验台选择反应时程序,设置实验次数为 5 次,刺激类型为光,选择刺激颜色(以蓝色为例,要和简单反应时选择颜色相同),受试者将手指放在起始按键,开始测试后,刺激光若呈现蓝色,手指离开起始键尽可能快地按住蓝色按键,若为其他颜色则无须做出反应,接着再次按住起始按键,重复上述操作直至实验结束,通过实验台导出测试结果,取 5 次的平均反应时间。

(4) 测量 10 名受试者的简单反应时、选择反应时和辨别反应时,统计分析比较三种反应时的差异并讨论产生差异的原因。

二、 运动表现的运动学测量与分析

1. 实验目的
通过平面定点定机摄像法拍摄技术动作并进行运动表现分析。

2. 仪器设备
数码摄像机 1 台、三脚架 1 个、比例尺 1 个。

3. 实验流程
(1) 以分析立定跳远动作为例,用三脚架固定摄像机放置于受试者侧前方,调整合适的摄距、机高、取景范围、焦距、光圈、快门速度、拍摄频率等参数,拍摄完整的立定跳远动作。

(2) 采用 Kinovea 软件对拍摄的视频进行截取并获取运动学参数(图 14-19)。

图 14-19　Kinovea 视频分析软件

（3）比较不同受试者跳远的成绩，确定影响成绩的关键技术指标，并针对个体分析影响该名受试者跳远成绩的动作技术问题。

三、双任务对平衡的影响

1. 实验目的

比较不同双任务对完成闭眼单脚站立任务时保持姿势稳定的影响。

2. 仪器设备

三维测力台。

3. 实验流程

（1）受试者闭眼站立于测力台上，双手叉腰，听到口令后，抬起非优势脚，使脚底固定于优势脚内踝部分，尽量保持该姿势站立 30 s，或至动作失败，即非优势脚着地。记录单足站立时长，通过测力台记录压力中心数据。

（2）完成与（1）相同的闭眼单脚站立任务的同时执行一个认知任务，在随机给出的一个三位数基础上连续减 7 并报出计算结果，当计算任务答错时，无须纠正，在错误数字的基础上继续进行减 7 的计算任务。尽量保持该姿势站立 30 s，或至动作失败，记录单足站立时长、认知任务的完成数量以及正确率，通过测力台记录压力中心数据。

（3）完成与（1）相同的闭眼单脚站立任务的同时执行一个运动任务，端着一个 350 mL 盛满水的杯子，使水面保持水平不让水洒出。尽量保持该姿势站立 30 s，或至动作失败，记录单脚站立时长、水洒出的次数，通过测力台记录压力中心数据。

（4）测量 10 名受试者完成不同任务时的数据，计算压力中心在 X、Y 方向的移动幅度、移动速度等指标，并对各指标进行统计分析，比较分析不同双任务对完成闭眼单脚站立任务时保持姿势稳定的影响。

四、关节本体感觉功能测试

1. 实验目的

通过关节位置重现法评估膝关节本体感觉。

2. 仪器设备

等速力量测试仪。

3. 实验流程

（1）受试者坐在等速测试仪上，保持髋屈约 90°，测试腿的大腿及小腿分别被固定在座椅和机械臂上，防止代偿动作以保证只能完成膝的屈伸运动，膝的屈伸轴与机械臂的转动轴对齐。以膝关节屈曲 90° 为起始角度，屈曲 30°、45° 和 60° 为目标角度，角速度设置为 180(°)/s。受试者戴上眼罩和耳塞，去除视觉和听觉对本体感觉测试可能造成的影响。受试者手持开关，当感觉其肢体（主动/被动）移动到目标角度时按下开关按钮，系统自动记录角度位置，每个目标角度完成 3 次测试动作并取其平均值作为测试结果。

（2）受试者按下按钮所记录的角度与预设目标角度的绝对误差值即绝对误差角度,绝对误差角度值越小关节位置觉越好。

（3）比较不同项目,或膝关节有无损伤的运动员之间膝关节本体感觉的差异。

第十四章习题　　第十四章参考文献